MISE EN SCÈNE

CINÉMA ET LECTURE

CHERYL LEAH KRUEGER
University of Virginia

ELIZABETH DOLLY WEBER
University of Illinois Chicago

BRIGITTE G. MARTIN
Indiana University - Purdue University Fort Wayne

UPPER SADDLE RIVER, NJ 07458

Library of Congress Cataloging-in-Publication Data

Krueger, Cheryl L.

Mise en scène: cinéma et lecture/Cheryl Leah Krueger, Elizabeth Dolly Weber,
Brigitte G. Martin.

p. cm.

Includes index.

ISBN 0-13-183969-1 (alk. paper)

1. French language—Textbooks for foreign speakers—English.
2. Motion pictures and language. 3. Motion pictures—France.
I. Weber, Elizabeth Dolly. II. Martin, Brigitte G. III. Title.

PC2129.E5K78 2005

448.6'421—dc22

2005027191

Acquisitions Editor: *Rachel McCoy*
Publishing Coordinator: *Claudia Fernandes*
Executive Director of Market Development: *Kristine Suárez*
Development Editor: *Barbara Lyons*
Director of Editorial Development: *Julia Caballero*
Production Supervision: *Nancy Stevenson*
Full-Service Project Management: *Cathy Townsend, Bridget Nelson, and Susan Toussaint, Schawk, Inc.*
Assistant Director of Production: *Mary Rottino*
Supplements Editor: *Meriel Martínez Moctezuma*
Media Editor: *Samantha Alducin*
Media Production Manager: *Roberto Fernandez*
Prepress and Manufacturing Buyer: *Brian Mackey*

Prepress and Manufacturing Manager: *Nick Sklitsis*
Interior Design: *Van Mua, Schawk, Inc.*
Director, Image Resource Center: *Melinda Reo*
Interior Image Specialist: *Beth Boyd Brenzel*
Manager, Rights and Permissions IRC: *Zina Arabia*
Image Coordinator: *Cathy Mazzucca*
Senior Marketing Manager: *Jacquelyn Zautner*
Marketing Assistant: *William J. Bliss*
Publisher: *Phil Miller*
Cover image: *THE UMBRELLAS OF CHERBOURG (aka LES PARAPLUIES DE CHERBOURG), Nino Castelnuovo, Catherine Deneuve, 1964. © Everett Collection.*

Credits appear on page xvi, which constitutes a continuation of the copyright page.

 Copyright © 2006 by Pearson Education Inc.
Upper Saddle River, New Jersey 07458

Pearson Education LTD., London
Pearson Education Australia PTY, Limited, Sydney
Pearson Education Singapore, Pte. Ltd
Pearson Education North Asia Ltd, Hong Kong
Pearson Education Canada, Ltd., Toronto

Pearson Educatión de México, S.A. de C.V.
Pearson Education-Japan, Tokyo
Pearson Education Malaysia, Pte. Ltd
Pearson Education, Upper Saddle River, New Jersey

4 5 6 7 8 9 10   V0CR   14 13 12 11
Student text: **ISBN 0-13-183969-1**
Annotated Instructor's Edition: **ISBN 0-13-183976-4**

BRIEF CONTENTS

SCOPE AND SEQUENCE

v

PREFACE

Mise en scène: cinéma et lecture is a structured presentation of films and readings from French-speaking countries. The film-based approach, complemented by a variety of readings, is appropriate for various courses dedicated to building language skills with a focus on critical thinking and authentic texts. *Mise en scène*'s emphasis on films is designed to use students' existing interest and involvement in films in their everyday life as a way to engage them more fully in language acquisition and to enhance their cultural literacy about the French and Francophone world. By positioning the student as an informed learner (an experienced viewer and critic of films), *Mise en scène* encourages students to become more involved in and aware of their learning experience.

The abundant activities for films and readings in *Mise en scène* are carefully sequenced to activate students' existing knowledge of language and content before they engage in new material.

Activities move from receptive to productive, input to output, controlled to open-ended, from basic comprehension to analysis and synthesis, while reinforcing communication and critical-thinking skills at all stages.

- **For intermediate level (3rd and 4th semester) language courses** *Mise en scène* is a refreshing film-centered alternative to the traditional "reader." Use *Mise en scène* over a full academic year, as you would any reader (suggestion: one film and two readings per chapter), in combination with an intermediate-level French grammar review book.

- **For bridge courses (5th or 6th semester, composition, conversation, etc.)** *Mise en scène* offers a wide range of skill-building activities. Use it alone over one semester (two films and two readings per chapter), or over two semesters (using most of the films and readings in the book).

- **For more specialized courses (introductory-level cinema and culture courses)** *Mise en scène* treats films, readings, and culture with careful attention to the needs of students still building language skills. Select the films and readings that best meet the goals of your course, and be sure to take advantage of the **Le langage du cinéma** section in film courses.

To Students

Mise en scène: cinéma et lecture invites you to build and practice your French language skills as you explore films and readings from the French-speaking world. All of the films and readings presented in *Mise en scène* are authentic, created by and for French-speaking audiences. Whether you are using *Mise en scène* with a grammar review textbook or as the basis of a conversation, writing, or other more specialized course, the activities will guide you to understand and interpret these films and texts as you expand your ability to read, write, comprehend, and communicate in French.

Goals of Mise en scène: cinéma et lecture

Learning a language involves more than the mastery of grammar points. Interaction with texts (readings, films, Web sites, etc.) designed for native French speakers is essential to authentic communication. The texts and activities in *Mise en scène* emphasize:

- **Communication.** Communicating in French as you develop speaking, listening, reading, and writing skills.

- **Cultures.** Encountering French and Francophone cultures "from within," that is, from the point of view of individual filmmakers and writers, and by extension, through the eyes of the audiences for which they produced their work.

- **Connections.** Making connections to other courses through a variety of learning strategies and critical-thinking skills that are useful across the curriculum—not just in French or language courses.

- **Comparisons.** Enhancing awareness of your own culture as you encounter films and readings from the French-speaking world.

- **Communities.** Exploring topics and approaches that will enrich your personal enjoyment of films and readings, and prepare you for more advanced courses in film studies, cultural studies, history, and literature—in French, English, or any language.

Skills and Content

Speaking

Speaking activities in *Mise en scène* provide an opportunity for you to anticipate the content of films and texts, analyze them, and share your opinions and reactions to them. Activities are individual, pair work, whole-group, and role-play, interpersonal as well as presentational.

Listening

Although you will probably watch films with subtitles, you will get a feel for cadence, rhythm, and accent while watching the films, and you will also be able to pull out key words and phrases. Exercises in **Anticipation** for each film guide you to focus on one sequence and to understand it without any subtitles.

Writing

Many of the activities for each film and reading involve short writing tasks to do in or out of class. You will have the opportunity to approach films and readings from a creative, interpretive, and analytical point of view. You will work on different writing styles, from expressing personal opinions to organizing and presenting your arguments in a more formal way. Longer composition topics are presented in the **À l'écrit** and **Synthèse** sections of each chapter.

Culture

Because all of the films and readings were created by and for French speakers, *Mise en scène* allows you to see culture from within. We hope you will explore in depth the many views and cultures of filmmakers and writers represented in *Mise en scène*. Their works of course reveal not only something about their personal points of view, but also something about their target audience, the Francophone world. Through these works, you will begin to explore the tastes, opinions, fears, and desires of French-speaking audiences and to compare them to those of the American viewing public.

Films

We have chosen films that would be familiar to most French or Francophone college students: recent mainstream films like *Le fabuleux destin d'Amélie Poulin* and *Les visiteurs*, classic films by well-known directors (Jean-Luc Godard, Jacques Tati), animated films (*Kirikou et la sorcière*), popular documentaries (*Être et avoir, Les glaneurs et la glaneuse*), and films that reflect the history and richness of the Francophone world (*Lumumba, La vie sur terre*). From thrillers like *Harry, un ami qui vous veut du bien* to comedies like *Mon oncle*, each of the films is an integral part of French and Francophone culture.

While you develop your speaking, listening, reading, and writing skills in French with these films as a base, you will increase your French cultural literacy and maybe even become a *cinéphile*.

Film Activities

Mise en scène offers activities (**Anticipation**) to guide you through listening comprehension of a brief sequence without subtitles, as well as a note-taking guide (**Mise au point**) to help you to focus as you watch and listen. Because the films are authentic, the level of French used is geared toward native-speaking audiences. Depending on the level of your course, you will probably rely on subtitles if you are watching the films in one sitting.

You will talk and write about your comprehension of and reactions to the film (**Journal de bord, Compréhension et réactions**), and then discuss plot, characters, ideas, and style (**Discussion, Analyse**). You can participate in role-plays, interviews, and debates in the **Mise en scène** section and practice and polish your writing skills in the **À l'écrit** section.

Each film is accompanied by a thorough glossary of words and phrases to be used as a reference resource to make talking and writing about the films easier and more fun (**Glossaire du film**). You may listen to the **Glossaire du film** pronounced by a native speaker on the *Mise en scène* Companion Website®, **www.prenhall.com/mise**.

You will also have the opportunity to discuss and/or write about the themes and ideas present in two or more of the films and readings in the chapter (**Comparaisons**).

Le langage du cinéma section introduces the basic vocabulary of film techniques and explains how to talk about close-ups, tracking shots, montage, and more.

Readings

Readings consist of a variety of texts including advertisements, poems, newspaper articles, and short stories. You will encounter and respond to ideas and information in texts from the thirteenth century to the twenty-first century. The accompanying pre-reading, during reading, and post-reading activities facilitate your comprehension of the texts and encourage you to share your reactions and interpretation of the readings.

Internet and Technological Literacy

Designed to prepare you for class discussion, to help you make cultural connections, and to make surfing in French fun, the Internet activities (**Recherches sur Internet** and **Liens culturels**) encourage a guided exploration of French, Francophone, and some English Web sites. Through your research, you will discover information that will enhance your understanding and appreciation of the film and help you understand how cultures interact and connect.

At the end of each chapter (**Pour les technophiles**, in the **Synthèse** section), you will have the opportunity to expand upon the ideas and information from the films and readings with collaborative, hands-on projects using technology.

How to Take Notes while Watching Films

Be sure to take notes as you watch the films. Don't worry about your handwriting—film students get used to writing in the dark as they watch the screen. Take notes related to viewing questions your instructor has assigned. In general, taking notes on the following will help you to remember the film and to discuss it later:

- The names of characters. These are often changed in subtitles. Try to listen for any differences in spelling.
- Scene changes. "*Au café*," "*Dans le train*," etc. This will help you to remember the plot and to find information in your notes.

- Images and words that impress you. Even if you are reading subtitles, certain lines from the film will stand out. Try to memorize one or two from each film.

- As you watch the films, questions and comments will come to mind. Jot these down in your notes with a large question mark so that you can find them easily when you look over your notes.

To Teachers

The presence of movies on course syllabi in fields as diverse as literature and medicine, anthropology and history, attests to cinema's broad appeal and accessibility. A medium familiar to all of our students, film provides an immediate bridge between the individual student's experience, culture, and knowledge, and the new material to be studied. As artifacts of both popular and high culture and reflections of the times and audiences for which they are made, movies lend themselves to countless approaches for study.

The advantages of studying film are particularly significant in language classes. Among the most accessible of authentic texts (made for French-speaking audiences), movies bring a variety of voices, accents, gestures, and scenes to the language classroom as they present French and Francophone cultures from within. And especially important in these days of declining interest in language in general—and French in particular—films motivate students to continue to learn French. The study of film is especially appropriate in the French curriculum, because the rich tradition of "*le septième art*" plays a central role in French popular and high culture.

For Novice Filmophiles

The authors have structured **Mise en scène** to accommodate a wide range of teachers, from those who have no previous experience with teaching film to those who do so regularly. Ample teacher notes, carefully sequenced exercises, and a thorough presentation of the materials ensure that preparing to discuss the films with students requires no more expertise on the part of the instructor than preparing for discussion of readings in any second-year textbook.

Because cinema shares the narrative components of written fiction (plots, themes, characters, settings, description, dialogue), teachers in language and literature programs do not need to specialize further before using film in the language class. However, instructors who would like to use **Mise en scène** in a second-language model content-based course (i.e., a course in which students study and are tested on cinema as an art form, as they learn intermediate-level French) will find support in **Le langage du cinéma** section of the book.

Organization of Mise en scène

Each chapter is organized around a theme. Chapters begin with a chapter opener, and include **Avant scène, Séances, Lectures,** and **Synthèse.** Some of this material, including Internet activities for each film, appears on the *Mise en scène* Companion Website® and is clearly cued in the book itself. Students build on knowledge and skills developed in one section as they move through the chapter, working from brainstorming, to attentive viewing/ reading and note taking, to comprehension checks, to discussion, to formal writing and expansion activities.

In addition, **Le langage du cinéma** section provides an explanation of film terms along with exercises related to film techniques.

Chapter Sequence

The book is divided into six theme- and genre-based chapters, each treating three films and three types of authentic texts: a nonfiction document, a prose reading, and a poem or song. We have grouped together films and texts from different centuries and countries, reinforcing the timeless and cross-cultural interest of the themes explored. We have also provided a wide range of film genres: drama, comedy, thriller, documentary, animated film.

An introductory **Chapitre préliminaire** prepares students to study film. Chapters typically contain one mainstream film, one classic film, and one film depicting life in another French-speaking country or from the perspective of immigrants in France.

Of course, films are at the core of *Mise en scène.* Every chapter contains at least one recent mainstream film (*Le fabuleux destin d'Amélie Poulain, Être et avoir, Betty Fisher et autres histoires*), or others designated as favorites in surveys of more than 600 students enrolled in French courses around the country (*Le retour de Martin Guerre, Les visiteurs*).

Also presented are classic French films by important directors (Godard, Tati, Varda, Franju). Particularly attractive to true *cinéphiles* and future French or media-studies majors, these films have great popular appeal for all students.

Perspectives from non-European French-speaking countries are highlighted (*Lumumba, Kirikou et la sorcière, La vie sur terre, Indochine*), as well as films representing the experience of immigrants in French-speaking Europe: *Salut cousin, La promesse.* Students who enjoy these films may look forward to further studies in the literature or cultures of the French-speaking world.

Because reading is essential to language acquisition, particularly at the intermediate level, *Mise en scène* presents a variety of authentic texts related to films and chapter themes. Readings include song lyrics, poems, interviews, articles, directors' journals, short stories, and historical documents. Each chapter's readings appear in order of difficulty and are presented with a series of skill-building activities, including pre-reading, discussion, and expansion activities. The longest or most difficult reading in each chapter is presented on the *Mise en scène* Companion Website®, with all accompanying activities.

Additional short readings are also integrated throughout the book, particularly in conjunction with writing, speaking, and Internet activities.

While the chapters may be presented in any order, we assume most teachers will treat them sequentially, using one film and one or two readings per chapter, particularly if they are using *Mise en scène* in conjunction with a grammar review textbook.

Glossaire du film

The reference vocabulary in this section of each chapter serves as a lexical resource to facilitate discussion and written responses to the films. A recording of all lexical items from each **Glossaire du film** (pronounced by native speakers) is available on the *Mise en scène* Companion Website®.

Mise en scène and Grammar Review

Like any reader, **Mise en scène** may be used with any formal grammar review textbook. The characters and contexts presented in films and readings may be used in contextualized grammar presentation or review; they may be inserted into existing grammar practice exercises; they may be inserted into existing test bank items, including composition topics. No one film or reading is linked specifically to one grammar point, but attention to form is reinforced throughout the book:

- **Forme et fond** post-reading activities are designed to promote awareness, problem-solving, and critical thinking about how the French language works.

- **Teacher Notes** alert instructors to specific grammar tie-ins with model sentences.

Vocabulary

The **Glossaire du film** is a reference, not an active vocabulary list. However vocabulary acquisition is emphasized in various ways:

- Individual exercises in *Mise en scène* are accompanied by boxed **Vocabulaire utile;** these help provide appropriate vocabulary necessary for the discussion at hand.

- **Glossaire du film:** Teachers may designate which of the glossary items they consider to be active vocabulary for their course based on tie-ins to the grammar book they are using (which may have its own vocabulary list), or high-frequency items for the purposes of the course. To do this easily, copy and paste the **Glossaire** from the *Mise en scène* Companion Website®; highlight the chosen vocabulary (or delete words you do not consider active); repost, e-mail, or copy the active vocabulary list for students.

Technology

Mise en scène provides various opportunities to develop students' technological skills, including two kinds of Internet activities for each film, and the **Pour les technophiles** section at the end of each chapter (in **Synthèse**), which helps students use and polish technological skills through guided group projects relating hands-on technology to chapter themes.

Where to Purchase or Rent the Films

All of the films in *Mise en scène: cinéma et lecture* are easily available new and used in VHS and/or DVD through U.S. and Canadian distributors such as amazon.com, facets.org, or Archambault.ca. Facets (facets.org) and Netflix (among others) also provide rental service. The selection of three films per chapter means that you will always be able to find an easily available film.

Program Components

Annotated Instructor's Edition

Includes plentiful teacher notes in the margins, answers to selected exercises, and suggestions for setting up activities in and out of class.

Instructor's Resource Manual

Sample chapter breakdowns show how to use the book over a semester, a quarter, or an academic year (on a semester or quarter system), with or without a grammar textbook.

- Teaching tips for mapping, group work, role-plays, students' journals, etc.
- A detailed template for assigning and grading compositions in multiple drafts.
- A guide to the selection of films in each chapter, based on level of difficulty of language and subject matter, themes, genre, feedback from students and teachers who piloted the films and readings.

Companion Website®, www.prenhall.com/mise

The Companion Website® hosts guided Internet research for each film (**Recherches sur Internet** and **Liens culturels**), each chapter's third reading (**Sur Internet: Lecture 3**), and pronunciation of all glossary terms by a native speaker.

Acknowledgments

Mise en scène: cinéma et lecture began as a series of activities we developed for our French language courses. We thank the many undergraduate students and graduate teaching assistants at the University of Illinois - Chicago and the University of Virginia who have piloted these materials over the years, providing invaluable feedback and encouragement. We are grateful to our colleagues at UIC and UVa, whose interest and support continue to motivate and inspire us. As always, Terri Smith's kindness and skill eased the tension of balancing many projects at once. Jessica Wood deserves special thanks for transforming many of these materials into the beautiful course Web pages that would one day become *Mise en scène.*

We would like to express our gratitude to the colleagues who participated in reviewing materials for *Mise en scène.* We benefited from their suggestions, their criticisms, their perspectives, their experience, and their wisdom.

Sylvie Blum-Reid, University of Florida, FL
Paula Bouffard, Université Concordia, Canada
Wade Edwards, Longwood University, VA
Katherine H. Fair, Phillips Exeter Academy, NH
Peter Golato, University of Illinois - Urbana-Champaign, IL
Elizabeth M. Guthrie, University of California - Irvine, CA
Andrew Irving, University of Wisconsin - Madison, WI
Stacey Katz, University of Utah, UT
Chantal Maher, Palomar College, CA
Sharla Martin, University of Texas - Arlington, TX
Katherine A. Paesani, Wayne State University, MI
Jeffery C. Persels, University of South Carolina, SC
Marina Peters-Newell, University of New Mexico, NM
Deborah Reisinger, Duke University, NC
Kelly Sax, Indiana University, IN
Timothy Scheie, University of Rochester, NY
Jean Marie Schultz, University of California - Santa Barbara, CA
Margaret H. Sinclair, Northwestern University, IL
Candace Skorupa Walton, Smith College, MA
Colette Waldron, Cornell University, NY
Wynne Wong, Ohio State University, OH

Many friends and colleagues contributed to this project by surveying their students, providing photos, piloting or reading earlier versions of this book, and discussing ideas. We thank Chimène Bateman, Steve Carr, Robert Davis, Maryse Fauvel, John Ireland, Elise Leahy, Ellen McClure, Margaret Miner, Sarah Nelson, Aude Raymond, Laurent Ringer, Susanne Rott, Timothy Scheie, Peter Schulman, Craig Sellers, Madeline Spring, Sarah Skrainka, Kathleen K. Suchenski, and Nancy Virtue. We also thank Anita Benoliel at Ciné-tamaris, and Buddy Weiss at Photofest for their patience and careful attention to our photo searches.

We would like to express our appreciation to the many people at Prentice Hall who devoted time, talent, and experience to our project. Thanks to Publisher for World Languages, Phil Miller, and Rachel McCoy, Acquisitions Editor, for seeing this project from its earliest discussions to the final product. We are indebted to Development Editor Barbara Lyons's eye for detail and infinite patience. We also thank Mary Rottino, Assistant Director of Production; Nancy Stevenson, Senior Production Editor; Samantha Alducin, Media Editor, and Meriel Martínez Moctezuma, Supplements Editor. Thanks also go to Claudia Fernandes, Publishing Coordinator. We thank Cathy Townsend and

Bridget Nelson at Schawk, Inc. for their creativity, their good humor, and their meticulous work.

Finally, we thank our dear friends and families for their patience and encouragement. Cheryl Leah Krueger thanks her talented nieces Annelise and Marissa Pollard for the art. She thanks her sister, Heidi Erickson, and her husband, John Urbach, whose love, humor, and willingness to revise travel plans remain boundless. Elizabeth Dolly Weber thanks her parents, George Weber and Catherine Forrest Weber, and Julie, Jeff, Rachel, and Brandon for their support and encouragement. Brigitte G. Martin would like to thank Todd, Meghan, and Elise for their enduring love and patience. Her biggest thanks go to Nancy Virtue, a wonderful friend and colleague, who made it possible for her to embark on the project.

Credits

Text Credits

Page 33: "J'entends, j'entends" an excerpt from the poem "Les Poètes" by Louis Aragon, 1960. **Page 176:** Michel Paquot, "Interview: Jean-Pierre et Luc Dardenne," © 1996 Cinergie. http://www.cinergie.be/cinergie/arch01/dardenne.html. Accessed Oct. 3, 2005. **Page 185:** «Je trahirai demain» by Marianne Cohn, from La résistance et ses poètes, Éditions Seghers, 1974, 2004 **Page 224:** "Interview avec Francis Veber" Laurent Daniélou, http://www. 6nop6.com. Accessed Sept. 15, 2004. **Page 259:** "Entretien avec Abderrahmane Sissako" Cannes, Mai 1998.

Photo Credits

Page 1(left, right),140: © Judith Miller/Dorling Kindersley/Posteritati **Page 1(middle),202:** "Les visiteurs", un film de Jean-Marie Poiré.Production Gaumont. 1993 **Page 11:** "Le Fabuleux Destin d'Amélie Poulain" de Jean-Pierre Jeunet—Produit par UGC Images. **Page 20,58(right, top-left), 59,44(left, middle, right),104(middle), 117, 194(bottom), 250,269(top):** Photos courtesy of Cheryl Leah Krueger **Page 41,43(top),43(bottom),45,241(left):** Photos courtesy of Elizabeth Dolly Weber **Page 43(middle):** Max Alexander © Dorling Kindersley **Page 47:** Max B. Miller/Hulton Archive/Getty Images **Page 58:** Marc Welby, www.plateshack.com **Page 62, 285:** © Everett Collection **Page 80:** Terrence Spencer/Getty Images/Time Life Pictures **Page 88:** Photo courtesy of CGB **Page 91,92:** Centre d'Histoire de la Résistance et de la Déportation, Lyon **Page 94,95(bottom-right):** Réunion des Musées Nationaux/Art Resource, NY **Page 95(bottom-left):** Library of Congress **Page 95(top):** Photo courtesy of Craig Sellers **Page 102:** SVT Bild/Das Fotoarchive/Perer Arnold, Inc. **Page 104(left):** Eyewire Collection/Getty Images/Photodisc **Page 104(right):** © Judith Miller/Dorling Kindersley/ Luna **Page 109(left):** French Ministry of Culture **Page 109(right):** Gene Lester/Hulton Archive/ Getty Images **Page 117:** Philippe Quaisse/Photofest **Page 125:** "Les yeux sans visage", un film de Georges Franju. Production Gaumont. 1960 **Page 139,226,228:** © Éditions GALLIMARD **Page 145:** Tout va très bien Madame la Marquise, © 2001, Didier Jeunesse, Paul Misraki, Kitty Crowther. **Page 150, 287(photo 7), 290(photo 12):** Courtesy of ArtMattan Productions **Page 178:(top-left)** The Procter & Gamble Company **Page 178(top-right):** The LEGO Group **Page 178(bottom):** The Coca-Cola Company **Page 179(left):** Reader's Digest 1966 **Page 179(right):** BMO Groupe Financier (Banque de Montréal) **Page 182:** The Procter & Gamble Company **Page 183:** Photo courtesy of United States Holocaust Memorial Museum **Page 188:** Perrault's Fairy Tales with 34 full-page illustrations by Gustave Doré (© 1969, Dover Publications). **Page 190:** Los Angeles County Museum of Art, Purchased with funds provided by the Mr. and Mrs. William Preston Harrison Collection **Page 204:** British Library, London. The Bridgeman Art Library Ltd. **Page 231(left):** Marissa Pollard **(right):** Annelise Pollard **Page 232:** Steve Gorton/Anna Ravenscroft © Dorling Kindersley **Page 241(top-right):** Getty Images/Photodisc **Page 238:** Hyphen s.a., Paris (www.clairebretecher.com) **Page 241(bottom-right):** Stockbyte **Page 261, 286(photo 5):** Photos courtesy of Cine-Tamaris **Page 262:** photo courtesy of Seth Drayer **Page 269(bottom-right):** Pitchal Frederic/Corbis/Sigma **Page 269(bottom-left):** Rafa Rivas/Agence France Presse/Getty Images **Page 274:** Air France **Page 277:** Photo courtesy of Laurent Ringer **Page 288(photo 9):** Corbis/Bettmann **Page 289(photo 10),169,243:** New Yorker/Photofest **Page 289 (photo 11):** Photo by Evening Standard/Hulton Archive/Getty Images **Page 291(photo 13):** AP Wide World Photos **Page 291(photo 14):** Key Color/Index Stock Imagery, Inc. **Page 293(photo 15, 16):** Hulton Archive/Getty Images **Page 294(photo 17):** Alan Keohane © Dorling Kindersley **Page 294 (photo 18):** Photo by John Kobal Foundation/Hulton Archive/Getty Images **Page 9, 21, 32, 72, 108, 147, 159, 193, 214, 281, 285(photo 1), 285(photo 2), 286(photo 4), 286(photo 6), 288(photo 8):** © Photofest

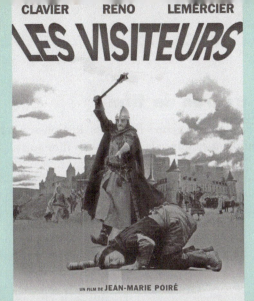

LE CINÉMA HOLLYWOODIEN ET LE CINÉMA FRANÇAIS

Connaissez-vous quelques-uns de ces films? Lesquels? Quels sont vos films préférés (autres que ceux qui sont présentés ci-dessus)?

Les genres de film	**Les éléments constitutifs d'un film**
Le cinéma narratif «classique»	**Glossaire**
Au cinéma	

Avant d'aborder les films présentés dans ce livre, il est utile de vous familiariser avec les termes français souvent employés pour parler des films. Il est aussi nécessaire de noter les différences, parfois subtiles, qui existent entre les styles cinématographiques hollywoodien et français.

En France, on appelle le cinéma «le septième art». Il est évident que c'est un genre que l'on prend au sérieux (les six arts traditionnels sont: l'architecture, la sculpture, la peinture, la gravure, la musique et la danse). Tout au long de ce livre, nous découvrirons les réponses possibles aux questions suivantes: Y a-t-il des différences stylistiques entre les films hollywoodiens et les films français/francophones? Y a-t-il des différences entre les goûts des spectateurs de pays différents? Quels thèmes et idées communs sont traités dans les films narratifs de plusieurs pays et de plusieurs époques?

1

Les genres de film

 1. Exemples de genres filmiques. Remplissez la grille avec un/e autre étudiant/e. Suivez le modèle «un film noir».

genre	définition	exemples
un film noir	genre américain; années 40 et 50; flash-back; un narrateur; personnage qui parle en voix-off; femme fatale	*The Maltese Falcon, Double Indemnity, The Big Sleep*
un film muet		
un film d'animation		
un western		
un mélodrame (*romantic drama*)		
un film de science fiction		
une comédie musicale (*a musical*)		
un film à suspense		
un drame historique		
un documentaire		
une comédie ou un film comique		
un film d'horreur/ un film d'épouvante		

2. Comparaisons. Il y a des différences et des similarités entre les genres filmiques. En consultant le vocabulaire ci-dessous, remplissez la grille, afin de comparer les genres suivants: (1) un film d'action vs. un mélodrame; (2) un film à suspense (un thriller) vs. un (film) policier; (3) un drame historique vs. un documentaire; (4) une comédie musicale vs. un opéra.

Le contenu typique du film

- une histoire racontée du début jusqu'au dénouement (=la fin)
- une histoire d'amour
- un mystère à résoudre
- l'histoire d'une personne (réelle) célèbre
- l'histoire d'une personne (réelle) relativement inconnue

Le but ou l'effet (voulu) du film

- émouvoir (*to move emotionally*) le spectateur
- apprendre quelque chose au spectateur
- faire réfléchir le spectateur/influencer les idées du spectateur
- divertir (*entertain*) le spectateur
- faire peur au spectateur

genre	contenu	but/effet
un film d'action un mélodrame		
un film à suspense (un thriller) un film policier		
un drame historique un documentaire		
une comédie musicale un opéra		

Le cinéma narratif «classique»

 1. Un film «classique». Un film narratif de style «classique» raconte une histoire en se servant de certaines conventions bien connues. Avec un/e autre étudiant/e, choisissez un film américain à succès que vous connaissez bien. Un film à succès est un film qui a attiré beaucoup de spectateurs. Décidez si c'est un film narratif de style classique, en vous servant de la liste de conventions suivantes. Puis, comparez vos réponses avec celles des autres étudiants de la classe.

Titre du film:_____

_____ L'histoire a un début, un milieu, et une fin, et l'action est assez facile à suivre.

_____ À la fin du film, le spectateur a le sentiment que tout est résolu. Le dénouement permet au spectateur de trouver la réponse à toutes les questions importantes posées à travers le film.

_____ Il n'y a pas beaucoup de digressions, de scènes gratuites qui ne font pas avancer l'intrigue.

_____ L'intrigue est importante et relativement facile à suivre.

_____ Il y a un personnage principal dont la quête (d'une chose concrète, d'une idée, d'un désir ou d'une personne) détermine l'action du récit.

_____ Le rythme du film est relativement rapide. Il n'y a pas de scènes très longues.

_____ Chaque son et image (y compris la musique de fond) contribue au contenu et au ton du récit. La continuité est évidente dans les images et les sons du film.

 2. Nos attentes. Le titre du film, les films que nous avons déjà vus et nos goûts personnels (*personal taste*) influencent les attentes (*expectations*) que nous avons par rapport aux films que nous regardons. Répondez aux questions suivantes afin de mieux connaître vos attentes et celles des autres étudiant/es de la classe.

a. Quels sont les titres des films français (ou d'autres films étrangers) que vous avez vus? En connaissez-vous les titres en anglais? Comparez le titre dans la langue originale à la traduction en anglais de ce même titre. S'ils sont différents, comment?

b. Est-ce que vous avez vu ces films en version originale (avec des sous-titres) ou doublés en anglais? Quels sont les avantages des films doublés et des films sous-titrés?

c. Est-ce que les films que vous avez vus étaient en couleur ou en noir et blanc?

d. Quels films américains (récents ou classiques) vous plaisent le plus? Pensez aux genres et aux titres spécifiques.

e. Trouvez des exemples récents de films à succès (films qui ont attiré beaucoup de spectateurs).

f. Connaissez-vous quelques échecs ou «navets» (films qui n'ont pas eu de succès)?

g. Si vous avez vu des films étrangers, avez-vous remarqué des différences générales entre les films américains et les films d'autres pays?

Au cinéma

1. **Allons au cinéma.** Voici quelques phrases qui décrivent l'expérience d'aller au cinéma en France. Mettez les phrases en ordre chronologique, et cochez les phrases qui s'appliquent aussi au cinéma en Amérique du Nord.

a. _____ On achète son billet au guichet. Il y a des réductions pour les étudiants, et pour tous les lundis, en général.

b. _____ La séance commence.

c. _____ Dans les grands cinémas on cherche la salle où passe le film que l'on veut voir. On cherche une place libre. Les sièges sont très confortables.

d. _____ On achète des bonbons, glaces et boissons au bar confiseries.

e. _____ On regarde des publicités, des bandes-annonces, des courts-métrages quelquefois.

 2. **L'interview.** En groupes de deux ou trois, posez les questions suivantes et comparez vos réponses.

a. Est-ce que tu préfères louer des vidéos (ou des DVD) ou regarder les films dans une salle de cinéma? Pourquoi?

b. As-tu un magnétoscope? Un lecteur de DVD?

c. Est-ce que tu oublies parfois de rapporter tes cassettes vidéo, ou tes DVD au vidéo club?

d. Est-ce que tu perds souvent ta télécommande? Où est-ce que tu la retrouves?

e. Au cinéma, est-ce que tu préfères t'asseoir près de l'écran, loin de l'écran, ou au milieu de la salle?

Les éléments constitutifs d'un film

1. **Le générique.** Généralement, un film commence et finit par le générique, où on peut lire le titre du film, la distribution (le nom des acteurs), et le nom des autres membres de l'équipe du film. Expliquez ce que fait chaque membre de l'équipe, en vous servant des réponses a–e.

   _____ le metteur en scène/le réalisateur

   _____ les interprètes

   _____ la vedette/la star

   _____ le scénariste

   _____ le producteur

   a. la personne qui écrit le scénario

   b. l'acteur ou l'actrice qui joue le rôle principal

   c. les acteurs et actrices qui jouent les rôles principaux et les seconds rôles

   d. la personne responsable du financement et de l'administration du film

   e. la personne responsable de la réalisation du film; qui «fait» le film

2. **Analyse d'un générique.** Regardez le générique d'un film (choisi par votre professeur).

   • Notez le style du générique. Comment est-ce que le générique contribue au style et/ou au contenu du film?

   • Notez: (1) le nom du réalisateur/de la réalisatrice; (2) le nom de la vedette; (3) le titre du film.

3. **La séquence.** Comme les pièces de théâtre, les films se composent de scènes. **Une scène** est une partie de la pièce, ou du film, définie par l'espace: dans le jardin; sur la plage; au café. Quand on parle des films, on fait plus souvent référence à **la séquence,** une partie du film définie par son unité esthétique ou narrative: la séquence du générique; une séquence de rêve; la séquence du départ (qui pourrait comprendre plusieurs scènes: l'arrivée à la gare, l'intérieur d'un train; ce que voit la personne dans le train qui regarde quelqu'un par la fenêtre, etc.).

4. **Le plan.** Le plan est la portion du film filmée par la caméra au cours d'une **prise** (*shot*). D'habitude, **une séquence** comprend plusieurs **plans. Une séquence** qui se compose d'un seul **plan** (qui n'est pas coupé) est un **plan-séquence.** Regardez **une séquence** choisie par votre professeur. Tout en regardant, comptez les **plans** de cette **séquence.**

5. Les Césars. Comme les Oscars américains, les Césars sont accordés chaque année. Ils sont remis en France par l'Académie des arts et techniques du cinéma. Voici quelques catégories qui figurent aux Césars. À l'instar des Oscars et des Césars, votez pour votre «candidat» préféré dans chacune des catégories ci-dessous. Votre professeur annoncera les gagnants.

meilleur film _____

meilleur film étranger _____

meilleur réalisateur _____

meilleure actrice _____

meilleur acteur _____

second rôle féminin _____

second rôle masculin _____

meilleure musique de film _____

meilleurs costumes _____

meilleurs décors _____

meilleurs effets spéciaux _____

GLOSSAIRE

Pour entendre les mots du glossaire, consultez le site web.
Voici quelques mots de vocabulaire qui vous aideront à comprendre l'étude des films, à parlers des films en classe, et à préparer des projets ou des rédactions.

Au cinéma

une bande annonce: *movie trailer*
un bar confiseries: *concessions stand*
un cinéma: *movie theater (the building itself)*
un écran: *screen*
une ouvreuse: *hostess or usher who leads viewers to their seats in a movie theater; seen in France well into the twentieth century, but no longer common*
passer un film: *to show a film*
une salle de cinéma: *movie theater (the room itself; a* cinéma *may have several* salles*)*
un siège: *seat (in a theater)*
une séance: *screening; show time*

Chez soi

un lecteur de DVD: *DVD player*
louer et rapporter une cassette (une cassette vidéo) ou un DVD: *to rent and return a video or DVD*
un magnétoscope: *VCR*
une télécommande: *remote control*
un vidéo club: *video and DVD rental store*

L'intrigue d'un film

un début: *beginning*
un dénouement: *conclusion of a story or film; denouement*
une intrigue: *plot (of a story, book, film)*
un personnage: *character in a book or film*
un personnage principal, secondaire: *leading role/main character; supporting role/secondary character*
raconter une histoire: *to tell a story*

Les genres filmiques

une comédie: *comedy*
un dessin animé: *cartoon*
un film d'action: *action film*

un film d'animation: *animated film*
un film d'aventure: *adventure film*
un film dramatique: *drama*
un film d'épouvante, d'horreur: *horror film*
un film muet: *silent film*
un film à suspense: *thriller*
un genre: *genre, type (of film, book)*
un mélodrame: *melodrama*
un long métrage: *feature-length film*
un policier/film policier: *thriller*
un western: *western*

La technique

doublé/e: *dubbed*
un effet spécial: *special effect*
le générique: *credits (of a film), title sequence*
le jeu des acteurs: *acting*
un plan: *shot*
une prise: *shot*
une séquence: *sequence of shots in a movie, which together form a unified portion of the film's action within one or more physical settings*
les sous-titres (m.pl.): *subtitles*
sous-titré/e: *subtitled*
le tournage: *the shooting of a film*
tourner un film: *to film, to shoot a film*
le trucage: *special effect*
la version française (un film en v.f.): *a film dubbed into French*
la version originale (un film en v.o.): *a film with subtitles (rather than dubbing)*

L'équipe

un/e acteur/trice: *actor, actress*
un/une interprète: *performer, actor, singer*
une star: *star (of a movie)*
une vedette: *star (of a movie)*
un figurant: *extra (actor)*

LES TEMPS «MODERNES»

1

Charlie Chaplin (1899–1977) est un cinéaste et acteur américain très connu en France, où on l'appelle «Charlot». Selon cette photo du film, est-ce que les temps modernes sont plaisants? Simples? Compliqués? Difficiles?

Séances

SALLE 1: *Le fabuleux destin d'Amélie Poulain.* Jean-Pierre Jeunet. France, 2001.

SALLE 2: *Salut cousin!* Merzak Allouache. France, Belgique, Algérie, 1996.

SALLE 3: *Bande à part.* Jean-Luc Godard. France, 1964.

Lectures

LECTURE 1: **«Voyage à Paris, janvier 2000».**
Les élèves de l'École de Chahaignes. France, 2000.

LECTURE 2: **«United cultures of Jean Reno».**
Interview avec Jean Reno. *Paris Match,* 20 août 1998.

LECTURE 3: **«Sonnet sur Paris».** Paul Scarron. France, XVIIᵉ siècle.

Dans les films et dans les lectures de ce chapitre, l'action se déroule en ville, à Paris. Chaque film est une interprétation de la vie moderne à une époque différente ou dans un quartier différent.

AVANT SCÈNE

En 1929, Charlie Chaplin tourne son film satirique *Les temps modernes*. Dans ce film, Chaplin souligne le danger des choses qui étaient considérées comme «modernes» à son époque: l'industrialisation, le travail à la chaîne (*assembly line*), et la robotisation du travail dans les usines.

Comme Charlie Chaplin et les spectateurs de son époque, on a tendance à associer le mot «moderne» à tout ce qui est technique (les machines, les ordinateurs, l'Internet…). Pourtant, les gens qui vivaient au XIIe siècle, par exemple, pensaient eux aussi vivre dans une époque moderne. Qu'est-ce qui rend «moderne» une robe? une pensée? un meuble? une maison ou le décor d'une maison? Est-ce que «moderne» peut aussi être synonyme de «à la mode»? Dans quelles situations est-ce qu'on apprécie les choses modernes? Dans quelles situations est-ce qu'on rejette ou craint les choses modernes?

1. **Qu'est-ce qui est moderne?** Le terme «moderne» est relatif. Qu'est-ce qu'on considère ou considérait comme moderne aux époques suivantes? Pensez à la technologie, à la musique, au style (les vêtements, l'architecture, l'art) et aux idées.

   a. aujourd'hui

   b. à l'époque de vos grands-parents

   c. dans les années 60

   d. dans les années 90

   e. dans les années 20

   f. au XIXe siècle

   g. l'année dernière

2. **Paris à l'écran.** Dans les films de ce chapitre, l'action se déroule dans la ville de Paris. Pourtant, chaque film représente un Paris différent. Quelle image avez-vous de Paris? Quelles images vous attendez-vous à voir et quels bruits pensez-vous entendre dans un film tourné à Paris?

   a. _____ Des scènes tournées dans les rues de Paris.

   b. _____ De la circulation, des embouteillages (*traffic jams*) et des véhicules: des voitures, des vélos, des camions, des stations-service, etc.

   c. _____ Les transports publics: le train, le métro, l'autobus, la gare.

   d. _____ La banlieue (*suburbs*) de Paris.

   e. _____ Des cafés et des restaurants.

   f. _____ Des boîtes de nuit (des discothèques).

   g. _____ Des marchés en plein air et des magasins: horlogeries, bijouteries, boulangeries, épiceries, etc.

   h. _____ De grands immeubles (*apartment buildings*) et des appartements.

i. _____ Des monuments et des sites touristiques: la Place de la Bastille, le Louvre, la Tour Eiffel, la Basilique du Sacré Cœur, l'Arc de Triomphe.

j. _____ Des fleuves (la Seine) et des ponts (le pont Mirabeau…).

3. Interview. Posez les questions suivantes à un/e autre étudiant/e.

a. Est-ce que tu as déjà vu des films tournés à Paris? Quels en sont les titres? Comment est-ce que ces films représentent Paris? Est-ce une ville dangereuse? Moderne? Romantique? Élégante?

b. Est-ce que tu as déjà vu un film tourné dans la ville où se trouve notre université ou dans la ville où habite ta famille? Si oui, quel est le titre de ce film? Quel en est le genre? Si non, peux-tu imaginer un film tourné dans cette ville? Pourquoi (pas)?

c. Quels sont les trois derniers films que tu as vus? Dans quelle ville est-ce que l'action se passe dans ces films? Est-ce que ces villes sont bien choisies? Pourquoi (pas)?

SÉANCES

Salle 1: Le fabuleux destin d'Amélie Poulain.

Jean-Pierre Jeunet. France, 2001.

En regardant sa photo, pouvez-vous imaginer la personnalité, les goûts et les habitudes d'Amélie Poulain? Est-elle timide? Est-elle amusante? Qu'est-ce qu'elle aime? Qu'est-ce qu'elle n'aime pas?

Amélie, jeune serveuse dans un café de Montmartre, se sent très seule. Pour s'amuser, elle observe le monde. Un jour, elle décide d'aider les gens qui l'entourent. Pour ce faire, Amélie doit vaincre sa timidité et prendre des risques. En cherchant le bonheur des autres, Amélie va-t-elle trouver son propre bonheur?

Éclairages

Recherches préparatoires sur Internet

http://www Connaissez-vous le réalisateur Jean-Pierre Jeunet? Quelle est la réaction des spectateurs français et nord-américains face au film *Le fabuleux destin d'Amélie Poulain*? Consultez le site web pour en apprendre plus sur Jeunet et sur l'accueil de son film par le public.

Remue-méninges

1. **La solitude, la vie de couple.** Quels sont les avantages et les inconvénients de la vie à deux? Avec un partenaire, dressez la liste des avantages de la vie de célibataire et la liste des avantages de la vie à deux.

2. **Changer la vie.** Quand une personne veut changer sa vie, qu'est-ce qu'elle fait? Dressez une liste d'actions/d'initiatives possibles/logiques pour chaque personne ci-dessous:

   a. un veuf de 60 ans qui s'ennuie chez lui

   b. une femme célibataire de 45 ans qui travaille beaucoup

   c. un assistant généreux dont le patron est très méchant

   d. un écrivain qui ne réussit pas à faire publier son livre

   e. une jeune femme qui aime tout le monde mais qui se sent seule

   f. un vieux peintre excentrique qui ne sort jamais

   g. un homme de 30 ans qui collectionne des photos

Anticipation

Première projection (avec le son, sans sous-titres). Dans cette séquence, nous rencontrons les parents d'Amélie Poulain. Indiquez les choses que les parents d'Amélie aiment et celles qu'ils n'aiment pas. Il n'est pas nécessaire de tout comprendre pour pouvoir répondre aux questions.

Le père d'Amélie...

1. n'aime pas/aime   aligner toutes ses chaussures et les cirer.

2. n'aime pas/aime   arracher (*tear off*) un bon morceau du papier peint.

3. n'aime pas/aime   sortir de l'eau et sentir coller son maillot de bain.

4. n'aime pas/aime   surprendre sur ses sandales un regard de dédain.

5. n'aime pas/aime   vider sa boîte à outils et tout ranger.

La mère d'Amélie...

1. n'aime pas/aime   avoir les doigts plissés par l'eau chaude du bain.

2. n'aime pas/aime   avoir les plis des draps (*sheets*) imprimés sur la joue le matin.

3. n'aime pas/aime   faire briller le parquet avec ses patins (*cloth slippers used to shine wood floors*).

4. n'aime pas/aime   les costumes des patineurs artistiques (*figure skaters*).

5. n'aime pas/aime   vider son sac à main et tout ranger.

Deuxième projection (avec le son, sans sous-titres). Maintenant, regardez la même séquence, toujours sans sous-titres. Vérifiez vos réponses aux questions de la première projection et répondez aux questions suivantes:

1. Quels sont les prénoms de M. et Mme Poulain?

2. Quels goûts M. et Mme Poulain ont-ils en commun?

3. Selon vous, les goûts de la petite Amélie seront-ils similaires à ceux de ses parents?

GLOSSAIRE DU FILM

Pour entendre les mots du glossaire, consultez le site web.

Voici quelques mots de vocabulaire qui vous aideront à comprendre le film, à en parler en classe et à écrire dans votre **Journal de bord,** tout en enrichissant votre lexique personnel. Avant de voir le film, lisez tout le vocabulaire. Soulignez les mots qui vous intéressent et cherchez à les entendre pendant le film.

Les personnages, leur personnalité, leurs qualités et leurs défauts

altruiste: *altruistic, selfless*
aveugle: *blind*
bon/bonne: *good*
un/e buraliste: *tobacconist, person who sells cigarettes and other tobacco products*
compréhensif/ve: *understanding*
un/e concierge: *concierge, caretaker of an apartment building*

crétin/e: *stupid, idiotic*
un épicier/une épicière: *grocer, green grocer*
excentrique: *eccentric*
fauché/e: *broke (out of money)*
un/e habitué/e (d'un café): *habitué, person who regularly goes to a certain place; someone who always goes to the same café*
hostile: *hostile*
ingénieux/euse: *ingenious*
introverti/e: *introverted, shy*
jaloux/se: *jealous*

nerveux/se: *nervous, high-strung*
obsédé/e: *obsessed*
raté/e: *failed*
un/e raté/e: *failure; failed writer, artist*
un/e réparateur/trice: *repairman, repairwoman*
un/e rêveur/euse: *dreamer*
sarcastique: *sarcastic*
sensible: *sensitive*
un/e serveur/euse: *waiter, waitress*
seul/e: *alone, lonely (depending on context)*
timbré/e: *nuts, crazy*

Les objets, les scènes et les situations

une affiche: *poster*
un album de photos ou un album-photos: *photo album*
un appareil-photo: *camera*
une basket: *sneaker*
une cachette: *hiding place*
un cafouillage: *muddle, shambles, mess*
une caméra (vidéo): *video camera*
une carte d'identité: *I.D. card*
un fait divers: *short news item*
la foire du Trône: *amusement park/fair held just outside Paris for two months each spring*
une horloge: *clock*
des jumelles (f. pl.): *binoculars*
un magnétophone, un mini-magnétophone, un dictaphone: *tape recorder; dictaphone*
un nain de jardin: *garden gnome*
un photomaton: *photobooth, photomat*
un tableau: *painting*
un télescope: *telescope*
le train fantôme de la chenille des Carpates: *Phantom Train of the Carpathians, train ride in an amusement park*
une vue (panoramique): *view, panoramic view*

Les actions/Les événements

une bonne action, faire une bonne action: *good deed, do a good deed*
bouleverser: *to overwhelm, distress, disrupt*
une chasse au trésor: *treasure hunt*
compatir: *to empathize*

un coup de foudre: *love at first sight*
croiser quelqu'un: *to pass by someone (in the street)*
un déclic: *a click, a trigger*
le destin: *destiny*
divaguer: *to ramble (while talking)*
un drame: *drama, tragedy*
une énigme: *enigma, mystery*
enregistrer: *to record (on a tape recorder, CD)*
épier: *to spy*
un flashback: *flashback*
le hasard: *chance*
l'ingérence (f.): *interference*
livrer: *to deliver*
narrer: *to narrate*
la nostalgie: *nostalgia*
observer: *to observe*
une piste: *trail, track*
la poisse: *bad luck*
réaliser un rêve/un projet: *to carry out, realize a dream/project*
se réfugier: *to take refuge*
rendre + adjectif; e.g., rendre fou/nerveux/heureux: *to make [a person] crazy/upset/happy*
la retraite, prendre sa retraite ou être à la retraite: *retirement, to take retirement, be retired*
rêver: *to dream*
rêvasser: *to daydream*
un ricochet, faire des ricochets: *to skip pebbles on water*
un risque, prendre un risque: *a risk, to take a risk*
se sentir seul/e: *to feel lonely*
un service, rendre service à quelqu'un: *a favor, to do a favor for someone*
un stratagème: *strategy*
surveiller: *to keep an eye on, watch*
traquer: *to track down*

Expressions

être dans les vapes: *to be daydreaming, not paying attention, spacey*
Il faut se faire une raison. *You/we have to accept it.*
faire plaisir / peur à quelqu'un: *to please/scare someone*
se mêler de la vie des autres: *to get mixed up in other people's lives*

Pendant la projection

Mise au point

Pendant que vous regardez le film, prenez des notes sur tout ce qui vous intéresse. Faites surtout attention aux éléments suivants:

1. Le nom des personnages et les rapports qui existent entre eux.

2. Les changements de scène (dans le café, chez Amélie, dans la gare, dans la rue, dans le métro…).

3. Le décor, les couleurs.

4. Les différences et les similarités entre ce film et d'autres comédies dramatiques que vous connaissez.

5. Les mots et les phrases/expressions que vous aimeriez apprendre.

6. Ce qui vous plaît et ce qui ne vous plaît pas dans le film.

Le langage du cinéma: La mise en scène

En regardant le film, observez bien la mise en scène: le décor, les costumes (leur variété ou leur simplicité) et les mouvements des acteurs (leurs gestes et leurs regards). Comment est-ce que la mise en scène renforce le ton et le sujet du film? À quels moments la mise en scène aide-t-elle le spectateur à comprendre les émotions des personnages?

Après la projection

Réflexion: Journal de bord

Le **Journal de bord** vous permet de réfléchir aux thèmes et aux idées du film et d'exprimer vos réactions personnelles. Vous pouvez aussi répondre aux questions suggérées dans les instructions.

1. Dans votre journal de bord, écrivez vos réactions face à ce film, aussi bien que des questions et commentaires. Indiquez quelles questions ou quels commentaires vous voulez mentionner en classe.

2. L'intrigue de ce film est complexe, avec beaucoup de détails, beaucoup d'action et beaucoup de situations. Pour être sûr/e d'avoir compris, dressez la liste des dix événements (au maximum) que vous trouvez les plus importants pour le développement de l'histoire.

3. Au lieu de décrire les personnages, le narrateur d'*Amélie* nous donne souvent les goûts d'un personnage, ce qu'il/elle aime et n'aime pas. Décrivez-vous vous-même à travers vos préférences. Utilisez la troisième personne du singulier (Il aime ou elle aime).

4. Quel personnage est le plus excentrique, selon vous? Avec quel personnage aimeriez-vous passer un après-midi? Pourquoi?

Liens culturels

Connaissez-vous Paris? Continuez à explorer Paris, et les quartiers fréquentés par Amélie, en consultant le site web.

Compréhension et réactions

1. Vrai/Faux. Lisez bien les phrases suivantes. Pour chaque réponse fausse, soyez prêt/e à donner la bonne réponse.

_____ Les bonnes actions d'Amélie commencent après la mort de sa mère.

_____ C'est Nino qui découvre l'identité de l'inconnu du photomaton.

_____ Lucien sera peut-être un grand peintre un jour.

_____ Collignon devient presque fou à cause des blagues d'Amélie.

_____ Amélie fait des choses très simples pour aider les gens.

_____ L'homme dont l'image obsédante est partout dans l'album est un criminel qui traque Nino.

_____ L'homme de verre n'aime personne.

2. Qui fait quoi? Trouvez la phrase de la colonne de droite qui décrit le personnage de la colonne de gauche.

_____ Amélie Poulain

_____ Nino Quincampoix

_____ Raymond Dufayel

_____ Collignon

_____ Lucien

_____ Raphaël Poulain

_____ Amandine Fouet

_____ Georgette

_____ Joseph

_____ Madeleine Wallace

_____ Le nain de jardin

a. tué/e par une touriste canadienne

b. personne douce qui aime les endives

c. un/e buraliste hypocondriaque

d. construit un mausolée pour sa femme

e. a été abandonné/e par son époux/se

f. aime humilier les plus faibles que lui

g. aime faire des ricochets sur le canal Saint Martin

h. vit à travers les tableaux qu'il/elle peint

i. détruit le bonheur en devenant jaloux/se

j. voyage beaucoup

k. collectionne les photos ratées que les gens jettent près des photomatons

3. Avez-vous compris? Choisissez l'adjectif ou le nom qui complète le mieux chaque phrase. Attention! Bien que plusieurs adjectifs puissent logiquement compléter chaque phrase, ne vous répétez pas!

introverti	hostile	nerveux	altruiste	excentrique
bon	timide	jaloux	obsédé	raté

   a. Tu as remarqué cette serveuse qui fait souvent de bonnes actions? Elle semble être _____.

   b. Cet homme qui enregistre toutes les conversations est _____.

   c. Collignon est beaucoup trop _____ avec son assistant.

   d. Amélie aimerait avoir des amis, mais elle est _____.

   e. Il surveille Georgette parce qu'il est _____.

   f. Oh, les endives, ça me fait plaisir! Tu es vraiment trop _____, Lucien!

   g. Nino est _____; il imagine toutes sortes de choses.

   h. Oui, c'est triste. Hipolito est un écrivain qui n'a pas réussi dans la vie. C'est un vrai _____.

Approfondissons

1. Les personnages. Regardez «Qui fait quoi» ci-dessus (**Pendant la projection**). Pour chaque personnage, ajoutez maintenant une phrase supplémentaire qui explique mieux qui elle/il est et pourquoi il/elle est important/e dans l'intrigue. Ensuite, comparez vos phrases avec celles de vos camarades de classe. Êtes-vous d'accord sur tous les détails?

2. Les proverbes. Les personnages font souvent référence aux proverbes. Avec un partenaire, trouvez la suite logique de chaque proverbe. Pouvez-vous trouver des proverbes équivalents en anglais?

La fin justifie _____.	un bœuf
Les bons comptes font _____.	l'imbécile regarde le doigt
Pierre qui roule n'amasse _____.	les bons amis
Une hirondelle ne fait _____.	pas le printemps
Qui vole un œuf vole _____.	les moyens
Quand le doigt montre le ciel _____.	pas mousse

3. Amélie joue des tours. Nommez au moins trois tours que joue Amélie pour faire croire à Collignon qu'il devient fou. Pourquoi fait-elle de petites blagues au lieu de créer des problèmes plus graves?

Discussion

1. Avec un partenaire, dressez la liste de toutes les bonnes actions qu'Amélie a essayé de faire et précisez pour qui elle les a faites. Indiquez si chaque action est réussie ou ratée. Ensuite, remplissez la grille ci-dessous.

bonne action	réussie	ratée	comment
rendre la boîte à Dominique Bretodeau	✓		*laisser la boîte dans une cabine téléphonique*
_____	____	____	_____
_____	____	____	_____
_____	____	____	_____
_____	____	____	_____
_____	____	____	_____
_____	____	____	_____
_____	____	____	_____
_____	____	____	_____

2. En regardant la grille ci-dessus, décidez si Amélie a vraiment enrichi la vie des personnes pour qui elle a fait de bonnes actions. Est-ce que quelques-unes de ces bonnes actions étaient moins altruistes que d'autres?

3. Suzanne, la patronne du café, donne à Amélie la recette du coup de foudre: prendre deux habitués du café, leur faire croire qu'ils se plaisent, laisser mijoter (*simmer*)… Est-ce qu'il est vrai, selon vous, que la proximité et l'illusion d'être aimé puissent provoquer l'amour? Utilisez quelques exemples du film pour soutenir vos arguments.

4. Choisissez l'un des personnages qui vit seul (le père d'Amélie, Collignon, Dufayel, Madeleine Wallace, Amélie elle-même) et explorez son attitude envers la vie solitaire ainsi que ses efforts ou son manque d'efforts d'insertion dans une communauté.

5. Quelle est l'image de Paris et des parisiens transmise par ce film? Pensez aux scènes, aux décors, aux personnages, à leurs activités et à leur style individuel (vêtements, comportement). Est-ce que cette image correspond à la conception que vous avez de Paris? Voici des questions à vous poser:

a. Où est-ce que les personnages travaillent?

b. Qu'est-ce qu'ils font quand ils ne travaillent pas? Qui regarde la télé? Qui dîne au restaurant? Qui a un passe-temps?

c. Combien d'appartements/de maisons voit-on? Décrivez-les.

d. Comment est-ce que les personnages s'habillent pour travailler? Après le travail?

e. Existe-t-il des relations d'amitié entre des personnages d'âges différents (jeunes, assez âgés, vieux)?

f. Quel effet le temps (s'il fait du brouillard, s'il pleut, s'il fait beau…) a-t-il sur les personnages?

g. Comment les personnages se déplacent-ils? De quels moyens de transport se servent-ils?

h. Comment est-ce que les personnages expriment leurs émotions?

Analyse

1. Voyez-vous des liens entre l'enfance d'Amélie et sa vie adulte? Pensez à ses rapports avec les autres quand elle était enfant, ce qu'elle aimait faire, la façon dont elle mangeait, les décorations de sa maison, par exemple.

2. Amélie garde l'anonymat quand elle fait de bonnes actions. Pourquoi, selon vous?

3. Amélie décide d'arranger «les cafouillages dans la vie des autres». Mais qu'est-ce qui ne va pas dans sa vie à elle? Qui ou qu'est-ce qui l'aide à ranger/arranger ses propres cafouillages?

4. Le titre du film est *Le fabuleux destin d'Amélie Poulain*. Quel rôle le destin joue-t-il dans cette histoire? Pensez-vous que la vie d'Amélie (et des autres personnages du film) soit contrôlée par le destin ou par le hasard? Donnez des exemples.

 5. Le détail est important dans ce film. Le narrateur dit qu'Amélie est «si sensible au charme discret des petites choses de la vie». Et vous? Quels détails vous semblent intéressants, bizarres, amusants, importants dans le film? Dressez la liste des «petites choses de la vie» (n'oubliez pas les décors) que vous avez observées dans le film. Ensuite, comparez votre liste à celle de vos camarades de classe.

Mise en scène

1. Un portrait. Au lieu de décrire les personnages, le narrateur d'Amélie nous dit souvent ce que le personnage aime et n'aime pas, comme dans la séquence où on rencontre le père et la mère d'Amélie pour la première fois. Décrivez quelqu'un que tous les étudiants de la classe connaissent bien (un/e étudiant/e de votre groupe, une personne célèbre, un personnage fictif) à travers les préférences de cette personne, en utilisant la troisième personne du singulier (il aime ou elle aime). Formulez au moins six phrases, puis présentez votre «portrait». Un étudiant de votre groupe sera le narrateur et lira les phrases pendant que les autres étudiants de votre groupe mimeront les paroles. Les autres étudiants de la classe essaieront de deviner l'identité de la personne dont vous faites le portrait.

2. **Un journal de voyage.** Pour ramener son père déprimé à la vie, Amélie fait photographier les «voyages» d'un nain de jardin. En groupes, choisissez un objet comme le nain de jardin de Monsieur Poulain, et photographiez-le à cinq à huit endroits, à la fac ou en ville. Écrivez une phrase d'explication pour chaque photo et présentez votre «journal de voyage» aux autres groupes.

À l'écrit

Atelier. Dans ce film, on suit la vie d'Amélie, mais le rôle des personnages secondaires est lui aussi important. Écrivez quelques paragraphes dans le journal intime de Collignon ou de Nino. Ne vous limitez pas à un simple résumé de l'action. Pensez à: leur point de vue; leur vie sans Amélie (leur travail, leurs collègues, leurs amis); leurs réactions face à Amélie et l'effet qu'elle a sur eux.

Exposition. On pourrait dire que ce film est une méditation sur la solitude et la vie en communauté. Choisissez l'un des personnages qui vit seul (le père d'Amélie, Collignon, Dufayel, Madeleine Wallace, Amélie elle-même) et explorez son attitude envers la vie solitaire ainsi que ses efforts ou son manque d'efforts d'insertion dans une communauté.

Analyse. Le style d'*Amélie* est à la fois high-tech et rétro. L'action se déroule dans le Paris actuel, mais la mise en scène (surtout les décors et les costumes), est un regard nostalgique sur le Paris des années 40 et 50. Notez par exemple le manque de gadgets techniques et les emplois et professions traditionnels des personnages. Les critiques qui apprécient ce film parlent de son esthétique «rétro», un terme, dans ce contexte, positif. D'autres critiques disent que ce film est trop léger, et trop rétrograde (un terme négatif). Ces critiques soutiennent que le film présente un Paris nostalgique qui n'existe plus ou qui n'a jamais existé—un Paris idéal et imaginaire.

Qu'est-ce que vous en pensez? Est-ce que ce film est trop léger? Est-ce qu'il évite de traiter des problèmes de la vie moderne? Est-ce qu'il nettoie et idéalise trop la ville de Paris et la vie de ses habitants? Ou bien est-ce que ce film communique un message important sur la vie moderne en dépit de (ou bien grâce à) sa technique, l'innocence de ses personnages, et sa représentation stylisée de Paris?

Salle 2:   Salut cousin!
Merzak Allouache. France, Belgique, Algérie, 1996.

Voici des amis qui parlent. Est-ce qu'ils ont l'air de se disputer? De s'amuser? Quel âge ont-ils?

Alilo vient d'Algérie pour faire du «bizness» et rendre visite à son cousin Mok, immigré de deuxième génération et parisien. Pendant son séjour, Alilo découvre la dure réalité—et les joies—de la vie parisienne. Il fait aussi des comparaisons entre les problèmes politiques graves de son propre pays et les difficultés que doivent surmonter les immigrés qui veulent s'intégrer dans la vie française.

Éclairages

Recherches préparatoires sur Internet

 Les quartiers les moins touristiques de Paris sont riches de cultures multiples; vous allez explorer le 18ième arrondissment sur le site web.
Quel rapport existe-t-il entre le rap français actuel et les fables de Jean de La Fontaine, l'écrivain célèbre du XVIIième siècle? Consultez le site web pour obtenir plus d'informations.

Remue-méninges

1. L'un des personnages du film visite Paris pour la première fois. Le thème de l'innocent qui découvre la vie est assez courant dans les films/la littérature. Il s'agit souvent d'un apprentissage, où une personne plutôt expérimentée guide un personnage assez naïf. Dressez la liste des films/textes illustrant ce thème. Est-ce que la plupart des films/textes que vous avez trouvés sont tragiques ou comiques?

 2. Imaginez que vous visitez Paris pour la première fois pour rendre visite à un ami qui n'habite pas dans un quartier touristique. Dressez la liste des endroits que vous verrez pendant votre première journée dans la ville (les monuments, les magasins, les immeubles). Ensuite, comparez vos idées avec celles de votre partenaire.

3. Pendant votre première journée à Paris, vous observez les gens dans la rue. Comment sont-ils? Comment imaginez-vous leurs appartements?

4. Beaucoup des personnages du film sont des immigrés. À quels obstacles les immigrés peuvent-ils se heurter? Quels sont les avantages d'une nouvelle vie à Paris? Servez-vous du **Vocabulaire utile** aussi bien que du **Glossaire du film**.

Vocabulaire utile

s'assimiler	s'installer	la pauvreté
le choc des deux	s'intégrer	la perte des coutumes
cultures	la langue	le racisme
le dépaysement	le mal du pays	trouver un travail
s'habituer à	la nostalgie	autre?

Anticipation

Première projection (sans son ni sous-titres). Lisez les questions suivantes. Ensuite, regardez la première séquence du film et prenez des notes, afin de pouvoir répondre aux questions qui suivent. Il n'est pas nécessaire de tout comprendre pour répondre aux questions. Servez-vous du vocabulaire du **Glossaire du film**.

1. Où sont les personnages? Pourquoi?
2. Quel est le rapport qui existe entre les deux personnages principaux? Quels gestes, quelles expressions vous aident à comprendre leur rapport?
3. Imaginez pour quelle raison a) les gens qui sont dans le bus sont surpris, b) l'un des personnages fait un appel téléphonique dans une cabine.

Deuxième projection (avec le son, sans sous-titres). Maintenant, regardez la même séquence, toujours sans sous-titres. Vérifiez vos réponses au premier exercice et répondez aux questions suivantes:

1. D'où vient Alilo? Pourquoi est-il à Paris?
2. Comment s'appelle l'autre homme? Quel est son rapport avec Alilo?
3. Pourquoi Alilo doit-il donner ce coup de fil?

GLOSSAIRE DU FILM

Pour entendre les mots du glossaire, consultez le site web.
Voici quelques mots de vocabulaire qui vous aideront à comprendre le film, à en parler en classe et à écrire dans votre **Journal de bord,** tout en enrichissant votre lexique personnel. Avant de voir le film, lisez tout le vocabulaire. Soulignez les mots qui vous intéressent et cherchez à les entendre pendant le film.

Les personnages et leur monde

un/e Arabe: *an Arab or person of Arab heritage*
un/une Beur: *French resident whose parents immigrated to France from North Africa (Algeria, Morocco, Tunisia). The word comes from verlan (a kind of French slang that reverses syllables; see below): "beur" = "arabe" (a-rabe → be-ra → beur).*
branché/e: *in the know; with it*
***un/e camé/e:** *drug addict*
une cabine téléphonique: *phone booth*
une carte téléphonique: *phone card*
un chauffeur de taxi: *taxi driver*
***un/e clando:** *illegal alien (immigrant)*
une convocation/ être convoqué au tribunal: *summons; to be summoned to court*
une crise d'identité: *identity crisis*
***décontract = décontracté/e:** *relaxed*
l'expulsion (f.): *deportation*
***un flic:** *cop*

***gonflé/e:** *full of oneself; Tu es gonflé/e! You have a lot of nerve!*
un/une immigré/e: *immigrant*
***un intello:** *intellectual*
un/une mythomane: *pathological liar*
naïf/ve: *naïve, innocent*
***un pote:** *pal, friend*
un quartier: *neighborhood*
un répondeur: *answering machine*
les skin (m/f): *skin heads*
***un/e tordu/e:** *sicko*

Les objets et les décors

***le blé:** *dough, cash*
***un bled:** *small town in nowhereseville; may also be used to refer to Algeria as hicksville by Algerian immigrants or people of Algerian origin*

*= mot ou expression argotique

*le chomdu = le chômage: *unemployment*
la cité: *housing project, in this context*
*cramé/e = brûlé/e: *burned*
*le fric: *cash*
un karaoké: *karaoke bar*
le mal du pays: *homesickness*
un/e menteur/euse: *liar*
une mosquée: *mosque*
une moto; une grosse moto: *(big) motorcycle*
la nostalgie: *nostalgia, homesickness*
un pari: *bet*
*la taule: *the slammer, prison*
*le trabendo = la contrebande: *contraband, illegal traffic of goods*
*un tuyau: *tip (as in a piece of useful information)*
une valise: *luggage*

Les actions

*bosser = travailler: *to work*
*bouffer = manger: *to eat*
cartonner: *to be very successful*
*clamser = mourir: *to die*
se casser = se tirer, se barrer, s'en aller: *to clear off; to go away*
se débrouiller: *to manage*

déposer quelqu'un: *drop someone off, give someone a ride*
se grouiller = se dépêcher: *to hurry*
jouer: *to gamble (in this context)*
*piger = comprendre: *to understand*
*pioncer = dormir: *to sleep*
se serrer les coudes: *to stick together*

Expressions

*J'ai les boules. *I'm anxious, upset, worried.*
*Dégage! *Get out of here!*
*Ça ne tourne pas rond dans sa tête. *He's crazy.*
*Arrête de faire du cinéma! *Stop being so dramatic!*
*Il est spécial. *He's a little strange.*
*[Ne] T'inquiète pas. *Don't worry.*
*[Ne] T'énerve pas! *Don't get upset!*
R.M.I. = Revenu minimum d'insertion: *a kind of welfare*
*le verlan: les mots à l'envers: *inverser phonétiquement les syllabes d'un mot*
*un keuf = un *flic (un policier): *cop*
*laisse-béton = laisse tomber, oublions-le
*une meuf = une femme
*un ripou = une personne pourrie = un sale type

* = mot ou expression argotique

Pendant la projection

Mise au point

Pendant que vous regardez le film, prenez des notes sur tout ce qui vous intéresse. Faites surtout attention aux éléments suivants:

1. Le nom des personnages et les rapports qui existent entre eux.

2. Les changements de scène (les appartements, les boîtes, les rues de la ville, les transports publics et privés).

3. Les différences et les similarités entre ce film et des autres films comiques que vous connaissez.

4. Les mots et les expressions que vous aimeriez apprendre.

5. La représentation de Paris. Qu'est-ce qu'on voit de Paris? Qu'est-ce qu'on ne voit pas? Quand est-ce que Paris semble désagréable? À quels moments est-ce une belle ville?

6. Tout ce qui est vu comme «moderne» et tout ce qui est vu comme traditionnel.

7. Ce qui vous plaît et ce qui ne vous plaît pas dans le film.

Le langage du cinéma: La mise en scène

En regardant le film, observez bien la mise en scène: le décor, les costumes (leur variété ou leur simplicité) et les mouvements des acteurs (leurs gestes et leurs regards). Comment est-ce que la mise en scène renforce le ton et le sujet du film? À quels moments la mise en scène aide-t-elle le spectateur à comprendre les émotions des personnages?

Après la projection

Réflexion: Journal de bord

Le **Journal de bord** vous permet de réfléchir aux thèmes et aux idées du film et d'exprimer vos réactions personnelles. Vous pouvez aussi répondre aux questions suggérées dans les instructions ci-dessous:

1. Dans votre journal de bord, écrivez vos réactions face à ce film, aussi bien que des questions et commentaires. Indiquez quelles questions ou quels commentaires vous voulez mentionner en classe.

2. Observez bien le décor de l'appartement de Mok et le décor de l'appartement de ses parents. En quoi sont-ils similaires, en quoi sont-ils différents?

3. Toute histoire commence par un problème qu'on cherche à résoudre pendant le cours de l'histoire. Pendant que vous regardez le film, notez le problème principal pour chaque personne ci-dessous. Des phrases complètes ne sont pas nécessaires.

   Alilo   Mokrane/Mok   Fatoumata

4. Les personnages principaux de ce film sont des immigrés et des étrangers. Sont-ils contents de leur vie à Paris? Qu'est-ce qui est bien et qu'est-ce qui est désagréable dans leur vie? À quels moments semblent-ils les plus contents?

Liens culturels

Gad Elmaleh, l'acteur qui joue le rôle d'Alilo, a beaucoup de succès dans une deuxième carrière. Le réalisateur Merzak Allouache, comme les personnages de son film, fait partie de deux cultures, l'algérienne et la française. Visitez le site web pour obtenir des informations sur Elmaleh, Allouache et sur l'immigration en France.

Compréhension et réactions

1. Racontez l'histoire d'Alilo en répondant aux questions suivantes:

  a. Pourquoi est-ce qu'Alilo voyage d'Alger à Paris?

  b. Quel est le «bizness» d'Alilo?

  c. Qu'est-ce qui empêche Alilo de rentrer en Algérie la première fois?

  d. Pourquoi est-ce qu'Alilo est surpris quand il rend visite à la famille de Mok?

  e. Comment est-ce que Mok gagne de l'argent?

  f. Qu'est-ce qui empêche Alilo de rentrer en Algérie la deuxième fois?

  g. Pourquoi la police a-t-elle fait exploser la valise d'Alilo?

2. Trouvez deux mensonges que Mok raconte à Alilo. À votre avis, pourquoi est-ce qu'il ment?

3. Pour qui éprouvez-vous le plus de sympathie, Alilo ou Mok? Pourquoi?

4. Est-ce que vous avez trouvé ce film plutôt sérieux ou comique? Quelle est votre séquence préférée? Pourquoi?

5. Registres de langue. Chaque registre a ses propres caractéristiques au niveau de la syntaxe, de la prononciation, ou du vocabulaire. Par exemple:

  • langue familière: quelquefois vulgaire, contient beaucoup de locutions idiomatiques régionales. Par exemple, un jeune parisien branché pourrait dire:«Foncez passer un coup de fil aux keufs!»

  • langue courante (parlée): «Dépêchez-vous, téléphonez aux flics!»

  • langue courante (écrite): «Dépêchez-vous, téléphonez à la police!»

  • langue soutenue (littéraire): «Hâtez-vous de téléphoner à la police!»

Lisez la liste de mots et expressions suivantes. Choisissez le mot/les mots de la liste ci-dessous qui traduisent le mieux les mots argotiques soulignés en français écrit. Ensuite, traduisez les phrases en anglais.

faire	lieu	menteur
prendre	avoir du culot	être agité/e, mal à l'aise
va t'en	comprendre	ré/agir de manière exagérée
oublie-le	être honnête	village isolé (surtout un pays du Maghreb)

  a. Oh! Mok, tu veux que je te prête de l'argent quand tu ne m'as jamais rendu l'argent de la dernière fois? *Tu es vraiment gonflé!*

  b. Ne parlons plus de ce problème, Alilo! *Laisse tomber!*

  c. *Dégage!* Je ne veux plus te voir.

  d. Je vais *me taper* une bonne douche chaude.

  e. Mais non, Alilo, je ne veux pas visiter l'Algérie—*ce bled!*

  f. Avant de chanter en public pour la première fois, *j'ai les boules!*

  g. Répète ce que tu as dit, je n'ai pas *pigé.*

  h. Arrête de *faire du cinéma*, Mok! Tu es toujours trop dramatique.

Approfondissons

1. **L'apprentissage d'Alilo.** La plupart de l'histoire se déroule du point de vue d'Alilo. Notez les choses suivantes et ensuite comparez vos réponses avec celles d'un/e camarade de classe:
   - les choses qu'Alilo apprécie à Paris et pourquoi
   - les choses qui surprennent Alilo et pourquoi
   - les choses qu'Alilo n'aime pas et pourquoi

2. Mok et Alilo sont ambitieux, et tous deux font des projets pour l'avenir. Quels sont leurs buts? Qui est le plus réaliste? Qui va réussir, selon vous? D'abord, notez les buts de chaque personnage et ensuite les raisons (selon vous) pour lesquelles il va/ne va pas réaliser ses rêves. Ensuite, comparez vos réponses à celles des autres étudiants.
   - les buts de Mok (Mokrane)
   - les buts d'Alilo

Discussion

1. **La nostalgie ou le rejet?** Presque tous les personnages principaux sont des immigrés. À partir de la grille ci-dessous, explorez le rapport de chacun des personnages avec son héritage culturel: la langue, les coutumes traditionnelles, la religion (juive, musulmane), la musique, etc. Ajoutez les détails pertinents.

2. Quel personnage se développe/change le plus du début à la fin du film? Expliquez.

3. Fatoumata parle très peu dans ce film. Formulez deux questions que vous aimeriez lui poser.

personnage	garde quelques coutumes culturelles	attitude neutre: ne veut pas rentrer au pays	ne peut pas rentrer au pays (pourquoi pas?)	veut oublier/rejeter son héritage culturel
Mok				
Monsieur Maurice				
Les parents de Mok				
Rachid				
Fatoumata				

4. Mok se croit branché et se croit supérieur à Alilo parce qu'il connaît bien la vie «moderne» de Paris. Qu'est-ce que Mok et Alilo considèrent comme moderne dans cette vie? Qu'est-ce qui est démodé ou traditionnel? Est-ce que le réalisateur semble dire que tout ce qui est moderne est avantageux? Expliquez.

5. Quelle est l'image de Paris et des parisiens transmise par ce film? Pensez aux scènes, aux décors, aux personnages, à leurs activités et à leur style individuel (vêtements, comportement). Est-ce que cette image correspond à la conception que vous avez de Paris? Voici des questions à vous poser:

    a. Comment sont les rues et les endroits publics?

    b. Qu'est-ce que les personnages font quand ils ne travaillent pas?

    c. Combien d'appartements/de maisons voit-on? Décrivez-les.

    d. Quel temps fait-il? Y a-t-il beaucoup de soleil? De lumière?

    e. Comment les personnages se déplacent-ils? De quels moyens de transport se servent-ils?

    f. Comment est-ce que les personnages expriment leurs émotions?

 6. Plusieurs questions restent sans réponse précise à la fin du film. Par exemple, selon vous, qui est ce Roger dont Mok et Laurence parlent?

7. Qu'est-ce que Laurence trouve de bien chez Mok? Et qu'est-ce que Fatoumata trouve chez Alilo?

 8. Imaginez l'arrivée de Mok à Alger. À qui téléphone-t-il? Où habite-t-il? Est-il heureux? Est-ce qu'il s'habitue bien à sa nouvelle vie?

Analyse

1. Le comportement irresponsable, amoral, et enfantin de Mok a de graves conséquences. Selon vous, a-t-il mérité sa "punition"? Comparez votre réponse à celle de votre partenaire.

2. Dressez la liste des films, des émissions de télé, des chansons, et des publicités en anglais qui ont lieu ou qui font référence à Paris. Est-ce que ces images de Paris sont comparables à l'image de Paris projetée par ce film? Pourquoi ou pourquoi pas? Servez-vous du **Vocabulaire utile**.

Vocabulaire utile

la Seine	des monuments illuminés
des cafés avec une terrasse	de grands magasins
des parcs élégants	des marchés
des musées	des boîtes de nuit

3. Dans les grandes villes que vous connaissez, y a-t-il des quartiers dans lesquels une certaine nationalité/ethnie est dominante? Donnez des exemples. Y a-t-il un quartier aussi divers que le 18ième arrondissement? Est-ce que c'est un quartier riche ou pauvre? Si vous n'habitez pas dans ce quartier vous-même, est-ce que vous y allez quelquefois? Pourquoi ou pourquoi pas?

4. *Salut cousin!* est un film à la fois comique et sérieux. Qu'est-ce qui vous fait rire dans ce film? Quand est-ce que l'humour rend les situations «difficiles» de ce film plus faciles à «digérer»? Imaginez cette même histoire racontée sans humour. Le film serait-il meilleur? Pourquoi ou pourquoi pas?

5. Mok dit que le 18ième arrondissement est «l'avenir de Paris». Pourtant, Fatoumata dit que c'est «le quartier de la misère», un quartier pauvre qui va être détruit pour faire place à des bâtiments plus modernes. Après avoir vu le film, que pensez-vous de ce quartier? Est-il plutôt moderne ou ancien?

6. Mok The Ghost (son surnom de rappeur) a décidé de faire des chansons rap basées sur les *Fables* de La Fontaine. On peut aussi dire que le metteur en scène a décidé de faire de la fable «Le rat de ville et le rat des champs» le scénario de ce film. Trouvez cette fable sur Internet et lisez-la attentivement. Ensuite, avec un partenaire, écrivez votre propre scénario basé sur ce texte. Vous allez présenter votre saynète (petite pièce) devant la classe. Est-ce que la morale de La Fontaine est la même que la morale de *Salut Cousin!*? Avez-vous trouvé une troisième morale?

7. Ce film présente comme sous-texte les problèmes politiques actuels en Algérie. Alilo sait bien que ces problèmes sont très graves, tandis que Mok semble les ignorer. Selon vous, pourquoi est-ce que le réalisateur a décidé de mentionner les problèmes sociaux sans les traiter explicitement dans les dialogues et dans les actions?

8. Dans un entretien avec *Le Courrier*, le metteur en scène Merzak Allouche parle des sujets graves qui le poussent à faire des films sur les Algériens. Lisez l'article (ci-dessous) afin d'identifier deux problèmes politiques/sociaux qu'Allouche veut traiter dans ses films. Comment est-ce qu'il traite ces sujets dans *Salut cousin!*?

«Mon cinéma interroge le pays réel, celui du quotidien»

Entretien avec le réalisateur Merzak Allouache. Le *Courrier* (Genève), 6 juin 1997. Propos recueillis par Réda Benkirane, @archipress. **http://www.archipress.org/press/allouache.htm**

5 **Comment situer votre travail dans le cinéma algérien, marqué d'une part par le thème lancinant de la guerre de libération et une veine sociologique caractérisée par l'humour et l'auto-dérision?**

Merzak Allouache: Je suis arrivé au cinéma algérien au sein d'une génération qui était jeune durant la guerre de libération
10 (1954-1962) et qui voyait grandir une Algérie indépendante. Je vivais plutôt cette Algérie-là, celle qui commençait à vivre des problèmes au quotidien, et j'avais envie de parler du présent. J'évoluais au milieu d'une cinématographie où la majorité des cinéastes avaient envie de célébrer la guerre de libération. J'ai
15 choisi de parler de l'Algérie vécue au quotidien, où il n'était plus question de colonialisme mais plutôt de savoir ce qu'on allait faire de ce pays et de sa jeunesse. Dès mon premier film, j'ai traité le thème de la vie quotidienne des années 70, en mettant l'accent sur les problèmes des jeunes, des femmes. Et
20 comme j'aime bien avoir un regard critique sur mon pays, j'ai donc souvent utilisé l'humour, l'ironie pour que le message passe. […]

Quel regard cinématographique peut-on porter sur cette seconde guerre d'Algérie[qui aurait fait depuis 1992 plus
25 **de 50 000 morts]?**

Merzak Allouache: J'espère que très vite d'autres cinéastes, algériens et arabes, vont se pencher sur cette crise, exacerbée en Algérie, mais latente dans quasiment tous les pays arabes. L'Algérie mène une expérience très douloureuse, mais qui n'est
30 pas propre à ce pays. Elle doit servir tout le monde arabe. Il ne faudrait pas que les cinéastes arabes se lavent les mains de ce qui se passe dans mon pays, il faudrait qu'ils rendent compte de cette violence plus ou moins larvée. Je crois personnellement que le cinéaste arabe en particulier, du tiers monde en
35 général, a un devoir d'engagement vis-à-vis de nos sociétés. D'autant que celles-ci, actuellement, ne sont pas d'une stabilité exemplaire...

Peut-on identifier, diagnostiquer la violence en Algérie?

Merzak Allouache: La violence en Algérie est un drame de
40 dimension mondiale. On a l'impression que c'est une violence de fin de siècle. Je discutais dernièrement avec une femme africaine qui me disait qu'avant, dans les guerres de tribus, on respectait la femme, l'enfant, le vieillard. Mais dans les guerres actuelles, en Afrique, en Bosnie et ailleurs, il n'y a plus de
45 tabous ni de code de la violence. Chaque fois que ça bouge quelque part, c'est le «clash» total. Quand on jette du gaz sarin dans le métro de Tokyo, c'est une violence extrême. En Algérie, ce sont des petits jeunes de 17 ans qui peuvent tuer de sang-froid... Cela reste pour moi incom-
50 préhensible.

Comment vivez-vous votre résidence en France et quelle incidence cela a-t-il sur votre travail?

Merzak Allouache: Je n'arrive pas à me considérer en exil. Tout au long de ma carrière, j'ai fait des va-et-vient entre les

55 deux rives de la Méditerranée. Je suis actuellement dans une phase de travail et dans l'espoir de retourner le plus vite possible au pays. Et je ne suis pas arrivé comme d'autres Algériens, sans rien, en vivant uniquement de la solidarité. Si c'était le cas, je crois que cela aurait été très dur à vivre. Car 60 pour ces gens qui fuient notre pays—médecins, avocats, etc., une partie de l'élite nationale—et qui se trouvent dans un dénuement total, c'est souvent terrible. Voyager c'est bien, mais l'exil c'est tout autre chose. Quant à mes projets cinématographiques, je compte encore reparler de l'Algérie.

65 **Votre dernier film, *Salut cousin!*, s'inscrit-il dans une suite thématique?**

Merzak Allouache: Je fais du cinéma artisanal, je travaille au coup par coup et ne réfléchis pas à donner une cohérence d'ensemble à mes films. Dans *Salut cousin!*, j'ai voulu encore 70 une fois évoquer des jeunes d'Algérie. Mais ces jeunes évoluent dans Paris. Cela m'intéressait de les montrer à un public français, européen, parce que peut-être qu'après, lorsque les spectateurs verront un jeune maghrébin passer à côté d'eux, ils ne le verront plus comme quelqu'un de repoussant, inspi- 75 rant la peur, mais comme quelqu'un avec ses problèmes, sa tendresse, sa ruse, sa naïveté. Ceux qui ont vu mon dernier film trouvent que les personnages sont attachants. Je suis heureux que mes personnages révèlent ce que nous sommes véritablement.

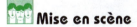 **Mise en scène**

1. Cherchez sur Internet les *Fables* de La fontaine et lisez «Le rat de ville et le rat des champs» et «La cigale et la fourmi». Avec un partenaire, choisissez celle que vous préférez et créez une chanson rap à deux voix basée sur la fable. Vous pouvez modifier les paroles ou créer vos propres paroles.

2. Imaginez le premier coup de téléphone que Mok a passé à Alilo, et écrivez le scénario, puis présentez-le. Ce dialogue doit comprendre:

a. Des salutations («Âllo!»).

b. Trois questions que Mok pose à Alilo.

c. Trois questions qu'Alilo pose à Mok.

Exprimez la personnalité de Mok et d'Alilo dans leurs paroles, dans leurs gestes, et dans leur façon de parler.

À l'écrit

Atelier. Écrivez deux pages du journal intime de Mok et deux pages du journal intime d'Alilo. Explorez leurs différents points de vue à propos de la vie à Paris/en France, leurs buts dans la vie, leurs problèmes et la façon de les résoudre. *C'est le moment d'utiliser de l'argot!

Exposition. Expliquez l'importance de l'oeuvre de Jean de La Fontaine dans ce film. Est-ce qu'on peut voir Alilo comme le rat des champs et Mok comme le rat de ville? Pourquoi est-ce que Mok a choisi des textes représentatifs de la France/de la culture française comme base pour son rap-fusion plutôt que de créer ses propres textes ou d'explorer la culture algérienne ou arabe? Trouvez les *Fables* de La Fontaine sur Internet; lisez «Le rat de ville et le rat des champs», «La cigale et la fourmi».

Analyse. Ce film explore la question d'identité et suscite plusieurs questions. Par exemple, qu'est-ce qu'un Français? Comment vivre dans un pays adoptif? Comment faire face au déracinement et au dépaysement causés par l'exil volontaire ou involontaire? Est-ce que les immigrés de ce film forment une bande à part?

Salle 3: Bande à part.
Jean-Luc Godard. France, 1964.

Est-ce que ces trois jeunes ont l'air démodés aujourd'hui? Est-ce qu'ils se conforment à votre image des jeunes des années 60?

Arthur et Franz, deux amis-rivaux, sont au chômage et passent leur temps à errer dans Paris à la recherche d'argent et d'amour. Quand Franz rencontre la belle Odile, elle lui révèle que le mystérieux locataire de sa tante cache une somme énorme dans son armoire. Cet argent leur donne des idées… Il s'agit d'un triangle amoureux—mais les hommes sont-ils amoureux d'Odile ou de l'argent? Un film qui fait référence aux films de gangsters, mais dont le style, la technique et le ton en font «quelque chose de radicalement différent».

Éclairages

Recherches préparatoires sur Internet

http://www Qu'est-ce que la Nouvelle Vague (*The New Wave*)?
Savez-vous danser le Madison? Visitez le site web pour
en savoir plus sur la Nouvelle Vague et sur la façon
dont Franz, Arthur et Odile dansent dans le café.

Remue-méninges

1. Connaissez-vous des films dans lesquels les personnages principaux,
qui ne sont pas criminels de profession, commettent un crime? Pensez à
trois films de ce genre, puis remplissez la grille ci-dessous en consultant
le **Vocabulaire utile**. Notez le genre de crime commis, et dites si les
spectateurs éprouvent de la sympathie pour les criminels.

Vocabulaire utile

un braquage	faire un hold-up
cambrioler	tuer quelqu'un
cambrioleur/euse de banque	kidnapper
commettre un crime	un kidnapping/un enlèvement
dévaliser	voler de l'argent

titre du film	crime	criminels/coupables sympathiques?

Anticipation

Première projection (sans le son ni sous-titres). Regardez le générique et
le début de la première séquence. Quelle sorte de musique ou quels bruits
imaginez-vous pendant chacune de ces séquences: (1) le montage rapide des
visages; (2) les rues de Paris; (3) les deux personnages en voiture, vus de
dos; (4) les deux personnages en voiture, vus de face? Consultez le
Vocabulaire utile pour répondre.

Vocabulaire utile

klaxonner/un klaxon *(a horn)*	la musique (douce, classique, le rock, le jazz, etc.)	la radio, des voix (douces/discrètes, agitées/tourmentées)
un moteur		

Deuxième projection (avec le son, sans sous-titres). Maintenant, regardez la même séquence, toujours sans sous-titres. Vérifiez vos réponses aux questions de la première projection et répondez aux questions suivantes:

1. Quel est le rapport entre les personnes dans la voiture?

2. Formulez trois questions que cette séquence suscite à propos de l'intrigue à suivre et sur les deux personnages de la voiture. Vous pouvez utiliser les expressions suivantes: Pourquoi…? Qu'est-ce que…? Est-ce que…?

GLOSSAIRE DU FILM

 Pour entendre les mots du glossaire, consultez le site web.

Voici quelques mots de vocabulaire qui vous aideront à comprendre le film, à en parler en classe et à écrire dans votre **Journal de bord**, tout en enrichissant votre lexique personnel. Avant de voir le film, lisez tout le vocabulaire. Soulignez les mots qui vous intéressent et cherchez à les entendre pendant le film.

Les personnages et leur description

un/e complice: *accomplice*
démodé/e: *out of style*
désemparé/e: *bewildered, distraught*
désœuvré/e: *idle, nothing to do*
ennuyé/e: *bored or annoyed, depending on the context*
un gangster: *gangster*
une infirmier/ère: *nurse*
menteur/euse: *liar*
naïf/ve: *naive*
un professeur (d'anglais, de psychologie): *English, psychology professor*
risqué/e: *risky, daring, risqué*
la rivalité: *rivalry*
tendu/e: *tight, tense, strained*
une victime: *victim*
vieux / vieille: *old*

À Paris et à Joinville (la banlieue où habite Odile)

la banlieue: *suburbs*
le brouillard: *fog*
un bouquiniste: *bookseller*
la circulation: *traffic*
une décapotable: *convertible car*
un fait divers: *short news story*
une île (privée): *island, private island*
un jeu d'enfant: *child's play, easy*
Le Louvre: *art museum on the Seine, housed in what was once the king's palace; contains art up to the nineteenth century*
la niche du chien/une niche: *dog house*
La Place de Clichy: *square located in the Pigalle (18th arrondissement of Paris); this area is known for sex shops and cabarets*

un pont: *bridge*
une Simca: *brand of car (Franz conduit une Simca.)*
une taule: *slammer (slang for prison)*
un tir: *shooting gallery*
une usine: *factory*
un vélo: *bicycle*
une villa: *house*

Les objets et des décors

une armoire: *wardrobe*
un billet de banque: *bank note (bill, like a dollar bill)*
bon marché: *cheap, not expensive*
les meubles (m): *furniture*
un miroir à main: *hand mirror*
un pistolet: *pistol*
un révolver: *revolver*
un roman: *novel*
une serrure: *lock*

Les bruits

un aboiement: *bark, barking*
un battement de cœur: *heartbeat*
une chanson: *song*
mugir: *to roar; to bellow, howl*
un mugissement: *roaring (of animal); bellowing, howling*
la musique: *music*

Les actions

aller quelque part à pied/marcher: *to walk somewhere/to walk*
aller quelque part en vélo/prendre son vélo: *to go somewhere by bike, take one's bike*
battre: *to beat*
braquer: *to hold up (a bank)*
un braquage: *hold-up, stick-up*
claquer/gifler: *to slap*
consoler: *to console*
courir: *to run*

danser le Madison: *to dance the Madison, an American line dance*
donner à manger (à quelqu'un, à un animal): *to feed, give food to*
s'échapper de: *to escape (from)*
embaucher: *to hire*
s'enfuir: *to run away*
s'ennuyer: *to be bored*
faire des projets: *to make plans*
faire une dictée: *to do a dictée*
faire une traduction: *to make a translation*
fermer à clef: *to lock*
froncer les sourcils: *to frown*
fuir: *to flee*
parler de la pluie et du beau temps: *to make small talk*
passer des mots (en classe): *to pass notes (in class)*
prendre des risques (adj: risqué/e): *to take risks*
projeter: *to make plans*
se regarder dans une glace ou dans un miroir: *to look at oneself in a mirror*
siffler: *to whistle*
tirer à pile ou face (pour savoir si...): *to toss a coin (to see if...); pile/face=tails/heads*
tirer sur (une cible, une personne): *to shoot at (a target, a person)*
trahir: *to betray*
tutoyer: *to use the informal «tu» to talk to someone*
vouvoyer: *to use the formal «vous» to talk to someone*

Les conversations

Bon. Très bien. D'accord. Parfait. Oui oui.
C'est passionnant. *That's fascinating.*
Il est plein aux as. *He's filthy rich.*
Il y a quelque chose qui ne va pas? *Is something wrong?*
Ne faites pas cette tête-là ! *Quit making that face!*
On y arrive? *Are we there?*
Qu'est-ce qui t'intéresse chez moi? *What is there about me that interests you?*
Tu m'en veux? *Are you mad at me, holding it against me?*

Pendant la projection

Mise au point

Pendant que vous regardez le film, prenez des notes sur tout ce qui vous intéresse. Faites surtout attention aux éléments suivants:

1. Les changements de scène (dans le café, dans la voiture, chez Madame Victoria…).

2. Les différences et similarités entre ce film et d'autres films dramatiques que vous connaissez.

3. Les mots et des expressions que vous aimeriez apprendre.

4. Les références aux cultures américaine et anglaise: personnages historiques/célèbres; produits; etc.

5. **Texte et image.** Dans ce film, on voit beaucoup d'inscriptions. Notez autant de ces mots que possible.

- le nom des magasins
- ce que les personnages écrivent
- ce que vous lisez sur la couverture des livres et sur les pages des journaux
- Autres inscriptions?

6. **Les personnages.** Prenez des notes sur les personnages afin de les décrire (leur apparence physique, leur personnalité) au reste de la classe:

Arthur	Madame (Tante) Victoria
Franz	l'oncle de Franz
Odile	M. Stolz

7. **Qui tutoie qui?** Entre Franz, Arthur et Odile, qui se tutoie? À quel moment est-ce que cela change? Pourquoi?

Le langage du cinéma: La mise en scène

En regardant le film, faites attention à la mise en scène: le décor, les costumes (leur variété ou leur simplicité) et les mouvements des acteurs (leurs gestes et leurs regards). Puis réfléchissez aux questions suivantes:

1. Comment est-ce que la mise en scène renforce le ton et le sujet du film?

2. À quels moments la mise en scène aide-t-elle le spectateur à comprendre les émotions des personnages?

3. À quels moments est-ce qu'elle semble distancier le spectateur des émotions et des pensées des personnages? Comment?

Après la projection

Réflexion: Journal de bord

Le **Journal de bord** vous permet de réfléchir aux thèmes et aux idées du film et d'exprimer vos réactions personnelles. Vous pouvez aussi répondre aux questions suggérées dans les instructions.

1. Dans votre journal de bord, écrivez vos réactions face à ce film. Quelles séquences est-ce que vous préférez? Pourquoi?

2. Ensuite, mettez-vous à la place d'un spectateur qui n'aime pas ce film. Pensez à trois raisons pour lesquelles on n'aimerait pas le film.

3. Godard est considéré comme l'un des cinéastes les plus importants du monde. Mettez-vous à la place d'un spectateur qui admire ce film. Pensez à trois raisons pour apprécier ce film.

4. Est-ce que la fin du film vous surprend? Pourquoi ou pourquoi pas?

Liens culturels

Avez-vous compris le poème-chanson qu'Odile chante dans le métro? Savez-vous quels réalisateurs français et américains ont été influencés par les films de Jean-Luc Godard? Visitez le site web.

Compréhension et réactions

Les cinéphiles aiment ce film à cause de tous les détails et de toutes les références (littéraires, culturelles, filmiques) qui y sont cachées. Voici une «triviale poursuite» pour vous, cinéphiles débutants.

1. Quels animaux voit-on dans le film?

   a. un chat et un tigre

   b. un chien et un tigre

   c. un lion et un tigre

2. Qui fume des cigarettes américaines?

   a. Arthur

   b. Franz

   c. le prof d'anglais

3. Madame Victoria va à un cocktail à l'Ambassade…?

   a. d'Algérie

   b. d'Allemagne

   c. d'Albanie

4. La pièce de Shakespeare dont il est question dans la dictée est

     a. Hamlet.

     b. Roméo et Juliette.

     c. Le Marchand de Venise.

5. Selon Arthur, son nom de famille est celui d'un grand poète français. Lequel?

     a. Aragon

     b. Rimbaud

     c. Queneau

6. Qui est Rajah?

     a. la femme qui se maquille dans les toilettes

     b. le chien de Madame Victoria

     c. le tigre

7. La première fois qu'il passe chez Mme Victoria, Arthur ne vole pas d'argent. Pourtant il vole

     a. un livre.

     b. des cigarettes.

     c. des bijoux.

 Approfondissons

1. Faites un résumé de l'intrigue du film.

2. Décrivez les trois personnages principaux: Arthur, Franz et Odile. Sont-ils sympathiques? Pourquoi ou pourquoi pas?

3. Que pensez-vous d'Odile? De son rapport avec les deux hommes? Du rapport qui existe entre Arthur et Franz? Expliquez.

Discussion

1. Quelle séquence du film vous plaît le plus? Pourquoi? Soyez prêt/e à expliquer vos raisons au reste de la classe.

2. Décrivez les personnages secondaires: Madame Victoria, Monsieur Stolz, et l'oncle de Franz. Qu'est-ce que l'on sait sur ces personnages? Qu'est-ce que l'on ne sait pas? Dressez la liste des informations que l'on n'a pas sur ces personnages. Pourquoi ce mystère, selon vous?

 3. Qui est le personnage principal? Travaillez avec un partenaire et soyez prêt/e à expliquer votre réponse à vos camarades de classe.

 4. Quelles séquences peuvent être considérées comme des digressions? Pourquoi, selon vous, est-ce que le metteur en scène a mis ces scènes dans le film? Quel en est l'effet?

 5. À votre avis, quel était le rebondissement (*plot twist*) ou l'événement le plus inattendu?

6. De quelle couleur est la Simca à votre avis?

7. Comment est-ce que le film *Bande à part* cherche à donner l'impression que les temps sont modernes? Considérez: (1) l'âge des personnages; (2) leur vie et leurs actions; (3) les références à la vitesse.

8. Quelle est l'image de Paris et des parisiens projetée par ce film? Pensez aux scènes, aux décors, aux personnages, à leurs activités et leur style individuel (vêtements, comportement)? Est-ce que cette image correspond à l'idée/la conception que vous avez de Paris? Questions à vous poser:

  a. Qu'est-ce que les personnages font pour s'amuser?

  b. Qui travaille? Où?

  c. Combien d'appartements et de maisons voit-on dans ce film? Décrivez-les.

  d. Comment est-ce que les personnages s'habillent pour aller à l'école? Et après l'école?

  e. Quel effet le temps (s'il fait du brouillard, s'il pleut, s'il fait beau…) a-t-il sur les personnages? Sur le spectateur?

  f. Comment les gens se déplacent-ils? De quels moyens de transport se servent-ils?

  g. Comment est-ce que les personnages expriment leurs émotions?

Analyse

1. Qu'est-ce qui rend ce film «radicalement différent» non seulement des films de l'époque, mais aussi des productions d'aujourd'hui?

  a. D'abord, reconstruisez l'intrigue «typique» du film de gangsters. Quel est le rôle de la femme? de la voiture? Qu'est-ce qui se passe à la fin?

  b. Ensuite, pensez au style typique du film de gangsters. Y a-t-il du suspense? Est-ce que l'action se déroule plutôt vite ou lentement?

  c. Quelles sont vos conclusions? En quoi est-ce que *Bande à part* ressemble à ce stéréotype du film de gangsters? En quoi est-il différent?

2. Quel est le rôle du narrateur (qui parle en voix-off)?

3. Pour quel(s) personnage(s) éprouvez-vous de la sympathie ou de l'antipathie? Qu'est-ce qui rend un personnage sympathique? Est-ce qu'il y a une évolution dans l'attitude du public envers les personnages? Pourquoi ou pourquoi pas?

4. En groupes de deux ou trois, comparez vos notes sur les références faites dans le film aux cultures américaine et anglaise. À votre avis, pourquoi y a-t-il tant de références à la culture américaine?

5. Selon vous, pourquoi le réalisateur a-t-il décidé de tourner ce film en noir et blanc? Serait-il le même film en couleur? Expliquez.

6. Dans un sens, ce film est un film à suspense où le spectateur doit se faire détective. Pourtant, la situation ne se dénoue pas tout à fait car beaucoup de questions posées pendant le film restent sans réponse (par exemple, pourquoi Odile vit-elle avec sa tante?). Posez cinq questions auxquelles il n'y a pas de réponse dans le film. Ensuite, discutez avec vos camarades et expliquez comment ce manque de réponse influence votre appréciation du film.

 ## Mise en scène

Sketches: un cours de français. Faites la parodie du cours d'anglais que nous voyons dans le film. Il vous faut un professeur et trois à cinq étudiants. Employez au moins trois phrases du **Glossaire du film.** Voici le texte de votre dictée, quelques strophes du poème récité par Odile dans le métro: «J'entends j'entends» de Louis Aragon (1897–1982).

J'entends j'entends

J'entends leurs pas j'entends leurs voix
Qui disent des choses banales
Comme on en lit sur le journal
5 Comme on en dit le soir chez soi

Ce qu'on fait de vous hommes femmes
O pierre tendre tôt **usée**
Et vos **apparences brisées**
Vous regarder **m'arrache l'âme**

10 Les choses vont comme elles vont
De temps en temps la terre tremble
Le malheur au malheur ressemble
Il est profond profond profond

worn out, worn away
your broken appearances
tears out my soul

À l'écrit

Atelier. Un fait divers. À un moment donné, Arthur et Franz lisent des articles dans des journaux. Ils sont surtout intéressés par les faits divers (les accidents, les meurtres, etc.). Maintenant, vous êtes journaliste. Écrivez un article de la rubrique «faits divers» sur ce qui s'est passé à Joinville, chez Madame Victoria. Mentionnez:

- le gros titre *(headline)*
- un bref rapport de ce qui s'est passé
- quelques extraits du témoignage de la victime, Mme Victoria
- une description des suspects

Exposition. Qu'est-ce que vous pensez de la représentation de la femme dans ce film? Est-elle l'initiatrice, une complice, un accessoire, un pion *(pawn)*? Justifiez votre opinion en utilisant des exemples tirés du film.

Analyse. Godard a dit: «Je ne fais pas de films, je fais du cinéma». Essayez d'expliquer la différence entre «faire un film» et «faire du cinéma». Puis démontrez comment *Bande à part* illustre, dans son style et/ou son contenu, cette tentative de «faire du cinéma» au lieu de «faire un film».

LECTURES

Lecture 1: «Voyage à Paris, janvier 2000».
Les élèves de l'École de Chahaignes. France, 2000.

Il s'agit ici des souvenirs de voyage que les écoliers de l'École de Chahaignes ont écrits en janvier 2000, après leur première visite à Paris. Les élèves de cette école primaire ont entre huit à neuf ans, et beaucoup d'opinions. Leur petit village (800 habitants) est situé à 220 kms au Sud-Ouest de Paris.

Stratégies de lecture

Activez vos connaissances

1. Quand un individu originaire d'un petit village voit une grande ville comme Paris pour la première fois, il peut être choqué. Pourquoi? En consultant le **Vocabulaire utile**, écrivez trois phrases qui expriment les différences qu'un tel visiteur peut observer.

Vocabulaire utile

prendre le métro,
la voiture, le bus
aller quelque part à pied
faire les courses dans
une petite épicerie,
dans un supermarché

faire du shopping dans
un grand magasin,
dans un petit
magasin, dans une
boutique

marcher lentement,
marcher vite
voir des amis, voir
des inconnus
se sentir à l'aise, se
sentir perdu/e

2. Aimez-vous les grandes villes? Si oui, quelles villes et pourquoi? Sinon, pourquoi pas?

Anticipez le contenu

1. Les impressions de Paris qu'ont les élèves sont regroupées en huit sections. En regardant seulement les titres des sections, identifiez les deux sections qui vous intéressent le plus et les deux sections qui vous intéressent le moins. Pourquoi ce choix?

2. Imaginez deux choses que les élèves de ce petit village aiment à Paris. Ensuite, imaginez deux choses qui les mettent mal à l'aise, les rendent mécontents, tristes, ou qui les surprennent.

Pour mieux lire

Regardez attentivement les mots suivants, que vous allez revoir dans le contexte du texte ci-dessous. Il est difficile de les comprendre sans contexte. Mais ne les cherchez pas tout de suite dans le dictionnaire. Essayez plutôt d'en deviner le sens quand vous les rencontrerez dans le contexte de votre lecture.

1. à l'envers: Dans les couloirs du métro, ils jouent de la musique et les gens mettent des pièces dans un chapeau placé **à l'envers.**

2. les pompiers: On entend très souvent les sirènes des ambulances ou des véhicules de **pompiers** et de police.

Lecture attentive

1. Cherchez les réponses pour l'exercice 1 de **Compréhension et réactions** pendant que vous lisez le texte.

2. Avant de chercher les mots que vous ne comprenez pas, regardez **Pour mieux lire.** Pouvez-vous deviner le sens de ces mots?

Voyage à Paris, janvier 2000

La Tour Montparnasse, Paris.

Immensité

En haut de la tour Montparnasse, les gens et les voitures ressemblaient à des fourmis.°   *ants*
Dans la gare Montparnasse, c'est tellement
5 gigantesque qu'on pourrait s'y perdre. Il
faudrait un plan.° Quand nous marchons   *a map*
dans Paris, les avenues et les rues sont
suivies d'autres rues et avenues, sans fin.
    Les Galeries Lafayette,° c'est autre   *un grand magasin comme*
10 chose que notre épicerie Proxi. Pour trou-   *Nordstrom's, Marshall Fields*
ver des souvenirs, c'est comme une chasse
au trésor° avec un labyrinthe de rayons,   *a treasure hunt*
huit étages dont il faut découvrir les esca-
lators qui vont dans le bon sens, même
15 avec le plan, on avait du mal!
    L'étage jouet,° c'est le paradis. Si on   *toy floor*
avait tout essayé, nous y serions encore!

La foule

Il faut laisser passer des métros
20 trop pleins. Quelquefois, on était
obligés de pousser, sinon on ne
rentrait pas. Si on avait de la
place,° c'était rarement et à la sta-   *room*
tion suivante, tout le monde nous
25 arrivait dessus, comme une horde.
On a eu l'impression qu'il y avait
plus d'étrangers que de Français.

Dans les rues, dans les couloirs du métro, dans les escaliers, les gens
courent: si tu t'arrêtes, tu te fais bousculer.°   *to jostle, to knock into*

30 **La pollution**

foggy

L'air sent la fumée, on respire moins bien. Le ciel était brumeux.° Il y a telle-ment de crottes de chien dans les rues qu'on est obligés de ne regarder que par terre. Un panneau indique: «J'aime mon quartier, je ramasse° les besoins de mon petit compagnon» et, écrit tout petit, il signale que les propriétaires 35 de chiens risquent une amende° jusqu'à 3000F, mais personne ne respecte le règlement. Il y a beaucoup de négligence: papier, chewing-gums, tickets, mégots° sont jetés par terre, même juste à côté des poubelles.° Le métro pue l'urine.

pick up, clean up

a fine

cigarette butts
trash cans

Les plaisirs de Paris

40 On peut visiter des monuments, des musées, et comme on prend des notes, on peut apprendre beaucoup de choses. On a rencontré des guides très intéressants au Musée d'Orsay et à Notre-Dame.

Ville robot

scrap iron (humorous understatement)
illuminated advertising billboards; piled up

Beaucoup de ferraille,° comme la tour Eiffel et le métro, beaucoup de 45 mécanique avec les voitures, et des lumières qui clignotent partout, des phares aux publicités.° Tout est entassé°: des étages de parking, des immeubles à l'infini, si près l'un de l'autre que l'on a du mal à se glisser entre. D'accord, c'est moderne, mais est-ce la ville du futur?

beggars

Les mendiants°

vielle monnaie française; environ 15 Euros

pass the hat, ask for money

an organ-grinder

50 Dans les couloirs du métro, ils jouent de la musique et les gens mettent des pièces dans un chapeau à l'envers. Certains ont des chiens ou des chats à côté d'eux. À Notre-Dame, une vieille dame tendait un gobelet de Mac Don-ald pour recevoir quelques pièces. Un peu plus loin, une très jeune violoniste jouait et quelqu'un lui a donné un billet de 100F.° Dans le métro, un jeune 55 racontait sa vie. Il a dit qu'il sortait de prison, qu'il avait été maltraité, qu'il avait perdu son travail. Ensuite il a fait la quête,° mais personne n'a rien donné. Par contre, certains ont donné de l'argent à ceux qui jouaient de l'accordéon. Place de l'Opéra, un homme (ou une femme, d'après Romain) s'était déguisé en statue de Tutankamon et se penchait comme un automate. 60 Dès que l'on mettait une pièce, il ouvrait les yeux! Nous avons vu une femme offrir de quoi manger à un vieil homme, nous avons caressé les chats d'un joueur d'orgue de Barbarie.° Certains mendiants se tiennent à genoux. Ils ont une pancarte en carton où il est écrit: «Donnez-nous à manger; à moi et à mon compagnon - Merci!» Le compagnon, c'est le chien.

65 Ville chère

Quand on va dans un magasin, c'est bien plus cher qu'ailleurs. Sûrement que les vendeurs profitent du nombre de visiteurs. En plus, comme il y a beaucoup de magasins, on a envie
70 de tout acheter. Même les toilettes sont payantes!

Le bruit

Les voitures sont bruyantes, le métro aussi et on entend très souvent les sirènes des ambu-
75 lances ou des véhicules de pompiers et de police. Les gens parlent fort dans la rue. Paris ne changera-t-il jamais?

La lecture est une adaptation du document suivant:
http://perso.wanadoo.fr/ecolechahaignes/paris.htm
Accessed: October 5, 2005.

Après la lecture

Compréhension et réactions

1. Quels mots du poème évoquent les aspects suivants de Paris? Un mot peut s'appliquer à plusieurs catégories.

la foule, les gens _____

le luxe _____

les plaisirs de Paris _____

les odeurs _____

la pauvreté et la criminalité _____

la pollution _____

les endroits _____

les avantages de la ville «moderne» _____

2. Indiquez les phrases qui expriment le mieux votre réaction au texte et la façon dont vous l'interprétez.

_____ Le métro et les mendiants fascinent les enfants.

_____ Chaque écolier réagit différemment.

_____ Les écoliers ont parfois peur à Paris.

_____ C'est aux musées que les écoliers s'intéressent le plus.

_____ Un maître ou une maîtresse (*teacher, for elementary-school students*) a aidé les enfants à écrire ce compte rendu de leur visite.

3. Quelle observation de la part des écoliers vous a le plus surpris/e? Quelle observation vous a le plus amusé/e? Comparez vos réactions avec celles du reste de la classe.

Discussion

1. Est-ce que le portrait de Paris peint dans ce texte correspond à l'image que vous avez de Paris? Comparez le Paris de ce texte à celui d'un film que vous avez vu.

2. Quelle voix narrative domine dans ce texte? Est-ce une voix singulière ou plurielle?

3. Tout compte fait, est-ce que l'expérience parisienne des écoliers était plutôt positive ou négative? Expliquez votre réponse.

Forme et fond

Pour décrire les odeurs de la grande ville, les écoliers disent: «Le métro pue l'urine» et «L'air sent la fumée». La phrase *The air smells smoky* ne se traduit pas directement de l'anglais au français. Faites des phrases en associant une odeur avec un endroit selon le modèle: *L'air sent la fumée.*

La cuisine	la fumée
Le jardin	le chocolat
Cette maison	les roses

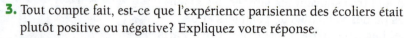

Expansion

Imaginez qu'un groupe d'étrangers, adultes ou enfants—peut-être l'École de Chahaignes!—visite votre ville pour la première fois. Qu'est-ce qu'ils vont trouver intéressant? agréable? désagréable? Écrivez le compte rendu (*report*) de leur visite: (1) Titre: Un voyage à _____; (2) Écrit par (identifiez votre groupe); (3) Trois titres de sections (comme dans la lecture: bruits, ville chère, pollution, etc). Partagez vos commentaires avec les autres groupes.

Lecture 2: «United cultures of Jean Reno».

Interview avec Jean Reno. *Paris-Match*,
20 août 1998.

Jean Reno

Paris-Match est un magazine français hebdomadaire. Comme le magazine *People*, *Paris-Match* mélange l'information et l'émotion dans ses reportages. On y trouve des interviews, et des portraits de vedettes de films, de musique, de télé, ainsi que des reportages politiques. La publicité pour *Paris-Match* vous invite à «Entrer dans le monde très fermé du show bizness et dans l'intimité de la vie des stars!» Dans l'interview suivante, l'acteur français Jean Reno parle de ses films et de ses expériences à Hollywood.

Stratégies de lecture

Activez vos connaissances

1. Donnez l'exemple d'un film à grand budget et d'un film à petit budget. En général, quelles sont les différences entre les deux? Pour répondre, considérez les aspects suivants: (1) les truquages (les effets spéciaux); (2) les scènes et les décors; (3) les costumes; (4) les acteurs; (5) le public; (6) le metteur en scène; (7) la durée du tournage.

2. Quels acteurs et actrices français connaissez-vous? Quels films français avez vous vus?

3. Connaissez-vous l'acteur Jean Reno? Dans quels films américains ou français a-t-il joué?

4. Imaginez que vous allez au festival de Cannes ou aux Oscars et que vous pouvez poser trois questions à Jean Reno ou à un autre acteur français qui a aussi joué dans des films hollywoodiens.

5. En groupes de deux ou trois, formulez trois questions que vous aimeriez poser à Jean Reno ou à un autre acteur français si vous étiez un/e journaliste chargé/e de l'interroger: (1) sur son opinion sur le cinéma américain et le cinéma français et (2) sur le tournage de ses films en France et aux États-Unis. Ensuite, comparez vos questions à celles des autres groupes.

Anticipez le contenu

1. Jetez un coup d'œil sur les questions posées à Jean Reno dans l'interview. Selon ces questions, le sujet principal de l'article sera:

   a. Les amours de l'acteur Jean Reno.

   b. Les différences entre la production des films en France et aux États-Unis.

   c. Le nouveau film de Reno, *Godzilla.*

2. Parcourez *(skim)* l'article pour trouver: (1) le nom de deux acteurs/actrices américain/es; (2) le nom de deux réalisateurs américains; (3) le nom de deux réalisateurs français; (4) l'âge de Jean Reno.

Pour mieux lire

Regardez attentivement les mots suivants, que vous allez revoir dans le contexte de l'interview ci-dessous. Il est difficile de les comprendre sans contexte. Mais ne les cherchez pas tout de suite dans le dictionnaire. Essayez plutôt d'en deviner le sens quand vous les rencontrerez dans le contexte de votre lecture.

1. des recettes: *Godzilla* a enregistré aux États-Unis 140 millions de dollars de **recettes,** ce qui en fait le cinquième plus grand succès de l'année.

2. la presse: Pourtant, **la presse** américaine n'a pas été tendre avec le film.

3. bassiner: Je ne les **bassine** pas en racontant sans cesse l'histoire extraordinaire du petit Français qui a réussi à Hollywood.

4. être argentier: Dans les deux systèmes, on peut être à la fois **argentier** et créateur.

5. Chapeau!: Interpréter ce rôle à 11 ans et demi: **chapeau!**

Lecture attentive

1. Lisez l'article une première fois, sans chercher les mots que vous ne connaissez pas. Au lieu de cela, soulignez, ou écrivez ces mots dans un cahier.

2. Pour chaque question posée à Reno, reformulez sa réponse en une phrase complète claire et simple. Est-ce que vous comprenez le sens général de l'article?

3. Enfin, relisez l'article, en consultant un dictionnaire. Est-ce qu'il vous faut chercher tous les mots que vous aviez soulignés? Pourquoi ou pourquoi pas?

United cultures of Jean Reno

Avec Gérard Depardieu, il est le seul acteur français vraiment connu à Hollywood. Né en 1948 au Maroc dans une famille d'émigrés espagnols, Jean Reno est venu à Paris étudier l'art dramatique. C'est au théâtre qu'il fait ses premiers pas avec la
5 troupe itinérante de Didier Flamand. Mais c'est Luc Besson qui lui apporte la notoriété. Ils tournent ensemble cinq films dont *Subway* en 1984, *Léon* en 1993 et le mythique *Grand bleu*. Avec Besson, il s'impose comme une brute au grand cœur. Le succès international de ses films, sa parfaite maîtrise de
10 l'anglais et son jeu «à l'économie» séduisent les Américains. En 1995, il partage l'affiche de *Mission: impossible* avec Tom Cruise et Emmanuelle Béart. Entre-temps, devenu comte de Montmirail en cotte de mailles,° il a triomphé en France avec deux volets des *Visiteurs* qui devraient être adaptés aux États-
15 Unis. Cette année, Reno tournait *Ronin* de John Frankenheimer, à Paris, aux côtés de Robert de Niro. On fustige le manichéisme du scénario, l'excès d'effets spéciaux, le matraquage publicitaire et les interprétations de Matthew Broderick et Maria Pitillo. Jean Reno, lui, a été épargné.°

référence au rôle que Reno a joué dans le film Les visiteurs *(voir Chapitre 5)*

spared

20 **Godzilla a enregistré aux États-Unis 140 millions de dollars de recettes, ce qui en fait le cinquième plus grand succès de l'année. Pourtant, la presse américaine n'a pas été tendre avec le film. Pourquoi?**

Les producteurs ont fait monter la pression autour du film
25 plusieurs mois avant la sortie. Il y a peut-être un ras-le-bol.° Le gigantisme qui sévit aux États-Unis n'existe pas en Europe. Être le meilleur, battre des records est devenu une vraie religion. On compare la taille de son pop-corn ou l'éclat de sa tomate avec ceux du voisin. Pour *Godzilla*, on a communiqué sur le thème: son
30 pied est plus gros que cet autobus, ou, pendant le festival de Cannes, sa queue est plus longue que la façade de l'hôtel Carlton! On n'a vendu que le monstre. Le public s'est lassé...°

trop

est devenu fatigué

Dans le film, vous êtes le seul qui n'ait pas été accablé° par la critique. Pourquoi?

condamné/(dans ce contexte)

35 Je pense que je ne suis pas un mauvais acteur, et je sais que les Américains apprécient mon travail, car ils me demandent de plus en plus. Je ne les bassine pas en racontant sans cesse l'histoire extraordinaire du petit Français qui a réussi à Hollywood. J'essaie de me comporter comme l'un des leurs, sans
40 excès. J'évite la surenchère.°

one-upsmanship

La culture du dollar vous choque-t-elle?

Non. Dans le milieu du cinéma, elle est la garantie d'un certain sérieux. Lorsqu'un producteur se présente en affirmant qu'il a à son actif un film de 200 millions de dollars, cela lui confère
45 un statut. Ses interlocuteurs le prennent au sérieux. On gagne du temps. Mais cela ne veut pas dire que toute la conversation tournera autour de l'argent.

En France, vous travaillez souvent avec Besson, Clavier, Poiré.° Peut-on faire la même chose aux États-Unis?

Luc Besson est le réalisateur de *Nikita, Le Cinquième élément,* et *Jeanne d'Arc.* Christian Clavier a joué dans *Les visiteurs* et *Les visiteurs en Amérique,* tournés par Jean-Marie Poiré.

50 C'est beaucoup plus difficile. Le cinéma est la deuxième industrie du pays et emploie infiniment plus de personnes qu'en France. Il est donc presque impossible de rester dans la même famille durant toute une carrière. À ma connaissance, seuls Martin Scorsese et Robert De Niro y sont parvenus. Pour
55 quelqu'un qui vient d'ailleurs, c'est impossible. Du reste, je ne le cherche pas. Admettons que je veuille créer une complicité avec Clint Eastwood, il faudrait que j'aille sonner à sa porte, que je me présente, je serais franchement ridicule.

Exercez-vous votre métier d'acteur de la même manière de
60 part et d'autre de l'Atlantique?

Oui, j'ai les mêmes rapports avec la production, l'équipe technique. Beaucoup de gens pensent qu'aux États-Unis ce sont les stars qui fabriquent les films. C'est faux. Pour *Godzilla,* il y a 7 000 fiches de paie. Pendant les tournages, les relations
65 entre les divers participants sont exactement les mêmes des deux côtés de l'Atlantique. Je crois même qu'en Amérique il y a plus de collaboration entre les différents intervenants.

En France, le cinéma est le septième art, aux États-Unis, il est un business. Qu'est-ce que cela change?

70 Le cinéma américain ne bénéficie pas de financement gouvernemental. Tout est privé, pour le pire et pour le meilleur. Je ne suis pas persuadé qu'il soit le meilleur du monde, mais c'est le plus important, celui qui prend le plus de place. En France, le metteur en scène a tous les pouvoirs. Il est la personne la
75 plus importante du film. Aux États-Unis, il n'y a plus cette notion d'auteur qui serait propriétaire de son film. On parle plutôt de manufacturier. Metteur en scène, scénariste, et producteur se partagent ce rôle. Cela n'empêche° pas le réalisateur de marquer ses films de sa patte et de son savoir-faire.

rendre difficile ou impossible

80 C'est particulièrement vrai chez Woody Allen ou Quentin Tarantino. Autre différence: un scénario français est écrit en France par deux personnes maximum et est presque intangible. Il est considéré comme une œuvre. Aux États-Unis, il est courant que dix ou quinze personnes planchent° simultané-

travailler

85 ment sur une histoire. Elle sera constamment modifiée pour toucher le public le plus large, et personne ne s'émeut de voir un scénario substantivement modifié avant que le film démarre.° Enfin, là-bas, le producteur est responsable du film face à la critique ou à la morale américaine. Cela lui confère un

90 poids important. Dans les deux systèmes, on peut être à la fois argentier et créateur. Mais ne comparons pas le cinéma français au cinéma américain. La langue anglaise permet à n'importe quel film de traverser le monde pour aller à Cannes, à Venise, à Deauville.° Un film en anglais se vendra de toute

95 façon mieux qu'un film dans une autre langue, quelle qu'elle soit. Ce sont ses idées qui permettent au cinéma français de s'exporter. C'est sur ce terrain qu'il faut se battre. *Le cinquième élément*, *Doberman*, de Jan Kounen, ou les films de Patrice Leconte remportent de jolis succès à l'étranger.

commencer

des villes connues pour leurs festivals du film

100 **A côté des superproductions américaines vous continuez de tourner dans des films à petit budget. Qu'y trouvez-vous?**

Je ne fais aucune différence entre les films. Dans *Pour l'amour de Roseanna*, il fallait que je porte les choses plus fortement que dans *Godzilla*. Tout reposait sur les acteurs. Il n'y avait ni effets

105 spéciaux ni trucage pour venir vous aider. Pendant le tournage, l'ambiance est plus familiale et le cachet bien moindre... Cinq fois inférieur à celui que j'ai touché pour *Godzilla*! Ce qui me motive, ce sont les histoires. Peu importent les moyens pour les tourner. Les films à petit budget brillent d'ailleurs souvent par

110 leurs histoires d'amour intelligentes et bien racontées.

Né à Casablanca, vous parlez couramment quatre langues. Une carrière internationale était pour vous évidente...

Non, ça ne m'a jamais semblé «normal». Naître loin vous donne certes une ouverture d'esprit qui est un atout° pour entrepren-

115 dre une carrière internationale. Pourtant, je me suis toujours senti français. L'événement décisif fut la collaboration avec Luc Besson. C'est le succès du *Grand bleu* qui m'a ouvert les portes de Hollywood. C'est à lui que je dois ma notoriété américaine.

un avantage

120 **Comment construisez-vous vos personnages?**

J'essaie de les humaniser, de ne pas en faire des caricatures comme Terminator ou Rocky le sont pour Schwartzenegger et Stallone. Ces héros sont devenus des personnages irréels, qui ont échappé à leurs interprètes, et qui, du coup, les écrasent° un peu.

overshadow

125 **Vous sentez-vous capable de tout jouer?**

Je ne jouerai pas dans des films que mes enfants ne peuvent pas voir. Tout comme on ne peut pas demander à Clint Eastwood de jouer un voleur. Moi, je ne me vois pas par exemple incarner un chanteur.

130 **Lequel des acteurs américains avec lesquels vous avez tourné vous a le plus impressionné?**

Je ne vais pas vous surprendre. Ce n'est ni Tom Cruise, ni De Niro, ni Kevin Klein, mais la petite Natalie Portman dans *Léon*. Interpréter ce rôle à 11 ans et demi: chapeau! Peu d'acteurs
135 confirmés peuvent en faire autant. En règle générale, j'essaie de ne jamais être impressionné par les gens avec lesquels je tourne. Un acteur ne doit pas avoir peur d'être écrasé par son partenaire. Un film n'est pas une compétition. Ce n'est pas la faute de l'autre mais la sienne si l'on n'est pas à la hauteur de
140 son rôle. Si vous êtes coupé au montage d'un film, il n'y a pas de secret: vous étiez mauvais.

Vous êtes un des seuls acteurs français à ne pas avoir d'agent. Pourquoi?

Je n'ai jamais rencontré quelqu'un qui puisse remplir ce rôle.
145 Et puis, depuis plus de quinze ans, Claude, le père de Luc Besson, s'occupe de moi. Les questions financières se règlent vite. Pas besoin d'intermédiaire pour se mettre d'accord [...]. Un agent peut être un confident, un «chercheur de rôles» ou un homme d'affaires. Je n'ai pas besoin de ça. Un agent est utile
150 pour démarrer. Il vous aide à trouver des rôles dans un milieu que vous ne connaissez pas.

Après la lecture

Compréhension et réactions

1. Indiquez si chaque phrase est vraie ou fausse (V ou F) et soyez prêt/e à expliquer vos réponses.

   a. _____Reno joue seulement dans les films d'horreur américains.

   b. _____Tous les critiques ont trouvé le film *Godzilla* mauvais.

   c. _____Le cinéma est la deuxième industrie en France.

   d. _____En France, le gouvernement subventionne (*subsidizes*) les films, tandis que l'industrie est privée aux États-Unis.

   e. _____Aux États-Unis, le metteur en scène a moins d'autorité sur son film qu'en France.

   f. _____Selon Reno, dans le système hollywoodien, on ne peut pas être créateur.

   g. _____Selon Reno, un agent peut être utile pour l'acteur qui commence sa carrière, mais pas nécessaire si un acteur a déjà eu du succès.

2. Reno parle de plusieurs différences entre le film français et le film américain, le film à petit budget et la superproduction. Selon lui, quelles sont les différences dans les domaines suivants?

- le rôle du réalisateur
- la composition du scénario
- le rapport entre l'acteur et le metteur en scène
- l'ambiance du tournage/le rapport entre les interprètes

Discussion

1. Jean Reno révèle son caractère non seulement dans ce qu'il dit, mais dans sa façon de le dire (choix de mots, tournure des phrases). Décrivez le Jean Reno qui se révèle et donnez des exemples. Utilisez certains des adjectifs suivants dans votre description: fier, modeste, opiniâtre, diplomate, difficile, jaloux.

2. Selon Reno, quels éléments des films américains rendent ces films faciles à vendre dans d'autres pays?

3. Par contre, sur quoi les cinéastes français doivent-ils compter s'ils veulent vendre leurs films à l'étranger?

4. Selon l'article, dans ses premiers films, Reno a joué le rôle de «la brute au grand cœur.» Connaissez-vous d'autres acteurs qui ont perfectionné ce rôle? Lesquels?

5. Faites le résumé de ce que Reno pense de l'esprit de compétition aux États-Unis. Êtes-vous d'accord? Justifiez votre réponse en citant des exemples.

Forme et fond

1. Notez l'emploi du mot «dont» dans la phrase suivante: «Ils tournent ensemble cinq films dont *Subway* en 1984, *Léon* en 1993 et le mythique *Grand bleu*». Essayez de traduire la phrase en anglais. Comparez votre phrase avec celles des autres étudiants.

2. Notez bien l'emploi de «depuis» et le temps du verbe dans la phrase suivante. «Et puis, depuis plus de quinze ans, Claude, le père de Luc Besson, s'occupe de moi». Traduisez la phrase en anglais, en faisant bien attention à la différence du temps verbal employé en français et en anglais.

3. Notez l'emploi de la voix passive dans un contexte au passé dans la phrase: «Jean Reno, lui, a été épargné».

- Récrivez la phrase, tout en gardant la voix passive, dans un contexte au présent.

- Maintenant, écrivez une phrase qui communique la même idée, au présent, et à la voix active. Commencez par le sujet *les critiques (the critics):*

  Les critiques_____

- Maintenant écrivez cette phrase au passé composé:

  Les critiques_____

Notez la différence entre votre phrase (à la voix active) et la phrase: Jean Reno a été épargné par les critiques.

4. La formation des questions. Regardez les trois questions suivantes. De quelle façon l'interviewer pose-t-il ces questions?

La culture du dollar vous choque-t-elle?

Peut-on faire la même chose aux États-Unis?

Qu'y trouvez-vous?

Maintenant, reformulez chaque question en utilisant **Est-ce que**.

-
-
-

Laquelle des deux formules—«est-ce que» ou l'inversion—est plus élégante?

5. Reno et son interviewer se servent souvent de la litote *(understatement)* pour être diplomates. Reformulez leurs phrases de façon plus, voire trop, directe.

- Pourtant, la presse américaine n'a pas été tendre avec le film.
- Je pense que je ne suis pas un mauvais acteur…

 Expansion

En groupes de trois ou quatre, préparez une interview avec une star de votre choix.

Première étape: Préparation

Choisissez une vedette que vous aimeriez interviewer; ne révélez pas son nom aux autres groupes. Avec les membres de votre groupe, composez les réponses que votre vedette donnera aux questions ci-dessous. Employez dans vos réponses les phrases indiquées (tirées des réponses de Reno).

Questions à poser

1. La culture du dollar vous choque-t-elle?

2. Dans le film, vous êtes le seul/la seule qui n'ait pas été trop critiqué/e? Pourquoi?

3. En France, le cinéma est le septième art, aux États-Unis, c'est un business. Pour vous, le cinéma est-il un art ou un business?

4. Lequel des acteurs américains vous impressionne le plus?

Réponses

Employez au moins trois des expressions suivantes dans vos réponses:

- Je pense que...
- Je crois même que...
- Dans le milieu du cinéma,...
- À ma connaissance,...
- Je ne vais pas vous surprendre!
- En règle générale,...

Après avoir composé les réponses, désignez l'étudiant/e qui jouera le rôle de la vedette et qui lira les réponses aux questions que vous avez préparées. Les autres membres du groupe seront des journalistes qui vont interviewer les vedettes.

Deuxième étape: Présentation

Toutes les vedettes se mettront devant la classe. Chaque journaliste peut poser deux questions maximum. Mais, il/elle peut poser ces deux questions à plusieurs vedettes. Ne posez pas de questions à la vedette que vous connaissez déjà! Écoutez bien toutes les réponses et, à la fin des interviews, devinez l'identité de chaque vedette.

Lecture 3: «Sonnet sur Paris».
Paul Scarron. France, XVIIe siècle.

Quelle impression la grande ville, Paris, fait-elle au XVIIe siècle? Découvrez le poème de Paul Scarron sur le site web.

SYNTHÈSE

Pour les technophiles

Créez une affiche publicitaire pour un film ou un texte que vous avez étudié dans ce chapitre. N'oubliez pas d'inclure:

- une photo
- un slogan, ou de gros titres qui attireront l'attention du public
- quelques commentaires des critiques

Sujets de discussion et de composition

1. Choisissez l'un des films du chapitre et écrivez votre propre critique, en suivant les indications suivantes:

    a. Commencez par une phrase qui attire l'attention du lecteur.

    b. Mentionnez le titre, le metteur en scène et le genre du film (une phrase).

    c. Faites le résumé très bref du sujet de l'intrigue, sans révéler le dénouement (trois phrases).

    d. Dites pourquoi vous appréciez ou n'appréciez pas ce film, en faisant des commentaires sur le style, l'intrigue et les personnages (un à deux paragraphes).

    e. Commentaire sur la représentation de Paris et de la vie moderne dans ce film.

    f. Pour conclure, dites si vous recommandez ce film ou non, et à qui vous le recommandez.

2. Consultez le site web et choisissez un poème sur Paris. Comparez ce poème à un texte ou à un film de ce chapitre. Quel texte ou film peint le portrait le plus positif de la ville? Lequel évoque Paris de manière plus concrète, et lequel se sert de cette ville comme point de départ pour exprimer une autre idée?

Comparaisons

Malgré son énorme succès, *Le fabuleux destin d'Amélie Poulain* a été fort critiqué. On dit que le film représente un Paris romantique, idéalisé, et rétrograde qui n'existe pas—et qui n'a peut-être jamais existé. Il s'agit non seulement de ce que le film représente (des cafés, une musique d'accordéon, etc.), mais aussi de ce qu'il ne représente pas: la pauvreté, la diversité de la population.

Pourrait-on dire que chaque film et texte traité dans ce chapitre représente un Paris idéalisé, ou bien un petit monde à part, coupé de l'extérieur? Répondez à cette question en analysant deux films du chapitre. Pensez aux choses suivantes:

1. le style et la technique (images et son; voix narrative, choix de vocabulaire)

2. le genre

3. les personnages (ou personnes mentionnées) et leur description (métier, famille, personnalité, etc.)

4. le décor, les costumes; l'environnement décrit

HISTOIRE(S) RACONTÉE(S) — ②

Quels monuments, plaques, photos et textes trouvez-vous les plus importants et les plus efficaces pour garder vivant le souvenir des individus et des événements?

Séances

SALLE 1: *Le retour de Martin Guerre.* Daniel Vigne. France, 1982.

SALLE 2: *Indochine.* Régis Wargnier. France, 1992.

SALLE 3: *Lumumba.* Raoul Peck. France, Belgique, Haïti, Allemagne, 2000.

Lectures

LECTURE 1: **Dépliant de l'exposition, *Jean Moulin: héros de la République.***
Centre d'Histoire de la Résistance et de la Déportation. Lyon, France, 2003.

LECTURE 2: **«Aux jeunes filles».**
Delphine de Girardin. France, 1835.

LECTURE 3: **La dernière lettre de Patrice Lumumba.**
Congo (République Démocratique du Congo), 1961.

Comment comprendre l'histoire? Dans ce chapitre, nous étudierons plusieurs façons de raconter l'histoire—histoire politique, histoire nationale, histoire personnelle.

AVANT SCÈNE

Comment raconte-t-on sa propre vie? Et comment raconte-t-on les grands événements historiques? Dans ce chapitre, nous examinerons plusieurs façons d'interpréter, de représenter et de se souvenir des événements et des individus historiques, aussi bien que de notre histoire personnelle.

1. **Êtes-vous historien/historienne?** Indiquez si vous faites les choses suivantes tous les jours, souvent, parfois, rarement ou jamais:

   a. J'écris dans un journal intime (ou un blog sur internet).

   b. Je raconte les événements de ma journée à un/e bon/ne ami/e.

   c. Je raconte mes problèmes à un membre de ma famille.

   d. Je garde un album-photos.

   e. Je regarde des vidéos de ma famille et de mes amis.

   f. Je conserve les lettres que je reçois.

   g. Je garde certains mèls (*e-mail*) que je reçois ou envoie.

   h. J'ai composé un site web sur moi-même et sur mes intérêts personnels.

2. **Vos propres histoires.** Y a-t-il des anecdotes que vous aimez raconter ou qu'un ami, une soeur, un grand-parent aime souvent raconter, même si tout le monde les connaît déjà? D'abord, pensez à un exemple. Ensuite:

   a. Donnez un titre à l'anecdote.

   b. Qui la raconte? À qui? Quand?

   c. À votre avis, pourquoi est-ce qu'on aime sans cesse raconter cette même histoire?

   d. Pourquoi est-ce qu'on aime l'entendre?

3. **Connaissez-vous l'histoire? La chronologie de votre vie personnelle.**
Quels événements figurent dans la chronologie de votre vie personnelle? Choisissez cinq événements importants de votre passé, et imaginez trois événements qui vont vous arriver à l'avenir.

date	événement
————	———————————————————
————	———————————————————
————	———————————————————
————	———————————————————
————	———————————————————
————	———————————————————
————	———————————————————
————	———————————————————

4. **Chronologie (partielle!) de l'histoire du monde francophone.**
Choisissez la date de chaque événement.

1. L'euro devient la monnaie européenne.   a. 1429
2. Le Congo devient indépendant de la Belgique.   b. 1515
3. Samuel de Champlain fonde la ville de Québec. c. 1608
4. La Révolution française commence.   d. 1789
5. Les femmes peuvent voter.   e. 1830
6. On commence la construction du château
   de Chenonceau.   f. 1832
                                                   g. 1895
7. Jeanne d'Arc, à la tête de l'armée, prend la ville
   d'Orléans.   h. 1945
                                                   i. 1960
8. La France occupe l'Algérie et en fait une colonie.
                                                   j. 2002
9. George Sand (Aurore Dupin) publie son premier
   roman, *Indiana*.
10. Les frères Lumière présentent la première séance
   de cinéma.

5. **Comment est-ce qu'on apprend l'histoire?** Quand vous voulez ou
devez apprendre quelque chose sur l'histoire, qu'est-ce qui pique votre
intérêt? Indiquez si vous trouvez les ressources suivantes utiles.
Ensuite, comparez vos réponses à celles de vos camarades de classe.

très utile = 5

assez utile = 4

parfois utile = 3

presque jamais utile =2

inutile = 1

a. _____ Les cours d'histoire

b. _____ Les livres d'histoire

c. _____ D'autres cours: de littérature, de langue, d'anthropologie, etc.

d. _____ Les visites de monuments et de musées

e. _____ Les recherches sur internet

f. _____ Les films documentaires

g. _____ Les drames historiques (les films)

h. _____ Les romans historiques

i. _____ Les autobiographies

j. _____ Les biographies

k. _____ Les articles de magazines

l. _____ Les journaux

m. _____ Les œuvres d'art (tableaux, sculptures, etc.)

n. _____ Les conversations avec vos amis, votre famille ou des professeurs

o. _____ Les photos

6. Interviews. Lisez les questions ci-dessous puis levez-vous et circulez dans la salle de classe. Posez toutes les questions à au moins deux personnes. Ensuite, comparez les réponses de vos camarades de classe.

- As-tu vu un drame historique? Lequel ou lesquels?
- As-tu vu un (des) documentaire(s)? Sur quel(s) sujet(s)?
- Préfères-tu les drames historiques ou les documentaires? Pourquoi?
- Connais-tu deux films sur le même sujet historique ou la même personne historique? Si oui, lequel de ces deux films préfères-tu et pourquoi?

7. Êtes-vous d'accord? Indiquez **oui** ou **non** pour chaque phrase suivante:

_____ Les documentaires sont plus objectifs que les drames historiques.

_____ Un drame historique doit représenter uniquement la vérité.

_____ Je regarde les films basés sur des événements historiques pour apprendre quelque chose.

_____ Je regarde les films basés sur des événements historiques pour m'amuser.

8. Pourquoi? En groupes, trouvez trois raisons pour lesquelles on continue à faire des films sur certains événements historiques et sur certains hommes et femmes célèbres.

9. Le film de votre vie Imaginez que votre classe de français joue un rôle important dans l'histoire des études francophones! Quel acteur/quelle actrice va jouer votre rôle et le rôle de vos camarades de classe? Pourquoi?

SÉANCES

Salle 1: *Le retour de Martin Guerre.*
Daniel Vigne. France, 1982.

Est-ce que ce couple a l'air heureux? Anxieux? Triste? Satisfait? Regardez encore une fois la photo après avoir vu le film pour vérifier vos hypothèses.

Quand Martin rentre chez lui après neuf ans d'absence, il trouve que rien n'a changé dans son petit village. Les villageois, quant à eux, trouvent que Martin a changé, et d'une manière favorable. Martin semble avoir beaucoup appris pendant ses années à la guerre. Autrefois paresseux, maussade et indifférent envers sa femme Bertrande, il est maintenant travailleur, enthousiaste et affectueux. Tout le monde, surtout Bertrande, est content de ce changement—jusqu'au moment où Martin demande sa part de l'argent gagné sur ses terres pendant son absence.

Éclairages

Recherches préparatoires sur Internet

http://www Le monde au seizième siècle—siècle des explorations, des guerres, des découvertes. Visitez le site web pour approfondir votre connaissance de cette époque.

Remue-méninges

1. L'identité physique

    a. Quels éléments contribuent à la construction de l'identité physique d'une personne? Choisissez une personne célèbre. Dressez la liste des traits qui permettent de décrire cette personne physiquement. Inspirez-vous du **Vocabulaire utile** et du **Glossaire du film**.

Vocabulaire utile

avoir le nez pointu/retroussé/long/droit
avoir les cheveux très longs/courts/mi-longs
être chauve ou avoir beaucoup de cheveux,
avoir une barbe/un bouc (=une barbiche)/une moustache
avoir les yeux marron/bleus/verts
avoir une cicatrice/un tatouage
avoir l'oreille/le nez percé
être grand/petit/de taille moyenne
avoir une dent cassée/une dent qui manque/les dents jaunes/gâtées

    b. Ensuite, en groupes de deux, faites une description physique des personnages suivants. Inspirez-vous du vocabulaire ci-dessus et du **Glossaire du film**.

Frankenstein	Vincent Van Gogh	Rapunzel
Cyrano de Bergerac	La Bête dans *La Belle et la Bête*	

2. Maintenant, imaginez que vous êtes détective et que vous devez identifier une personne (Monsieur X) dont il n'existe aucune représentation (photographie, portrait). Quelles sont les ressources qui vous restent? À qui pouvez-vous parler et quels documents pouvez-vous consulter pour établir la personnalité de Monsieur X et pour pouvoir dessiner son visage?

3. Êtes-vous un bon témoin? En groupes de trois ou quatre, faites l'exercice suivant:

    a. Une personne de votre groupe recevra un portrait. Cette personne étudiera bien ce portrait, sans le montrer aux autres.

    b. L'étudiant/e rendra ensuite le portrait à votre prof.

c. L'étudiant/e fera une description orale aussi détaillée que possible de ce portrait, que les autres membres du groupe dessineront à partir de la description orale.

d. Ensuite, l'étudiant/e montrera le portrait aux autres membres du groupe et le comparera aux portraits dessinés par les autres étudiants. Les portraits se ressemblent-ils?

e. Enfin, votre prof vous montrera toutes les reproductions. Vous choisirez la personne qui aura fait la description la plus précise/la plus fidèle au «vrai» portrait.

4. En vous basant sur le portait que votre professeur vous a donné, imaginez le visage de cette personne dix ans après la date de ce portrait et faites-en une description écrite ou orale.

5. Quels films, parmi ceux que vous connaissez, présentent un procès (*a trial*)? En groupes de deux, pensez au déroulement de l'action des films basés sur un procès. Utilisez chacun des adverbes ci-dessous. Inspirez-vous du **Vocabulaire utile** et du **Glossaire du film**.

- D'abord
- Puis
- Ensuite
- Finalement

Vocabulaire utile

un crime	un/e avocat/e	un juge
un demandeur	une demanderesse	un verdict
innocent/e	coupable	interrogers
présenter ses arguments	juger une affaire	l'accusé/e
gagner/perdre son procès		

Anticipation

Première projection (avec le son, sans sous-titres). Lisez les questions suivantes. Ensuite, regardez la première séquence du film et prenez des notes, afin de pouvoir répondre aux questions qui suivent. Il n'est pas nécessaire de tout comprendre pour répondre aux questions. Servez-vous du vocabulaire du **Glossaire du film**.

1. À peu près quel âge ont les jeunes mariés?

    15 ans   20 ans   25 ans

2. Comment s'appellent les mariés?

    Mathurin   Pierre   Martin   Catherine   Bertrande   Béatrice

3. Qui a l'air le plus heureux, le marié ou la mariée?

4. Qu'est-ce qui semble important pour la famille et les amis des mariés? (Plusieurs réponses sont logiques)

le bonheur des mariés   la fertilité des mariés

l'âge des mariés   la dot (*dowry*) de la mariée

la religion des mariés   l'amour entre les mariés

Deuxième projection (avec le son, sans sous-titres). Maintenant, regardez la même séquence, toujours sans sous-titres. Vérifiez vos réponses au premier exercice et répondez aux questions suivantes:

1. En quelle année est-ce que cette histoire commence?

2. Est-ce que les événements du film sont fictifs ou vrais?

3. Qu'est-ce que les mariés signent?

une lettre   un contrat de mariage   un testament (*a will*)

4. Est-ce que les mariés savent lire et écrire? Comment le savez-vous?

5. Pourquoi toute la famille et tout le village assistent-ils à la nuit de noces des jeunes mariés? Quel élément de la vie future des mariés semble être important pour tout le monde (le prêtre, les villageois, Catherine, les parents)?

6. Prédiction: Selon vous, ce mariage sera-t-il heureux? Expliquez votre point de vue.

GLOSSAIRE DU FILM

http://www **Pour entendre les mots du glossaire, consultez le site web.**

Voici quelques mots de vocabulaire qui vous aideront à comprendre le film, à en parler en classe et à écrire dans votre **Journal de bord,** tout en enrichissant votre lexique personnel. Avant de voir le film, lisez tout le vocabulaire. Soulignez les mots qui vous intéressent et cherchez à les entendre pendant le film.

Les personnages et leur quotidien

un/e accusé/e: *accused person, defendant*
affectueux/se: *affectionate*
audacieux/se: *bold, audacious*
avare: *greedy*
un/e avocat/e: *lawyer*
boudeur/se: *sulky, pouting*
une calomnie, calomnier: *slander, to slander*
chaste: *chaste*
un/e complice: *accomplice*
un cordonnier: *shoemaker*
coupable: *guilty*
un curé: *priest*

un diable: *devil*
un imposteur: *impostor*
innocent/e: *innocent*
jaloux/se: *jealous*
un juge: *judge*
maussade: *sullen*
la mémoire: *memory (as in "I have a good memory.")*
paresseux/se: *lazy*
un/e paysan/ne: *peasant*
rusé/e: *clever*
un/e servant/e: *servant*
un soldat: *soldier*
un témoin, un témoin oculaire: *witness, eyewitness*

travailleur/se: *hard working*
un/e vagabond/e: *tramp, vagrant*

Les objets, les décors et la loi

un bien: *goods, property*
un champ: *field*
une chandelle: *candle;* une bougie
les chausses (f.pl.): *tights-like pants for men*
une combine, combiner: *a scheme, a trick; to think up a plan, scheme*
la cour: *court of law; courtyard, depending on context*
un crime: *crime; usually refers to a murder*
une dot: *dowry (money or property that a wife's family gives to the husband when they get married)*
une énigme: *enigma, mystery*
un flashback: *flashback*
la loi: *law*
la magie: *magic*
un non-lieu: *case dismissed*
un péché: *sin*
une potence: *gallows (platform for public execution)*
un procès: *trial*
un risque, prendre un risque: *a risk, to take a risk*
une sentence: *sentence (legal)*
les terres (f.pl.): *property (land)*

Les coutumes et les traditions

la Chandeleur: *Christian holiday celebrated on February second. La Chandeleur (Candlemas) commemorates the presentation of Christ at the Temple and the purification of the Virgin Mary. Christians went in procession from the church to their houses holding a lit candle (une chandelle = a candle. Chandeleur became "chandler"—candle-maker—in English).*
un charivari: *An old ritual in which community members gather to humiliate a member of the community (for example, a man whose wife is cheating on him or an infertile man).*

Les actions

abandonner: *to abandon*
avouer: *to confess*
chausser de…+ pointure: *to wear a size…shoe* (je chausse du 38 / je fais du 38—pointure européenne)
condamner: *to condemn*
convaincre: *to convince*
défendre, se défendre: *to defend, defend oneself*
douter: *to doubt*
engager, gagner, perdre un procès contre quelqu'un: *to start, win, lose a law suit against someone*
faire semblant de: *to pretend to*
se fier à: *to trust*
humilier: *to humiliate*
identifier: *to identify*
interroger: *to question, interrogate*
jeter un sort (sur quelqu'un, quelque chose): *to cast a spell on someone/something*
jurer: *to swear (all senses)*
se méfier de: *to distrust, be suspicious of*
menacer: *to threaten*
mentir: *to lie*
mériter: *to deserve*
se moquer de: *to make fun of, laugh at*
négliger: *to neglect*
nier: *to deny*
pardonner: *to pardon, to forgive*
pendre, être pendu/e: *to hang, be hanged/hung (person/thing)*
reconnaître: *to recognize*
réfuter: *to refute*
respecter: *to respect*
séduire: *to seduce*
se souvenir de: *to remember*
survivre: *to survive*
se transformer (en quelqu'un, en quelque chose): *transform oneself/itself into someone, something*
tromper: *to trick, to deceive, to mislead*
voler: *to steal*

Pendant la projection

Mise au point

Pendant que vous regardez le film, prenez des notes sur tout ce qui vous intéresse. Faites surtout attention aux éléments suivants:

1. Le nom des personnages et les rapports qui existent entre eux.

2. Les changements de scène (le village, les champs, la chambre, la ville, la cour).

3. Ce film nous donne une idée assez réaliste de la vie quotidienne des paysans du XVIe siècle. Prenez des notes sur tous les détails (de la vie quotidienne) que vous remarquez en regardant le film: les vêtements; le logement; le travail; les coutumes (par exemple les vœux de mariage, le procès); etc.

4. Les différences et les similarités entre ce film et d'autres énigmes (mystères) ou films historiques que vous connaissez.

5. Les mots et les expressions que vous aimeriez apprendre.

6. Ce qui vous plaît et ce qui ne vous plaît pas dans le film.

7. Pour chaque personnage ci-dessous, notez quelques faits importants (après avoir vu le film, vous écrirez une phrase qui explique qui elle/il est et pourquoi il/elle est important/e dans l'intrigue).

Bertrande de Rols _____

Martin Guerre _____

Arnaud du Thil (Pansette) _____

Jean de Coras _____

Pierre Guerre _____

Catherine _____

les vagabonds _____

Après la projection

Le langage du cinéma: L'éclairage

Observez bien l'éclairage et l'absence de lumière, ainsi que les scènes tournées à l'intérieur et en plein air. Notez les différents types de lumière (une seule bougie, plusieurs bougies, le soleil, la lune). Notez les personnages dont le visage est souvent dans la lumière, éclairé.

Réflexion: Journal de bord

Le **Journal de bord** vous permet de réfléchir aux thèmes et aux idées du film et d'exprimer vos réactions personnelles. Vous pouvez aussi répondre aux questions suggérées dans les instructions ci-dessous:

1. Dans votre journal de bord, écrivez vos réactions face à ce film, aussi bien que des questions et commentaires. Indiquez quelles questions ou quels commentaires vous voulez mentionner en classe.

2. Si vous pouviez prendre l'identité d'une autre personne, qui choisiriez-vous et pourquoi?

3. Quelle scène vous intéresse le plus ? Pourquoi ?

---

 http://www **Liens culturels**

Cet incident historique et l'acteur principal de ce film ont tous deux connu un grand succès. Visitez le site web pour en savoir plus sur l'héritage de cet incident historique et pour connaître quelques procès célèbres français.

Compréhension et réactions

1. Avez-vous compris? Indiquez si les phrases suivantes sont vraies ou fausses (V/F). Soyez prêt/e à expliquer votre réponse.

  a. **V   F**   Les villageois se moquaient de Martin parce qu'il n'avait pas d'enfants.

  b. **V   F**   Martin et Bertrande s'entendaient bien avant son départ.

  c. **V   F**   Martin est parti parce qu'il se disputait tout le temps avec son père.

  d. **V   F**   Quand Martin revient à Artigat, il a du mal à convaincre sa famille de son identité.

  e. **V   F**   Martin n'aime pas parler de ce qu'il a vu pendant ses voyages.

  a. **V   F**   Bertrande aide Arnaud parce qu'elle a peur de lui.

2. Comprendre l'intrigue. Choisissez le nom ou l'adjectif qui complète le mieux chaque phrase.

triste	bizarre	oncle	cicatrices	visages	jambes
dents	attitudes	père	content	travailleur	juge

  a. Afin de consolider l'héritage familial après le départ de Martin, la mère de Bertrande a épousé l(e) _____ de Martin.

b. Après son retour, Martin est devenu un bon _____ et un bon _____.

c. Catherine a identifié Martin à cause de ses _____ et de ses _____ cassées.

d. Les _____ d'Arnaud et de Martin se ressemblaient, mais leurs _____ envers Bertrande et le village étaient très différentes.

e. Pierre Guerre n'était pas _____ quand Martin lui a demandé de lui donner de l'argent.

f. Jean de Coras, l(e) _____, avait de la sympathie pour Bertrande.

Approfondissons

1. Travaillez avec un/e camarade de classe pour trouver au moins deux raisons pour lesquelles Bertrande aurait pu être heureuse du départ de son mari et au moins deux raisons pour lesquelles elle aurait pu regretter son absence.

2. Pour chaque personnage mentionné dans la section **Mise au point** numéro 2, créez une phrase qui explique qui elle/il est et pourquoi il/elle est important/e dans l'intrigue. Ensuite, comparez vos phrases avec celles de vos camarades de classe. Êtes-vous d'accord sur tous les détails? Est-ce que vous trouvez Bertrande sympathique? Et Arnaud? Pourquoi ou pourquoi pas?

Discussion

1. Comment Arnaud a-t-il réussi à convaincre la famille et tout le village qu'il était Martin? Notez les techniques qu'il a utilisées. Pour vous aider, regardez une deuxième fois la scène du retour.

2. Pierre Guerre dit qu'Arnaud est venu à Artigat uniquement pour s'enrichir en s'emparant des biens et des terres de Martin Guerre. Croyez-vous que ce soit le cas? Pourquoi ou pourquoi pas?

3. Les vagabonds indiquent qu'avant son arrivée à Artigat, Arnaud était paresseux, buvait trop, ne réussissait rien. Cette description ne correspond pas à l'Arnaud qui partage sa vie avec Bertrande. Dans quelle mesure a-t-il changé et pourquoi, à votre avis?

4. Est-ce que la fin vous a surpris/e ou déçu/e? Expliquez votre réaction personnelle. Ensuite, comparez votre réaction à celles de vos camarades de classe.

5. Qui est le vrai mari de Bertrande? Avec un partenaire, dressez deux listes: la liste des éléments qui font de Martin le vrai mari et la liste des éléments qui prouvent qu'Arnaud est le vrai mari. Ensuite, comparez vos conclusions avec celles des autres groupes.

Analyse

1. Dans quelle mesure est-ce que ce film est un film à suspense typique? En quoi est-ce qu'il diffère des autres films basés sur un procès?

2. Pour que la combine d'Arnaud réussisse au début, il faut que Martin lui ait parlé en détails de sa famille et de son village—ce qui semble paradoxal, étant donné l'attitude de Martin avant son départ. Est-ce que le vrai Martin lui aussi aurait changé pendant son absence?

3. Selon le philosophe Pascal, «Le cœur a ses raisons que la raison ne connaît pas». C'est peut-être pourquoi Bertrande accepte le retour de Martin sans poser de question. Pourtant, comme toute femme seule (ni mariée, ni veuve), Bertrande avait d'autres raisons de souhaiter le retour de son mari. Par exemple?

4. Regardez une deuxième fois la scène où Arnaud est identifié comme étant Martin à partir de preuves physiques. Pendant le deuxième procès, on a accusé Arnaud de s'être servi de la magie pour tromper tout le monde. Mais existe-t-il d'autres explications pour cette fausse identification?

5. La vie collective: vous aurez noté qu'il y a très peu d'espaces «privés» dans le monde de Martin et Bertrande. Avec un partenaire, indiquez au moins trois avantages et trois inconvénients de cette communauté très unie.

6. Dans quelle mesure est-ce que la vie des femmes était différente de celle des hommes à cette époque, selon les indications de ce film? Quels devoirs ou plaisirs les hommes et les femmes partageaient-ils? Quelles obligations ou pouvoirs étaient réservés aux hommes?

Mise en scène

L'histoire de Martin Guerre et de sa famille était célèbre au seizième siècle et continue à susciter un grand interêt de nos jours (aujourd'hui). Les faits ont été d'abord discutés dans un livre de l'historienne Natalie Zemon Davis, puis mis en scène dans le film de Daniel Vigne et enfin mis en scène au théâtre dans une comédie musicale qui a connu un grand succès à Londres et à New York. Vous allez vous aussi vous inspirer de cette histoire et créer une chanson à deux ou troix voix.

Avant de commencer:

1. Une comédie musicale (= *a musical*) n'est pas nécessairement comique. Ce genre de spectacle peut aussi être dramatique, même tragique. Quelles comédies musicales en français ou en anglais connaissez-vous?

2. À quels moments est-ce que les personnages chantent dans une comédie musicale?

Au travail:

1. D'abord, avec votre partenaire, trouvez un moment dans l'intrigue qui vous semble approprié pour une chanson chantée par deux ou trois interprètes. Ce moment serait donc sous forme de dialogue.

2. Puis, choisissez un titre pour votre chanson. Par exemple, «Après les noces», «le verdict», «adieu»…

3. Ensuite, pensez à une chanson que vous connaissez bien (par exemple, «Frère Jacques», la chanson principale [*theme song*] d'un programme télévisé, etc.). Choisissez un air (*a tune*) que les autres étudiants vont reconnaître, mais changez les paroles.

4. Enfin, écrivez la chanson et soyez prêts/es à la présenter—à la chanter?—devant la classe.

À l'écrit

Atelier. La décision finale de la cour était légale, mais est-ce qu'elle était juste? Qui est le vrai mari de Bertrande de Rols, selon vous? D'abord, définissez ce que vous voulez dire par «vrai» —ce qu'un vrai mari fait, pense, dit. Ensuite soutenez votre argument à l'aide d'exemples tirés du film. Si vous voulez, vous pouvez parler du point de vue de Bertrande elle-même.

Exposition. Le film commence par une scène d'unification: le mariage au cours duquel deux personnes sont unies pour la vie. Cependant, on comprend tout de suite après que quelque chose sépare les mariés. Le film consiste en une suite de moments d'unification et de séparation entre Bertrande et son mari. D'abord, identifiez ces moments et ensuite, décidez lesquels sont les plus décisifs pour Bertrande.

Analyse. On pourrait dire que si Arnaud a réussi à tromper un village entier, c'est à cause de leur désir de croire que Martin était revenu. Explorez la position de ce film envers le rôle de la mémoire et comment elle peut être influencée par le désir (d'amour, d'argent, de sécurité…), les attentes préconçues, la peur.

Salle 2: *Indochine.*
Régis Wargnier. France, 1992.

Quel est le rapport entre cette mère et sa fille? Pourquoi dansent-elles?

Pendant les années 30, Éliane DeVries, fille d'un immigré français mais elle-même née en Indochine, dirige sa grande plantation près de Saïgon. Elle adopte la petite Camille, une princesse d'Amman (un royaume indochinois) et l'élève avec beaucoup d'amour. Tout comme l'Indochine et la France, Camille et Éliane semblent inséparables. Mais en l'espace de dix ans, tout change—l'Indochine réclame son indépendance de la France, et Camille, maintenant adolescente, va aussi réclamer son indépendance. Est-ce qu'Éliane va perdre les deux grands amours de sa vie—son pays adoptif et sa fille adoptive—en même temps?

Éclairages

Recherches préparatoires sur Internet

http://www L'Indochine, ancienne colonie française, consiste maintenant en plusieurs pays indépendants. Connaissez-vous d'autres films historiques qui ont pour sujet la décolonisation? Pour explorer ces sujets, visitez le site web.

Remue-méninges

1. Dressez la liste des films dans lesquels une histoire d'amour se déroule en temps de guerre ou de révolution. Dans ces films, quelle histoire domine? L'histoire d'amour? L'histoire de guerre? Toutes les deux? Est-ce que le personnage principal est un homme ou une femme?

2. Quand vous pensez au Viêt-Nam, quelles images vous viennent à l'esprit? Est-ce que vous voyez des fermiers? des marins? des hommes ou femmes politiques? des soldats? À quelle époque? Qu'est-ce qui influence votre vision personnelle de ce pays? L'expérience personnelle ou les films, les programmes télévisés, les livres? Comparez vos idées avec celles de vos camarades de classe.

3. Connaissez-vous des films où il y a un triangle amoureux? Est-ce que le dénouement de ces films est optimiste ou tragique?

Anticipation

Première projection (sans son ni sous-titres). Lisez les questions suivantes. Ensuite, regardez la première séquence pour y répondre. Il n'est pas nécessaire de tout comprendre pour pouvoir répondre aux questions.

1. Cette procession de bateaux est

   pour célébrer un mariage

   pour des funérailles

   pour une fête religieuse

2. Selon vous, quel rapport existe-t-il entre la femme habillée en noir et la petite fille?

3. Quand vous regarderez cette séquence avec le son, vous entendrez quatre paires de mots «inséparables». Imaginez les paires de mots:

   l'homme et _____

   _____ et les plaines

   les humains et _____

   l'Indochine et _____

Deuxième projection (avec le son, sans sous-titres) Maintenant, regardez la même séquence, toujours sans sous-titres. Vérifiez vos réponses aux questions de la première projection et répondez aux questions suivantes:

1. Qui est la personne qui narre l'histoire?

   la grand-mère de la petite fille   la petite fille   la femme habillée en noir

2. Est-ce que la femme en noir est venue de France pour assister à cette cérémonie?

3. Est-ce que la musique vous aide à comprendre de quelle sorte de céré-monie il s'agit?

4. Vérifiez les paires de mots que vous avez devinées.

GLOSSAIRE DU FILM

Pour entendre les mots du glossaire, consultez le site web.

Voici quelques mots de vocabulaire qui vous aideront à comprendre le film, à en parler en classe et à écrire dans votre **Journal de bord**, tout en enrichissant votre lexique personnel. Avant de voir le film, lisez tout le vocabu-laire. Soulignez les mots qui vous intéressent et cherchez à les entendre pendant le film.

Les personnages et leur vie

un autochtone: *native (of a country)*
autoritaire: *authoritarian*
une aventure: *love affair (in this context)*
bilingue: *bilingual*
le bouddhisme: *Buddhism*
un colon: *colonist*
un communiste: *communist*
une congaï: *from the Annamite language, con gaï: an Annamite girl (girl from Annam); used pejora-tively by the French*
un coolie: *pejorative term for an unskilled laborer in India, China, or Indochina.*
dur/e: *hard, harsh*
une élite: *elite*
une émeute: *riot*
être expulsé/e: *to be deported*
un fils adoptif/une fille adoptive: *adopted son or daughter*
froid/e: *cold*
Le Front Populaire: *Communist/Nationalist party led by Ho-Chi Minh, who became the first president of Vietnam after its independence from France in 1954*
la grâce: *pardon (e.g., a pardon for a prisoner)*
impitoyable: *merciless, pitiless, ruthless*
un/e Indochinois/e: *person from Indochina*
irrésistible: *irresistable*
la main d'œuvre: *laborers*
un mandarin: *public official of the Chinese Empire*
un marin: *sailor*

la Marine: *navy*
un masque: *mask*
une mutation: *transfer*
un officier: *officer*
l'opium (m.): *opium*
un/e ouvrier/ère: *manual worker*
un procès: *trial*
un rendez-vous: *meeting*
un/e rouge: *communist*
le sort: *destiny*
un/e terroriste: *terrorist*
un/e trafiquant/e: *drug (or other illegal substance) runner/dealer*
une troupe: *troupe (of actors)*
un uniforme: *uniform*

Les objets, les lieux, et les décors

Annam: *one of the three provinces of the ancient empire of Vietnam: le Tonkin (north), l'Annam (middle), la Cochinchine (south)*
un bagne: *penal colony (prison camp where prisoners are forced to do hard labor)*
une colonie: *colony*
un domaine: *estate, property*
un empire: *empire*
un hévéa: *rubber tree*
une jonque: *junk, boat of traditional Chinese design with square sails*
un marché aux esclaves: *slave market*
une piste: *lead, trail*

une **plantation:** *plantation*
un **sampan:** *small boat with a roof and propelled by one oar*
une **usine à caoutchouc:** *rubber-producing factory*
une **vente aux enchères:** *auction*
Viêt-Nam: la République socialiste du Viêt-Nam, nom de la region qui était l'Indochine depuis 1975

Les actions

accoucher: *to give birth*
adopter: *to adopt*
allaiter: *to breastfeed, nurse*
assassiner: *to murder*
bouleverser: *to disrupt, to overwhelm (emotionally), distress*
commettre un crime: *to commit a crime*
commettre un meurtre: *to commit (a) murder*
confronter: *to confront*
contrôler: *to control*
se déguiser en: *to disguise oneself as…*
déserter: *to desert*
errer: *to wander*
étouffer: *to suffocate*
être muté/e: *to be transferred*

exécuter: *to execute*
faire couler un bateau: *to sink a boat*
fuir: *to flee*
s'intégrer: *to integrate oneself*
jalouser: *to be jealous of*
manipuler: *to manipulate*
mettre le feu: *to set fire to, commit arson*
obéir aux règlements: *to obey the rules, regulations*
prendre une décision: *to make a decision*
prier: *to pray*
protéger: *to protect*
réprimer: *to supress (as in emotion)*
saigner: *to bleed (Il saigne du nez.)*
sauver la vie à quelqu'un: *to save someone's life*
tirer sur: *to shoot at*
tuer: *to kill*
se venger: *to take revenge*

Expressions

Laissez-vous aller. *Let yourself go.*
Ne bougez pas! *Don't move!*
Vous avez des ennuis? *Are you upset?*
Elle ne manque pas de culot! *She's got a lot of nerve!*
Elle t'aime à la folie. *She is madly in love with you.*
Tu n'as aucune nouvelle? *Do you have any news?*

Pendant la projection

Mise au point

Pendant que vous regardez le film, prenez des notes sur tout ce qui vous intéresse. Faites surtout attention aux éléments suivants:

1. Le nom des personnages, leurs rapports les uns avec les autres, et leur développement psychologique et émotionnel à travers le film. Qui change? Qui ne change pas?

2. Les changements de scène (la plantation, le bureau de Guy, la maison de Tahn, le paysage, l'île du Dragon…).

3. Les personnages qui semblent bien (ou mal) s'intégrer dans leur culture adoptive, ainsi que les rapports entre les Français et les Indochinois.

4. Comment l'éclairage influence l'atmosphère (le soleil, la brume *[fog]*, une bougie, une lanterne, la lumière électrique…).

5. Observez bien les couleurs. Quelles couleurs sont associées aux Indochinois, à l'Indochine? Lesquelles sont associées aux Européens?

6. Il y a plusieurs scènes sans dialogue, dans lesquelles le paysage domine. Observez bien leur situation dans le film.

Le langage du cinéma: L'éclairage

Observez bien l'éclairage et l'absence de lumière, ainsi que les scènes tournées à l'intérieur et en plein air. Notez en quoi l'éclairage influence l'atmosphère (le brouillard, le soleil, une bougie, une lanterne, des lanternes sur les casques des ouvrières, la lumière électrique...).

Après la projection

Réflexion: Journal de bord

Le **Journal de bord** vous permet de réfléchir aux thèmes et aux idées du film et d'exprimer vos réactions personnelles. Vous pouvez aussi répondre aux questions suggérées dans les instructions.

1. Dans votre journal de bord, écrivez vos réactions face à ce film, aussi bien que des questions et commentaires. Indiquez quelles questions ou quels commentaires vous voulez mentionner en classe.

2. Écrivez un paragraphe sur l'évolution de la personnalité de Jean-Baptiste.

3. Quelle scène vous a le plus impressionné/e? Expliquez pourquoi.

4. En quelques mots, dites pourquoi ce film vous a plu ou déplu.

Liens culturels

Indochine **a reçu un Oscar. Quels autres films français ou francophones ont eu du succès aux États-Unis? Au Canada? Pour en savoir plus, visitez le site web.**

Compréhension et réactions

1. **Avez-vous compris?** Choisissez ou complétez la réponse qui vous semble juste. Soyez prêt/e à expliquer votre choix.

    a. Au début du film, Éliane et Camille

    _____ s'aiment beaucoup.

    _____ ne se parlent pas souvent.

    _____ s'entendent mal.

b. Il y a un triangle amoureux entre

_____ Éliane, Guy et Camille.

_____ Éliane, Trahn et Camille.

_____ Éliane, Jean-Baptiste et Camille.

c. Castellani cherche Camille parce qu'

_____ il est amoureux d'elle.

_____ elle a tué un officier français.

_____ il veut aider Éliane.

d. Quand elle narre le film, Éliane s'adresse

_____ à Camille.

_____ à Étienne.

_____ à Jean-Baptiste.

e. Le père d'Étienne

_____ se suicide.

_____ est tué par la police française.

_____ est tué par les communistes.

f. À la fin, Éliane vient assister aux Accords de Genève, en 1954, parce qu'ils annoncent

_____ l'indépendance de l'Indochine.

_____ la défaite des communistes.

_____ l'ouverture du Bagne de Poulo-Condor.

g. Complétez une des phrases: La fin du film

_____ me plaît parce que: _____

_____ n'est pas satisfaisante, parce que: _____

_____ met en question: _____

2. Le titre. Après avoir vu le film, quelle est votre réaction face à son titre assez vague?

3. Ce qui m'a plu. Quelle partie de l'histoire vous a le plus impressionné/e? Pourquoi?

Approfondissons

1. Éliane est née en Indochine, parle les langues du pays, se prête à beaucoup de ses coutumes. À quels moments semble-t-elle être vraiment intégrée dans la culture indochinoise? À quels moments est-ce qu'elle semble étrangère à ce pays?

2. À quel moment historique et personnel est-ce qu'Éliane raconte l'histoire de sa vie à son fils adoptif? Pourquoi choisit-elle ce moment selon vous?

3. Camille prend plusieurs décisions qui déchirent sa famille. Quelle est votre réaction face aux décisions de Camille? D'abord, indiquez au moins deux décisions importantes qu'elle a prises. Ensuite, expliquez les conséquences de chaque décision pour Éliane, Jean-Baptiste, et pour les autres membres de sa famille. Est-ce que chaque décision était bonne, selon vous? Soyez prêt/e à comparer vos réponses à celles des autres.

Discussion

1. Jean-Baptiste tombe amoureux de deux femmes; qu'est-ce qui l'attire chez chaque femme?

2. Quelles coutumes indochinoises est-ce qu'Éliane a adoptées ou intégrées dans sa vie? Avec qui est-ce qu'elle parle indochinois? Français?

3. Pour Camille, son pays est plus important que sa famille. Et pour Jean-Baptiste? Et pour Tahn? Et pour Éliane?

4. Éliane est un personnage très fort. Elle cache ses sentiments et semble très froide. Quand est-ce qu'elle semble la plus heureuse? La plus malheureuse?

5. Regardez les notes que vous avez prises sur les personnages (**Mise au point, numéro 1**). Choisissez l'un des personnages et suivez l'évolution de sa personnalité au cours du film. Qui change le plus?

6. En quoi est-ce que Camille ressemble à Éliane? En quoi est-ce que sa personnalité est différente?

7. Pourquoi le titre est-il si vague? D'abord, avec votre partenaire créez deux titres alternatifs pour ce film. Ensuite, expliquez les trois titres (*Indochine,* plus les deux que vous avez créés).

8. C'est Éliane qui narre le film. Choisissez une scène et racontez-la du point de vue de Camille ou de Jean-Baptiste.

9. Au début, Jean-Baptiste dit qu'il ne va pas changer durant son séjour dans «l'éternelle Asie». Tracez les étapes de l'évolution de sa personnalité: faites attention aux langues qu'il parle, aux vêtements qu'il porte, aussi bien qu'à ses rapports avec les Français et les Indochinois.

Analyse

1. La première chose qu'Éliane dit dans le film est: «Je n'avais jamais quitté l'Indochine». Avec cette phrase, elle se présente à la fois comme autochtone et étrangère. Comment est-ce qu'elle vit son statut de fille adoptive de l'Indochine?

2. Camille mène une vie très protégée et européenne jusqu'à ce qu'elle quitte sa mère. Qu'est-ce qu'elle apprend sur son pays, son peuple, et sur elle-même pendant sa fuite?

3. Commentez les rapports entre les Français et les Indochinois dans des situations différentes (les plantation, la rue, le gouvernement, etc.).

4. Le père d'Éliane, Émile, est toujours présent, en arrière-plan, presque comme un fantôme. Comment est-ce qu'il a influencé la vie d'Éliane?

5. L'histoire personnelle (d'Éliane, de Camille, de Jean-Baptiste, d'Yvette) et l'histoire politique de l'Indochine sont liées. Comment est-ce que la politique a changé ou influencé la vie des personnages principaux?

6. Le paysage indochinois est presque un personnage dans le film. Plusieurs séquences qui montrent ce paysage sont tournées sans dialogue. À quoi servent ces scènes? Qu'est-ce qu'elles semblent exprimer?

7. Beaucoup de scènes ont été filmées près de l'eau ou sur l'eau. D'abord, avec un partenaire dressez la liste de ces scènes. À partir de cette liste, imaginez ce que l'eau symbolise dans le film.

8. Peut-on dire que la France a adopté l'Indochine tout comme Éliane a adopté Camille? Expliquez.

9. Than dit: «Camille est libre». Est-ce vrai? Donnez des exemples pour soutenir votre réponse.

10. Éliane dit, «Un enfant qui a croqué toute son enfance dans une pomme ne peut pas être comme moi. Moi je suis une asiate: une mangue». Elle veut dire que, malgré ses ancêtres européens, elle a été formée par le pays où elle est née, et elle se sent plus indochinoise que française. Est-ce que vous la croyez? Pourquoi ou pourquoi pas?

Mise en scène

1. Imaginez et jouez la pièce mentionnée dans le film, l'histoire de Jean-Baptiste le déserteur français et Camille, la princesse communiste.

2. Étienne choisit de ne pas rejoindre Camille. Mais imaginez qu'ils se rencontrent pendant les Accords de Genève. Écrivez leur conversation et présentez votre dialogue.

À l'écrit

Atelier. C'est maintenant Camille qui narre le film de son point de vue. Commencez avec les funérailles de ses parents, et mentionnez son enfance avec Éliane, sa rencontre avec l'amour de sa vie, la découverte de son pays, la naissance de son enfant, son séjour au bagne, et sa décision de lutter pour son pays plutôt que de rester avec sa famille.

Exposition. Tracez l'évolution de la personnalité d'un des personnages principaux. Quelles sont les étapes de cette évolution?

Analyse. Faites l'analyse des prises de vue des paysages tournées sans dialogue. D'abord, choisissez les trois scènes que vous trouvez les plus importantes, et situez chaque scène dans le contexte du récit.

Qu'est-ce que chaque séquence contribue au récit et à notre interprétation des personnages, de leurs actions, et du sens général du film? Après avoir étudié ces séquences, écrivez un essai qui comprend une introduction, l'analyse des trois séquences (en ordre chronologique) et une conclusion.

Salle 3: *Lumumba.*

Raoul Peck. France, Belgique, Haïti, Allemagne, 2000.

Sur cette photo de Patrice Lumumba, quels continents sont évoqués ? Comment ?

Patrice Lumumba est comblé de joie quand son pays, le Congo (aujourd'hui la République Démocratique du Congo, RDC) devient indépendant de la Belgique. Pendant les 75 ans de colonisation belge, les citoyens ont beaucoup souffert, et Lumumba, comme ses compatriotes, croit en l'avenir d'un Congo indépendant. Mais quand il devient premier ministre, Lumumba se rend compte que les problèmes de son pays—le manque d'unité entre les provinces, les conflits entre le gouvernement et l'armée, la haine contre les Belges qui sont restés dans le pays—vont rendre difficile sinon impossible son rêve d'un Congo démocratique.

Éclairages

> ### Recherches préparatoires sur Internet
>
> http://www **L'histoire de la République Démocratique du Congo est pleine de conflits et le but de Patrice Lumumba était de faire retrouver la paix à son pays. Visitez le site web pour apprendre quelques faits sur la RDC qui vous seront utiles pendant que vous regarderez le film.**

Remue-méninges

1. Connaissez-vous des films basés sur la vie d'un homme ou d'une femme politique? Par exemple?

2. Est-ce que ces films présentent une image neutre, positive ou négative du personnage principal (l'homme ou femme politique)? Quel est le but de ces films, selon vous?

3. Pourquoi est-ce qu'on regarde ces films au lieu de lire un livre d'histoire? Cochez toutes les réponses avec lesquelles vous êtes d'accord:

   a. _____ pour apprendre tous les faits historiques

   b. _____ pour rendre les événements plus immédiats; pour les «vivre»

   c. _____ pour approfondir sa connaissance des événements

   d. _____ parce que les films sont plus neutres/moins partisans, que les livres

   e. _____ autres raisons?

4. Selon vous, est-ce qu'un metteur en scène devrait rester neutre quand il ou elle raconte des événements historiques? Quels sont les avantages ou problèmes possibles quand le metteur en scène exprime son point de vue?

Anticipation

Première projection (avec le son, sans sous-titres). Lisez les questions suivantes. Ensuite, regardez la première séquence du film et prenez des notes, afin de pouvoir répondre aux questions qui suivent. Il n'est pas nécessaire de tout comprendre pour répondre aux questions. Servez-vous du vocabulaire du **Glossaire du film.**

1. Soulignez les images que vous voyez:

   des esclaves   des enfants qui rient
   des Congolais habillés à l'européenne   un homme sur un trône
   des soldats noirs   des personnes à une fête
   une femme qui pleure

2. Votre professeur va faire un arrêt sur l'image du texte qui explique l'histoire du Congo, juste avant le début du film. Lisez ce texte pour répondre aux questions suivantes:

   a. Est-ce que le film présente une histoire fictive ou vraie?

   b. Le Congo était une colonie de quel pays?

   c. En quelle année le Congo est-il devenu indépendant?

   d. Pendant combien de temps est ce que Patrice Lumumba est resté premier ministre (chef du gouvernement) du Congo indépendant?

Deuxième projection (avec le son, sans sous-titres). Maintenant, regardez une deuxième fois la même séquence. Vérifiez vos réponses au premier exercice et répondez aux questions suivantes:

1. Qui est habillé en blanc? Qui est habillé à l'Européenne?

2. Qui est représenté dans les images en couleur? Dans les images en noir et blanc? Dans les images figées (les photos)?

3. D'après les informations que vous avez vues, quel est le parti pris du film/du réalisateur? Est-ce qu'il sympathise avec Lumumba ou pas? Comment le savez-vous?

4. Avec un partenaire, faites trois prédictions sur le contenu du film que vous allez voir.

GLOSSAIRE DU FILM

http://www **Pour entendre les mots du glossaire, consultez le site web.**

Voici quelques mots de vocabulaire qui vous aideront à comprendre le film, à en parler en classe et à écrire dans votre **Journal de bord,** tout en enrichissant votre lexique personnel. Avant de voir le film, lisez tout le vocabulaire. Soulignez les mots qui vous intéressent et cherchez à les entendre pendant le film.

Les personnages et leur vie

ambitieux/se: *ambitious*
un/e autochtone: *a native (of a country)*
avoir beaucoup de dignité: *to be (very) dignified*
le chaos: *chaos*
un colon: *settler, colonist*
un/e Congolais/e: *Congolese*
le destin: *destiny*
un discours: *speech*
une émeute: *riot*
enthousiasmé/e: *excited, enthusiastic*
être digne de confiance: *to be trustworthy*
être plein/e d'espoir: *to be hopeful*
fier, fière: *proud*
un/e Flamand/e: *Flemish-speaking Belgian*
un/e indigène: *native, person native to a country*
intrépide: *fearless, intrepid*
un/e menteur/se: *liar*
une mine (de diamants, de charbon…): *mine (diamond mine, coal mine…)*
une province: *province*
un traître: *traitor*

une tribu: *tribe*
un/e Wallon/ne: *French-speaking Belgian*

Le colonialisme, la politique

une administration (coloniale): *(colonial) administration*
un chef d'état: *head of state*
la CIA: *the CIA*
une colonie: *colony*
le colonialisme: *colonialism*
un/e combattant/e pour la liberté: *freedom-fighter*
le communisme: *communism*
un compromis: *compromise*
Le Conakat: *political party of Moïse Tschombe*
un coup d'état militaire: *military coup d'état (takeover)*
la décolonisation: *decolonization*
un délégué: *delegate*
un fondateur, une fondatrice: *founder*
la justice sociale: *social justice*
un leader: *leader*
le MNC: *political party of Patrice Lumumba*

l'ONU, les Nations Unies: *The United Nations*
un parti politique: *political party*
la politique fédéraliste: *system in which provincial or state governments hold most of the power in a country (this is Tschombe's choice)*
la politique unitariste: *system in which a central government holds most of the power in a country (this is Lumumba's politics)*
une révolution pacifique/violente: *peaceful/violent revolution*
un/e subversif/ve: *subversive (person)*
la Table ronde de Bruxelles: *The Brussels Round Table, meeting to discuss when to give independence to the Congo*

Les actions

arrêter: *to arrest*
assassiner: *to murder*
atterrir: *(plane) to land*
battre: *to beat*
condamner: *to condemn*
décoller: *(plane) to take off*
élire: *to elect*
exécuter: *to execute*
faire sécession: to secede (Le Katanga a fait sécession.)

fusiller; être fusillé/e: *to execute by firing squad; to be executed by firing squad*
humilier: *to humiliate*
ignorer: *to not know (does not mean "to ignore")*
menacer: *to threaten*
prendre le pouvoir: *to take power*
risquer, tout risquer pour une idée: *to risk, to risk everything for an idea*
se sacrifier…pour son pays, pour sa famille…: *to sacrifice oneself…for one's country, for one's family…*
torturer: *to torture*
trahir: *to betray*
traiter quelqu'un de…+ nom (péjoratif): *to call somebody a name (Il m'a traité/e de menteur/e.)*

Expressions

Avoir carte blanche. *to have a free hand, to be authorized to do what you want*
On ne regarde pas dans la gueule d'un cheval qu'on vous offre. *Don't look a gifthorse in the mouth.*
La parole est à toi/à elle/à Patrice. *It's your/her/Patrice's turn to talk.*

Pendant la projection

Mise au point

Pendant que vous regardez le film, prenez des notes sur tout ce qui vous intéresse. Faites surtout attention aux éléments suivants:

1. Le nom des personnages et les rapports qui existent entre eux.

2. Les changements de scène (Bruxelles, Léopoldville, la salle de réunion, la maison de Lumumba, dans l'avion, à la campagne…).

3. L'éclairage: comment est-ce que la lumière ou le manque de lumière influence l'atmosphère de chaque scène? Notez les scènes tournées la nuit, quand les personnages sont éclairés (ou cachés) par la lumière artificielle, le feu, les phares d'une voiture, une seule lampe électrique…

4. Les différences et les similarités entre ce film et d'autres films historiques que vous connaissez.

5. Les mots et phrases que vous aimeriez apprendre.

6. Ce qui vous plaît et ce qui ne vous plaît pas dans le film.

Le langage du cinéma: L'éclairage

Observez l'éclairage des cinq scènes suivantes. Pour chaque scène, indiquez:

- • **la source de la lumière (le soleil, une lampe, plusieurs lampes, les flammes...).**
- • **la position de la lumière (devant le/s personnage/s, derrière, au-dessus, au-dessous...).**
- • **comment la lumière influence ou crée l'atmosphère.**

Scènes:

1. **Deux scènes filmées la nuit, pendant la fête de l'Indépendance (pendant la Table Ronde). Notez les lanternes.**

2. **Sur la piste d'atterrissage, après que l'avion de Lumumba et Kasavubu a été interdit d'accès à l'aéroport d'Elisabethville (Katanga). Notez le contraste ou les parallèles entre l'éclairage et les sujets de conversation.**

3. **La scène entre Lumumba et sa femme Pauline juste après la naissance de leur bébé. Notez l'éclairage intérieur et extérieur.**

4. **Lumumba tout seul dans son bureau un jour de pluie. Il regarde des photos de sa famille et reçoit un coup de téléphone de Thomas Kanza.**

5. **La dernière image du film: des flammes dans un bidon à huile (*oil can*); réprésentent-elles l'avenir du Congo, de l'Afrique?**

Après la projection

Réflexion: Journal de bord

Le **Journal de bord** vous permet de réfléchir aux thèmes et aux idées du film et d'exprimer vos réactions personnelles. Vous pouvez aussi répondre aux questions suggérées dans les instructions qui suivent:

1. Dans votre journal de bord, écrivez vos réactions face à ce film, aussi bien que des questions et commentaires. Indiquez quelles questions ou quels commentaires vous voulez mentionner en classe.

2. Notez quels personnages parlent lingala (l'une des quatre langues officielles du Congo), lesquels parlent français et dans quelles situations.

3. Il serait impossible de répondre à toutes les questions possibles sur la vie et sur la mort de Patrice Lumumba dans un seul film. Formulez deux questions que vous voudriez toujours poser sur la vie ou sur la mort de Lumumba.

Liens culturels

Qu'est-ce qui se passe maintenant dans le pays que Lumumba a voulu sauver? Pourquoi le réalisateur Raoul Peck s'intéresse-t-il à ce sujet? Visitez le site web pour découvrir les réponses à ces questions.

Compréhension et réactions

1. **L'ordre chronologique.** Pour mieux comprendre l'intrigue, mettez les événements importants du film dans l'ordre chronologique.

_____ Lumumba accuse Mobutu d'avoir organisé un massacre contre les rebelles dans la province de Kasai.

_____ Tschombe menace Lumumba qu'il va mal finir s'il soutient une politique unitariste.

_____ Lumumba est mis en prison pour avoir incité des émeutes pour l'indépendance.

___1___ Patrice Lumumba quitte Stanleyville pour vendre de la bière dans la capitale.

_____ La province de Katanga fait sécession.

_____ L'armée congolaise se révolte contre les officiers blancs.

_____ Le 30 juin, 1960, le Congo devient indépendant.

_____ Mobuto déclare Lumumba «héros national».

_____ Lumumba est fusillé sur ordres de Mobutu, Tschombe, du gouvernement belge et du gouvernement américain.

2. **La politique.** Trouvez la phrase de la colonne de droite qui décrit le personnage/la chose de la colonne de gauche.

a. Joseph Kasavubu   l'Armée congolaise
b. Moïse Tschombe   le leader du Katanga
c. La Force Publique   le premier président du Congo
d. Le Katanga   lieu où Lumumba a été tué

3. **Comprendre l'intrigue** Terminez les phrases suivantes à l'aide de l'information qui convient:

a. Lumumba rêve d'un Congo

    unifié   sous une politique fédéraliste   fasciste

b. Lumumba décide de demander de l'aide aux Russes

    parce qu'il est communiste
    parce que les autres pays n'ont pas voulu aider le Congo
    parce qu'il a peur de Kasavubu

c. Mr. Timberlake et Mr. Carlucci sont contre

    Lumumba   le Katanga   le lingala

d. Tschombe s'oppose à la politique unitariste parce qu'

    il a peur de Mobutu
    il est le leader de la province la plus riche du Congo
    il aime Lumumba

e. Avant de prendre le pouvoir comme président, Mobutu devient

    communiste   membre du gouvernement belge   chef de l'armée

Approfondissons

1. La chanson «L'Indépendance cha cha» (1960) par Joseph Kabasele (surnommé «Grand Kallé»), était extrêmement populaire au moment de l'Indépendance du Congo. Elle est chantée plusieurs fois pendant le film, et fait contraste avec la chanson chantée pour Mobutu à la fin. Quelle conclusion sur l'unité du Congo pouvez-vous tirer du fait que chaque vers de la chanson exprime la même chose dans une langue différente?

   Indépendance cha cha to zui e (en lingala)

   O Kimpuanza cha cha tubakidi (en kikongo)

   O Table Ronde cha cha ba gagné o (en tshiluba)

   O Dipanda cha cha to zui e (en lingala)

Traduction:

   L'Indépendance cha cha nous l'avons eue

   Oh l'Indépendance cha cha nous l'avons eue

   C'est à la Table Ronde cha cha qu'elle a été gagnée

   Oh l'Indépendance cha cha nous l'avons eue!

2. Quelle scène vous a le plus frappé/e? Pourquoi?

3. Quel est l'effet de la juxtaposition de Mobutu sur son trône et de l'exécution de Lumumba? Dans quelle mesure cette juxtaposition révèle-t-elle le point de vue du metteur en scène?

Discussion

1. Le film commence par la mort de Lumumba. Pourquoi, à votre avis, commencer par la fin de l'histoire et par une scène si violente?

 2. Dans ce film, le point de vue de Pauline, la femme de Lumumba, n'est pas exprimé. Est-ce que Lumumba est sympathique ou antipathique, dans ses interactions avec sa femme, à votre avis? Selon ses actions, est-ce que Pauline semble être solidaire avec Lumumba?

3. Lumumba dit qu'il est venu 50 ans trop tôt. Qu'est-ce qu'il veut dire?

4. Les hommes politiques congolais attendaient avec joie la création d'un état indépendant. Cependant, les problèmes qui existaient avant l'indépendance sont devenus plus graves après l'indépendance. Avec un partenaire, dressez la liste des problèmes auxquels le nouveau gouvernement a dû faire face.

5. Selon vous, que représentent les flammes qui constituent la dernière image du film?

6. À la fin du film, au moment des célébrations du jour de l'indépendance congolaise, le nouveau dictateur impose à la foule une minute de silence pour le «héros national». Pourquoi ce moment est-il à la fois ironique et sinistre?

Analyse

1. Huit ans avant de tourner ce film, le même réalisateur, Raoul Peck, avait fait un documentaire sur le même sujet: *Lumumba, Mort d'un Prophète* (1992). En regardant le titre des deux films, pouvez-vous deviner le point de vue du réalisateur? Est-ce que son parti pris est aussi clair dans *Lumumba,* le film que vous avez vu?

2. Lumumba dit qu'il est un bouc-émissaire (*scape goat*). Étant donné les événements du film, êtes-vous d'accord?

3. Pendant les premières minutes du film, on voit un mélange de scènes en couleur (avec des acteurs), de vraies photos et de film documentaire en noir et blanc. Quelle atmosphère est créée par ce mélange de documentation historique et d'histoire dramatisée?

4. Lumumba peut être vu comme un héros tragique, destiné à mourir dès le début de sa carrière politique. Souvent, les héros tragiques vivent un conflit entre le devoir politique ou patriotique et le devoir envers leur famille ou leurs amis. Ce conflit est-il évident chez Lumumba?

5. Les paroles en voix-off de Lumumba sont tirées (et adaptées) de la dernière lettre qu'il a écrite à sa femme, Pauline. Notez les éléments privés (sa famille) et publics dont il parle: quels éléments prédominent?

6. Quoique le film suggère que le peuple congolais soutienne Lumumba, les personnages principaux du film ne font pas partie de ce peuple paysan mais d'une classe d'élites. Est-ce que ce manque de point de vue populaire rend moins convaincant le portrait de Lumumba comme héros du peuple?

7. Le réalisateur nous présente Lumumba comme un homme pur et visionnaire qui est trahi par un ou plusieurs «Judas». Que pensez-vous de cette mise en scène quasi-chrétienne?

8. Le réalisateur, Raoul Peck, a passé 18 mois en tant que Ministre de la Culture de son pays, Haïti, qu'il appelle «un pays qui hésite encore entre populisme…simpliste et démocratie…compliquée…». Il dit que c'était «une expérience personnellement douloureuse et l'apprentissage des limites de l'action politique». Quelles similarités voyez-vous entre son expérience et celle de Lumumba?

Mise en scène

Vous êtes scénariste et vous commencez un scénario sur quelqu'un de très célèbre qui est mort. Avec deux «co-scénaristes», choisissez le sujet (la personne célèbre) de votre film. Ensuite, écrivez une «dernière lettre» que votre star va lire en voix off pendant le film (cinq à huit phrases). À qui est-ce que cette lettre est destinée? Enfin, choisissez une personne de votre groupe qui lira la lettre devant la classe. Ne dites pas le nom de la personne—les autres étudiants vont deviner qui est la personne célèbre qui a écrit cette lettre.

À l'écrit

Atelier. Racontez cette histoire du point de vue de la femme de Lumumba, Pauline. Ne vous bornez pas à une simple énumération des événements, mais mettez-vous dans la peau de Pauline et imaginez ses sentiments, ses réactions, ses peurs, ses espoirs. Est-elle aussi visionnaire que son mari?

Exposition. Il est évident dès le début que Lumumba ne réussira pas. Êtes-vous d'accord? Utilisez des exemples tirés du film pour soutenir votre argument.

Analyse. À votre avis, pour qui a-t-on tourné ce film? Qui est le spectateur idéal? Basez votre réponse sur des exemples tirés du film.

LECTURES

Lecture 1: Dépliant de l'Exposition, *Jean Moulin: héros de la République.*
Centre d'Histoire de la Résistance et de la Déportation. Lyon, France, 2003.

Qui est sur les pièces américaines ou canadiennes? Pourquoi?

Jean Moulin est né en 1899 à Béziers, une ville du sud de la France. Haut-fonctionnaire (*high-level government official*), il nationalise les compagnies aériennes et crée Air France. Pendant la Deuxième Guerre Mondiale, la France est vaincue par l'armée allemande. Moulin refuse de coopérer avec les Allemands et devient l'un des leaders de la Résistance contre les nazis, organisant le Comité National de la Résistance (CNR). Arrêté et torturé par la Gestapo à Lyon, Moulin meurt de ses blessures pendant son voyage vers un camp de concentration.

Stratégies de lecture

Activez vos connaissances

1. Quels renseignements cherchez-vous dans un dépliant qui annonce une exposition spéciale dans un musée historique? Indiquez le degré d'importance de ces renseignements selon vous.

	très important	assez important	pas très important
le sujet de l'exposition			
les dates de l'exposition			
l'adresse du musée			
les tarifs (*admission fee*)			
la possibilité d'acheter des cartes postales et des cadeaux			
(complétez la liste)			

2. Avez-vous déjà visité un musée d'histoire? Vu une exposition sur un personnage historique? Décrivez le musée ou l'exposition que vous avez vu/e et votre réaction face à cette expérience.

Anticipez le contenu

1. Parcourez (*skim*) la brochure afin de trouver quels renseignements, parmi ceux mentionnés dans **Activez vos connaissances,** se trouvent dans ce document. Remplissez le tableau à l'aide des informations que vous trouvez, ou mettez un X si les informations ne sont pas incluses sur la brochure.

	information	information manquante
les dates de l'exposition		
l'adresse du musée		
les tarifs (*admission fee*)		
la possibilité d'acheter des cartes postales et des cadeaux		
(à vous)		

2. Selon le texte et les images du dépliant, quels objets et documents trouvera-t-on dans cette exposition?

_____ le journal intime de Moulin

_____ des photographies de Jean Moulin et de sa famille

_____ des films

_____ des documents (cartes d'identité, etc.)

_____ des dessins et des sculptures

_____ des objets personnels ayant appartenu à Jean Moulin (lunettes, stylos, etc.)

Pour mieux lire

Regardez attentivement les mots suivants, que vous allez revoir dans le contexte dépliant ci-dessous. Il est difficile de les comprendre sans contexte. Mais ne les cherchez pas tout de suite dans le dictionnaire. Essayez plutôt d'en deviner le sens quand vous les rencontrerez dans le contexte de votre lecture.

1. une conférence: **Conférence** de Daniel Cordier, secrétaire de Jean Moulin: *Jean Moulin, une politique pour la Résistance.*

2. éditions: *Pour l'amour de la République. Le Club Jean Moulin*…paru en 2002 aux **éditions** Fayard.

3. un jour férié: Ouverture: Toute l'année du mercredi au dimanche (sauf **jours fériés**).

4. la déportation: Centre d'Histoire de la Résistance et de la **Déportation**.

Lecture attentive

Choisissez la définition des mots suivants selon le contexte de la lecture:

a.	l'engagement	accomplir, achever
b.	témoigner	chemin pour aller d'un point à l'autre
c.	un parcours	attachement à une cause politique ou sociale
d.	la pérennité	caractère de ce qui dure toujours; continuité
e.	réaliser	certifier qu'on a vu ou entendu

Jean Moulin, héros de la République

Exposition du 15 mai au 26 octobre 2003

Centre d'Histoire de la Résistance et la Déportation

Centre d'Histoire de la résistance et de la Déportation
69007 Lyon
Tél. : 04 78 72 23 11

Ouverture
Toute l'année du mercredi au dimanche (sauf jours fériés) de 9h à 17h30, sans interruption

Tarifs
Plein tarif : 3€80
Tarif réduit : 2€
Gratuit jusqu'à 18 ans

Accès
Tramway T2
arrêt Centre Berthelot

histoire
Le mot nouvelles

VILLE DE LYON

Cédric communication

Crédits photos
Carte d'identité - DR, Coll. Escoffier
Jean Moulin - Photo Marcel Bernard - Coll. Escoffier
Maison Dugoujon - DR, CHRD

Jean Moulin

L'exposition présentée au Centre d'Histoire de la Résistance et de la Déportation invite les visiteurs sur les traces de Jean Moulin et leur propose de redécouvrir son parcours exceptionnel depuis la Provence, berceau de la famille Moulin, à son arrestation dans la banlieue de Lyon.

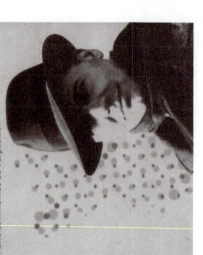

autour de l'exposition

Mercredi 14 mai 2003 à 18 heures à l'Institut d'études politiques, amphithéâtre Marcel Pacaut
Conférence de Daniel Cordier, secrétaire de Jean Moulin : *Jean Moulin, une politique pour la Résistance*.

Mardi 27 mai à 17h30 à la Fnac Bellecour
Analyse de Michel Fratissier, professeur à l'IUFM de Montpellier, de différents ouvrages évoquant l'arrestation de Jean Moulin.

Mercredi 4 juin 2003 à 18 heures au Centre d'Histoire
Conférence de Claire Andrieu, autour de son ouvrage *Pour l'amour de la République*. Le club *Jean Moulin, 1958-1970* paru en 2002 aux éditions Fayard.

Dimanche 22 juin - Journée de la Résistance
Entrée libre au CHRD
Visite commentée de l'exposition à 15h

Dimanche 6 juillet à 15h
Visite commentée de l'exposition

Photographies familiales et documents d'archives sont réunis pour éclairer son cheminement intellectuel, les rencontres déterminantes et la genèse de son engagement.
Des images rarement diffusées et filmées par son ami Marcel Bernard laissent également entrevoir de manière émouvante la personnalité chaleureuse de Jean Moulin.

L'exposition s'attache aussi à observer les usages contemporains du symbole Moulin et les déclinaisons de son image, à travers ses multiples représentations.
Sculptures, tableaux, dessins voire bande dessinée, réalisés par des artistes ou des anonymes, participent de la représentation et de la perpétuation du mythe, tout comme les œuvres de fictions plus récentes dont il a été l'objet.

L'exposition permet également d'observer comment Jean Moulin et son nom sont devenus les icônes de combats actuels assimilés dès lors à des actes de résistance.

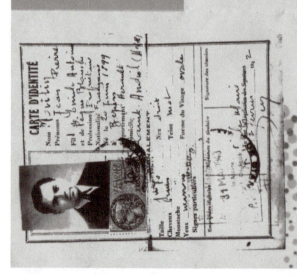

héros de la République

Soixante ans après son arrestation à Caluire et sa mort en martyr, Jean Moulin continue de fasciner et de séduire, comme en témoigne l'impressionnante masse de travaux historiques, fictions, débats qui lui sont régulièrement consacrés. Son parcours saisissant suffit-il toutefois à expliquer l'extraordinaire pérennité de la mémoire de Jean Moulin ?

Après la lecture

Compréhension et réactions

1. En quelle année Jean Moulin est-il mort?

2. Qui peut voir l'exposition sans payer?

3. Quel adjectif décrit le caractère (la personnalité) de Jean Moulin?

4. Dans le titre de l'exposition, on dit que Jean Moulin est un «héros». Cherchez deux autres mots utilisés pour faire référence à Moulin.

5. Trouvez deux mots ou phrases dans le dépliant qui font référence à la mémoire publique ou à l'importance de préserver des souvenirs.

Discussion

1. Est-ce que cette brochure vous donne envie de voir l'exposition? Pourquoi ou pourquoi pas?

2. Lequel des événements associés à l'exposition vous intéresse le plus?

3. Cette exposition ne comprend pas seulement des documents et des archives historiques. Comment est-ce qu'on continue à préserver la mémoire de Jean Moulin aujourd'hui?

4. Quelle conclusion tirez-vous du fait que la brochure contient très peu d'informations sur la vie de Jean Moulin? Trouvez un personnage historique américain ou canadien pour qui on n'aurait pas besoin de donner de précisions biographiques si l'on montait une exposition dans un musée historique.

5. Cette exposition a lieu au Centre de la Résistance et de la Déportation. Est-ce que des musées similaires existent dans votre ville?

Forme et fond

1. Essayez de deviner le sens de «voire» («Sculptures, tableaux, dessins voire bande dessinée…»). Vérifiez votre hypothèse dans le dictionnaire. Que veut dire la notation «litt.» dans le dictionnaire? Dans quelle situation utiliseriez-vous «voire»?

2. Notez que l'article est omis au début de chacune des phrases de la rubrique «Autour de l'exposition». Pourquoi, selon vous?

Expansion

Imaginez que vous organisez une exposition commémorative de cette année scolaire dans votre institution. Avec un/e ou deux étudiant/es, créez un dépliant sur cette exposition. N'oubliez pas les renseignements suivants:

- le titre de l'exposition
- les dates de l'exposition
- l'adresse de l'endroit où l'exposition aura lieu
- les tarifs (le prix des billets)
- une description de l'exposition

Lecture 2: «Aux jeunes filles».
Delphine de Girardin. France, 1835.

Le nom de l'auteur (le vicomte de Launay) est celui d'un homme, mais le portrait de l'auteur montre une femme. Pourquoi, selon vous?

Delphine Gay de Girardin (1804–1855) est auteur de poèmes, d'articles politiques, de romans et de pièces de théâtre. Elle publie aussi les *Lettres parisiennes*—commentaires sur les événements sociaux, culturels et artistiques de son époque—mais choisit un pseudonyme masculin: le «vicomte de Launay». Les titres de quelques-unes de ses autres œuvres—qui connaissent beaucoup de succès—révèlent ses intérêts et son point de vue: *L'école des journalistes* (1840), *Judith* (1843), *Cléopâtre* (1847) et *Une femme qui déteste son mari* (1855).

Stratégies de lecture

Activez vos connaissances

 1. Travaillez avec un camarade de classe pour imaginer que vous avez plus de trente ans (si ce n'est pas déjà le cas). Qu'est-ce que vous savez de bon et de mauvais sur la vie, que vous ne saviez pas quand vous étiez plus jeune? Pensez à deux ou trois leçons sur la vie que vous pourriez communiquer aux jeunes filles ou aux jeunes hommes, basées sur vos expériences, vos succès et vos désenchantements (vos illusions perdues):

- Leçons que vous donneriez aux filles:

- Leçons que vous donneriez aux garçons:

2. Imaginez les raisons pour lesquelles Delphine de Girardin (comme beaucoup de femmes écrivains au XIXe siècle) a décidé de publier ses textes sous un nom de plume masculin.

Joan of Arc Saved France

W.S.S. WOMEN OF AMERICA SAVE YOUR COUNTRY Buy WAR SAVINGS STAMPS

Courtesy of Reunion des Musees Nationaux/Art Resource, NY

L'image de Jeanne d'Arc est associée à la libération de la France, aux produits français et aux causes nationalistes à travers les siècles.

3. L'histoire de l'éducation des femmes au XIXe siècle. Quoique le symbole de la France ait souvent été l'image d'une femme (Jeanne d'Arc, Marianne...), l'histoire des droits de la femme française n'est pas une succession de victoires. Étudiez cette chronologie partielle de l'histoire des femmes en France aux XIXe et XXe siècles. D'abord, lisez les phrases suivantes. Ensuite, parcourez (*skim*) la chronologie historique ci-dessous et indiquez si les phrases sont vraies ou fausses (V/F).

a. **V**   **F**   En 1937, les femmes peuvent s'inscrire à l'université sans la permission de leur mari.

b. **V**   **F**   En 1830, les femmes ne peuvent pas ouvrir de compte en banque sans l'autorisation de leur mari.

c. **V**   **F**   En 1835, les femmes peuvent suivre des cours au lycée.

d. **V**   **F**   En 1940, les femmes peuvent voter.

Chronologie (partielle) de l'histoire des droits de la femme française.

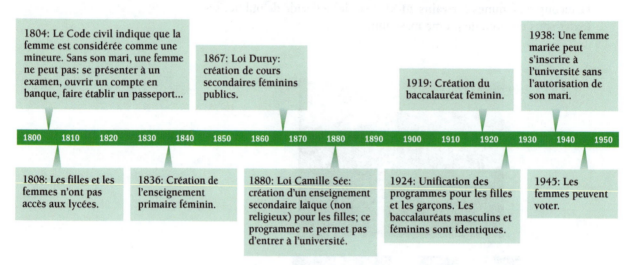

1804: Le Code civil indique que la femme est considérée comme une mineure. Sans son mari, une femme ne peut pas: se présenter à un examen, ouvrir un compte en banque, faire établir un passeport...

1867: Loi Duruy: création de cours secondaires féminins publics.

1919: Création du baccalauréat féminin.

1938: Une femme mariée peut s'inscrire à l'université sans l'autorisation de son mari.

| 1800 | 1810 | 1820 | 1830 | 1840 | 1850 | 1860 | 1870 | 1880 | 1890 | 1900 | 1910 | 1920 | 1930 | 1940 | 1950 |

1808: Les filles et les femmes n'ont pas accès aux lycées.

1836: Création de l'enseignement primaire féminin.

1880: Loi Camille Sée: création d'un enseignement secondaire laïque (non religieux) pour les filles; ce programme ne permet pas d'entrer à l'université.

1924: Unification des programmes pour les filles et les garçons. Les baccalauréats masculins et féminins sont identiques.

1945: Les femmes peuvent voter.

Anticipez le contenu

1. En vous basant sur les informations de la chronologie ci-dessus, travaillez avec un/e camarade de classe pour imaginer deux ou trois leçons sur la vie qu'une Française cultivée offrirait aux jeunes gens de son époque (1835). Comparez-les à vos propres conseils aux filles et garçons contemporains (**Activez vos connaissances numéro 1**).

- Leçons qu'elle donnerait aux filles
- Leçons qu'elle donnerait aux garçons

2. Lisez le poème à haute voix. Est-ce que ce poème a un son musical?

Pour mieux lire

Regardez attentivement les mots suivants, que vous allez revoir dans le contexte du poème ci-dessous. Il est difficile de les comprendre sans contexte. Mais ne les cherchez pas tout de suite dans le dictionnaire. Essayez plutôt d'en deviner le sens quand vous les rencontrerez dans le contexte de votre lecture.

1. **au sein de:** Que vous dirais-je, moi, mes douces jeunes filles,/À vous qu'on voit régner **au sein de** vos familles…

2. **Hélas!:** **Hélas!** telle est la vie!

3. **le chagrin:** Quelques jours de **chagrin**…elle me fut ravie/Quand le talent venait…

4. **un air italien:** Ces **airs italiens** répétés tant de fois!

Lecture attentive

Lisez le poème une fois, assez vite, sans chercher les mots que vous ne comprenez pas. Ensuite, répondez aux questions suivantes ou complétez les phrases à l'aide de l'information qui convient:

1. Qui parle dans ce poème?

    a. Un garçon parle aux jeunes filles.

    b. Une femme parle aux jeunes filles.

    c. Une jeune fille parle à d'autres jeunes fillles.

2. La personne qui parle

    a. idéalise la jeunesse.

    b. semble être heureuse.

    c. dénonce les illusions de la jeunesse.

Aux jeunes filles

Que vous dirais-je, moi, mes douces jeunes filles,
À vous qu'on voit régner° au sein de vos familles,   *to reign, rule*
Fières de vos beaux ans, riches de tant d'espoir?...
Hélas! Ce que je sais est si triste à savoir!
5 Car le dégoût s'acquiert° avec l'expérience,   est acquis, obtenu
Le désenchantement est toute ma science.°   ma connaissance, compétence
Quand je vous vois je pleure, et mon cœur envieux
Sent, par tous ses regrets, comme il est déjà vieux.
Pas une illusion ne vit dans ma pensée;
10 D'un inutile espoir mon âme est lassée.°   fatiguée
Pourquoi me livrerais-je° à des désirs nouveaux?   s'abandonner
Je ne crois plus en moi, pas même à mes travaux;
Et je ris de pitié lorsque je me rappelle
Ces grands projets formés dans une foi si belle,
15 Ces inutiles soins pris avec tant d'ardeur;
Et Racine et Boileau° que j'apprenais par cœur;   écrivains français du XVIIᵉ siècle
Et ces vers allemands au son grave et sonore,
Que je ne comprends plus et que je sais encore;
Ces airs italiens répétés tant de fois!
20 Puis, quand j'ai su chanter je n'avais plus de voix.
Quelques jours de chagrin...elle me fut ravie°   *it (my voice) was taken from me*
Quand le talent venait...Hélas! telle est la vie!
Attendre en vain, longtemps, un bien qui vient trop tard,
Concerter mille plans que dérange un hasard;°   chance
25 S'épuiser aux efforts qu'un art rebelle exige;
Acquérir à grands frais des talents qu'on néglige;
Bâtir une maison pour ne point° l'habiter;   ne...pas
Demander un conseil et ne point l'écouter;
Jeune, haïr le mal, prononcer l'anathème°   la condamnation
30 Sur des erreurs qu'un jour on commettra soi-même;
Se défier de ceux à qui l'on tend la main,

quittera, abandonnera	Rechercher aujourd'hui ce qu'on fuira° demain,
	Telle est la vie, hélas! une vie assez douce
un choc, une commotion	Encore! sans malheurs, sans terrible secousse,°
storms	35 Sans crimes, sans dangers, sans orages° affreux;
	Voilà les tristes jours qu'on nomme heureux!

Après la lecture

Compréhension et réactions

1. **Vérifions.** Indiquez si les phrases suivantes sont vraies ou fausses. Soyez prêt/e à expliquer vos réponses.

    a. **V   F**   Dans les six premiers vers, la narratrice dit qu'elle va expliquer pourquoi l'expérience l'a rendue triste.

    b. **V   F**   Dans les vers 7 à 10, la narratrice explique qu'elle est pleine d'espoir et d'optimisme.

    c. **V   F**   Dans les vers 11 à 22, la narratrice parle des livres et de la musique qu'elle étudiait quand elle était jeune.

    d. **V   F**   Dans les vers 23 à 26, la narratrice se reproche d'être la cause de ses problèmes.

    e. **V   F**   Dans les vers 27 à 32, la narratrice blâme les autres de son manque de succès (ses échecs).

    f. **V   F**   Dans les vers 33 à 36, la narratrice explique qu'on peut être déçu dans la vie même sans avoir vécu de tragédie.

 2. **Les oppositions.** Souvent, on peut mieux comprendre un poème quand on regarde de près les oppositions.

    a. Choisissez tous les mots qui décrivent l'attitude de la narratrice.

    b. D'abord, soulignez tous les mots qui décrivent les jeunes filles (ou la narratrice quand elle était jeune).

La narratrice	Les jeunes filles (ou la narratrice quand elle était jeune)
sûre d'elle-même	mal à l'aise
pleine d'énergie	fatiguée
satisfaite	frustrée
déçue	contente
désespérée	pleine d'espoir
sans illusions	optimiste

c. Ensuite, dressez votre propre liste des mots positifs (optimistes) et la liste des mots négatifs (pessimistes) du poème. À partir de vos listes, décidez avec votre partenaire quel est le message universel de ce poème et décidez du ton de ce poème. Est-il plutôt pessimiste ou optimiste?

3. On peut distinguer trois mouvements dans ce poème: vers 1 à 10; vers 11 à 22; vers 23 à 36. Composez un titre pour chaque mouvement. Ensuite, comparez vos titres avec ceux de vos camarades de classe.

4. Étiez-vous surpris/e par le dernier vers du poème? Pourquoi ou pourquoi pas? Échangez vos idées avec vos camarades de classe.

Discussion

1. Relisez les commentaires relatifs aux études, surtout dans les vers 16 à 20. Avez-vous «appris» des choses à l'école ou au lycée que vous n'avez comprises que plus tard? Par exemple? Comparez vos réponses avec celles de vos camarades de classe. Y a-t-il des similarités? Des différences?

2. Ce poème a été écrit au dix-neuvième siècle *par* une femme et *pour* des femmes. Pourtant, il n'est pas réservé aux femmes d'être désenchantées et de ressentir l'absurdité de la vie. Pourquoi, à votre avis, cette femme (la narratrice) s'est-elle adressée uniquement aux jeunes filles?

3. Comparez la représentation de l'enfance et le rapport entre les adultes et les enfants, tels que vous les observez dans ce poème et dans le film que vous avez étudié dans ce chapitre.

Forme et fond

1. Au vers 13, «travaux» est le pluriel du mot _____, un substantif dont le genre est (choisissez) masculin/féminin. Quel verbe vient de cette même famille? _____

2. Relisez le vers 24: «Concerter mille plans que dérange le hasard». Reformulez l'ordre des mots de façon plus conversationnelle et moins stylisée.

3. Récrivez les vers 9 à 10 en changeant le ton. Écrivez comme si vous parliez à un/e ami/e.

Expansion

1. Dans ce poème, Delphine de Girardin semble indiquer que sa formation (son éducation) ne l'a pas aidée dans la vie à cause de la situation des femmes dans sa société. Selon vous, est-ce que cette situation existe toujours?

2. Un pastiche est une œuvre littéraire ou artistique dans laquelle on imite la manière ou le style d'une autre œuvre, par exercice de style ou avec une intention parodique. Vous allez pasticher ce poème en remplaçant les mots et les phrases soulignés. D'abord, décidez si vous voulez faire de votre poème une parodie (donc comique) ou plutôt une imitation avec un point de vue différent. Commencez par le titre: à qui votre poème est-il destiné? Aux jeunes filles de votre université? Aux garçons? Aux adultes? Notez que les adjectifs (comme «fières») s'accordent avec «jeunes filles». Transformez ces adjectifs si votre nouveau titre est au masculin (singulier ou pluriel) ou au féminin singulier.

«Aux jeunes filles»

«_____»

1   Que vous dirais-je, moi, mes douces jeunes filles,

_____

À vous qu'on voit régner au sein de vos familles,

_____

Fières de vos beaux ans, riches de tant d'espoir?...

_____

Hélas! Ce que je sais est si triste à savoir!

_____

5   Car le dégoût s'acquiert avec l'expérience

_____

Le désenchantement est toute ma science.

_____

Quand je vous vois je pleure, et mon cœur envieux

_____

Sent, par tous ses regrets, comme il est déjà vieux.

_____

Pas une illusion ne vit dans ma pensée;

_____

D'un inutile espoir mon âme est lassée.   10

_____

Pourquoi me livrerais-je à des désirs nouveaux?

_____

Je ne crois plus en moi, pas même à mes travaux;

_____

Et je ris de pitié lorsque je me rappelle

_____

Ces grands projets formés dans une foi si belle,

Ces inutiles soins pris avec tant d'ardeur   15

_____

Et <u>Racine et Boileau</u> que j'apprenais par cœur;

_____

Et <u>ces vers allemands</u> au son grave et sonore,

_____

Que je ne comprends plus et que je sais encore;

_____

Ces <u>airs italiens</u> répétés tant de fois!

_____

20 Puis, quand j'ai su chanter je n'avais plus de voix.

_____

Quelques jours de chagrin...elle me fut ravie

_____

Quand le talent venait...Hélas! telle est la vie!

_____

Attendre en vain, longtemps, <u>un bien</u> qui vient trop tard,

_____

Concerter mille plans que dérange un hasard;

_____

25 S'épuiser aux efforts qu'un art rebelle exige;

_____

Acquérir à grands frais des talents qu'on néglige;

_____

Bâtir <u>une maison</u> pour ne point <u>l'habiter</u>;

_____

<u>Demander un conseil et</u> ne point <u>l'écouter</u>;

_____

Jeune, haïr <u>le mal</u>, prononcer l'anathème

_____

Sur des erreurs qu'un jour on commettra   30
soi-même;

_____

Se défier de ceux à qui l'on tend la main,

_____

<u>Rechercher</u> aujourd'hui ce qu'on <u>fuira</u> demain,

_____

Telle est la vie, hélas! une vie assez <u>douce</u>

_____

Encore! sans <u>malheurs</u>, sans <u>terrible secousse</u>,

_____

Sans <u>crimes</u>, sans <u>dangers</u>, sans <u>orages affreux</u>;   35

_____

Voilà les <u>tristes jours</u> qu'on nomme <u>heureux</u>!

_____

<u>Delphine de Girardin</u>, _Poésies_ (<u>1835</u>)

_____

Lecture 3: La dernière lettre de Patrice Lumumba.

Congo (République Démocratique du Congo), 1961.

Lumumba, homme politique, a perdu la vie pendant sa lutte pour unir son pays, le Congo (actuellement la République Démocratique du Congo). Lisez sa dernière lettre sur le site web.

SYNTHÈSE

Pour les technophiles

Tous les films et les textes de ce chapitre sont basés sur des faits historiques. Quelle période historique traitée dans ce chapitre vous intéresse le plus: la Renaissance (le seizième siècle, *Martin Guerre*), le dix-neuvième siècle (Girardin); la deuxième guerre mondiale (Jean Moulin); les années 1950 et 1960 et la décolonisation?

Choisissez l'une des périodes historiques traitées dans les films et les textes de ce chapitre et créez une chronologie historique (*timeline*) sur un site web. D'abord, faites des recherches préliminaires pour trouver un minimum de cinq dates importantes dans la période choisie. Ensuite, approfondissez vos recherches pour pouvoir expliquer l'importance de chaque date. Trouvez ensuite des images pour illustrer votre chronologie. Enfin, créez le site web et soyez prêt/e à l'expliquer en classe.

Sujets de discussion et de composition

1. Écrivez les pages 345 à 348 de votre autobiographie. Qui serez-vous au moment où vous écrirez votre autobiographie? Imaginez votre âge, votre profession, votre famille, votre vie «présente» par rapport à votre vie «passée».

2. Choisissez l'un des films/textes du chapitre et expliquez dans quelle mesure le passé est opposé ou semblable au présent.

3. Dans tout film ou texte, le réalisateur ou l'écrivain fait beaucoup de choix: où commencer l'histoire, quels détails retenir ou supprimer, à quel moment terminer l'histoire. D'abord, choisissez un film ou un texte de ce chapitre. Ensuite, choisissez deux moments ou détails—ou omissions—qui vous intéressent et expliquez pourquoi, selon vous, le réalisateur ou l'écrivain a fait ces choix.

4. Imaginez que vous avez trouvé des objets associés aux personnes ou aux écrivains que vous avez étudiés dans ce chapitre: Martin Guerre, Bertrande, Delphine de Girardin, Jean Moulin, Patrice Lumumba, etc. Identifiez cinq objets, comme si vous les présentiez dans une exposition. Écrivez leur description et expliquez leur importance historique.

Comparaisons

Dans ce chapitre, vous avez exploré différentes façons d'interpréter et de préserver l'histoire: à travers un poème, une lettre, une exposition, un film qui dramatise l'histoire, etc. Quels moyens de traiter l'histoire sont à votre avis les plus efficaces? Pourquoi?

LE SUSPENSE ET LA SURPRISE

3

Comment ces choses—une cafetière, un masque, un téléphone—pourraient-elles faire peur? Imaginez une situation où l'un de ces objets suscite le suspense.

Séances

SALLE 1: *Betty Fisher et autres histoires.* Claude Miller. France, Canada, 2001.

SALLE 2: *Harry, un ami qui vous veut du bien.* Dominik Moll. France, 2000.

SALLE 3: *Les yeux sans visage.* Georges Franju. France, 1959.

Lectures

LECTURE 1: **«La cafetière».** Théophile Gautier. France, 1831.

LECTURE 2: **Interview avec François Truffaut et Alfred Hitchcock.** France, 1967.

http://www

LECTURE 3: **«Tout va très bien, Madame la Marquise».** Paroles et musique de Paul Misraki, Charles Pasquier et Henri Allum. France, 1936.

Chaque film et lecture de ce chapitre suscite le suspense, mais dans le contexte d'une histoire, d'un style et d'un ton différents. Par conséquent, le suspense de chaque film et texte provoque des sensations et des sentiments différents: la peur et la pitié; la chair de poule et les larmes; le rire et l'anxiété. Dès le début de chaque film et jusqu'à la fin, l'auditoire se pose des questions et attend impatiemment les réponses.

AVANT-SCÈNE

Le suspense est souvent associé à la peur, surtout dans les thrillers et dans les films d'horreur. Pourtant, le suspense peut ajouter à l'humour d'un texte ou d'un film, même dans les contes et films fantastiques. Qu'est-ce qui suscite le suspense? Et qu'est-ce qui fait peur? Comment se fait-il que la vie quotidienne et les personnages les plus «normaux» nous donnent la chair de poule (*are creepy; give goose-bumps*) comme le font si bien les monstres, les fantômes et les châteaux hantés?

1. **Qu'est-ce que le suspense?** Avec un ou deux autres étudiants, essayez de définir le mot «suspense» en complétant les phrases suivantes. Ensuite, comparez vos réponses.

   a. Quand je regarde un film à suspense, j'ai envie de…

   b. Quand je lis un roman plein de suspense, j'ai envie de…

   c. Le suspense m'angoisse parce que…

   d. Dans une scène de suspense, l'action se déroule parfois très vite, mais souvent, au contraire…

Vocabulaire utile

attendre	crier	le dénouement	faire frissonner
horrifier	surprendre	terrifier	tourner les pages

 2. **Les émotions du spectateur.** Pensez à un film qui vous plaît beaucoup et à un autre film que vous ne trouvez pas bien.

	un film qui me plaît TITRE:	un film que je n'aime pas TITRE:
Ce film me rend triste.		
Ce film m'angoisse.		
Ce film me fait rire.		
Ce film m'ennuie.		
Je me sens bien après avoir vu ce film.		
Je me sens déprimé/e après avoir vu ce film.		
Ce film me donne la chair de poule. (*This film gives me goose bumps; this film is creepy.*)		

3. Une scène de suspense. Quels sont les stéréotypes des scènes de suspense dans les romans et dans les films? Avec un ou deux autres étudiants, présentez la toile de fond (*the backdrop*) d'une scène de suspense en répondant aux questions suivantes. Écrivez des phrases complètes, puis comparez vos réponses à celles des autres groupes.

    a. Quelle heure est-il?

    b. Êtes-vous à l'intérieur d'une maison ou dehors?

    c. Qu'est-ce que vous êtes en train de faire?

    d. Quel temps fait-il?

    e. Qu'est-ce que vous voyez (ou ne voyez pas)?

    f. Qu'est-ce que vous entendez (ou n'entendez pas)?

4. Sondage. Répondez aux questions suivantes. Ensuite, votre professeur vous demandera de poser l'une de ces questions aux autres étudiants de la classe.

    a. Nommez un film que vous trouvez plein de suspense.

    b. Nommez un film qui vous faisait peur quand vous étiez petit/e— mais qui ne vous fait plus peur maintenant.

    c. Nommez un metteur en scène très connu pour ses films de suspense.

    d. Nommez un film plein de suspense, mais qui ne fait pas peur.

    e. Nommez un film d'épouvante (d'horreur) très violent.

    f. Nommez un film de science fiction devenu classique.

    g. Nommez un monstre que tout le monde connaît.

5. Qu'est-ce qui suscite la peur? Il y a des différences parfois nuancées entre les termes employés pour parler des films de suspense et des films qui font peur. À l'aide d'un dictionnaire, trouvez la définition de chacun des mots suivants dans la liste des définitions ci-dessous:

    • l'étrange   _____e_____

    • l'insolite   _____b_____

    • la violence   _____

    • la surprise   _____

    • le fantastique   _____

    • le surnaturel   _____

    • le suspense   _____

    • la cruauté   _____

a. Qui dépasse les forces ou les lois de la nature, et ne peut pas être expliqué par la nature (les fantômes, les maisons hantées, etc.).

b. Qui étonne par son caractère inaccoutumé, inhabituel, extraordinaire, bizarre.

c. Moment ou passage d'un récit ou d'un film qui tient (*keeps*) le lecteur ou l'auditoire dans l'attente angoissée de ce qui va se passer.

d. Action par laquelle on prend quelqu'un à l'improviste (*unexpectedly*).

e. Hors du commun, singulier, anormal; sens freudien: déformations des choses familières (objets inanimés qui bougent et qui parlent, dédoublement, par exemple).

f. Qui est créé par l'imagination; qui n'existe pas; extraordinaire; un genre littéraire qui traite l'extraordinaire, le surnaturel.

g. Qui veut faire souffrir les autres, ou prend plaisir à voir souffrir les autres.

h. Force brute, brutale.

 6. Discussion de groupe. Qu'est-ce qui vous fait peur dans les films que vous avez vus (surtout les films d'épouvante/d'horreur, les thrillers, les films de science fiction)? Trouvez des exemples de films illustrant au moins cinq des mots ci-dessous. Pensez aux personnages et à l'intrigue, ainsi qu'au côté visuel du film (décors, lumières, plans, prises de vue, mouvements de la caméra) et au son (musique, bruits, silence, etc.).

- l'insolite
- l'étrange
- le fantastique
- la violence
- le suspense
- le surnaturel
- la surprise
- les actes cruels/la cruauté

SÉANCES

Salle 1: *Betty Fisher et autres histoires.*
Claude Miller. France, Canada, 2001.

La publicité pour ce film dit: «Il y a des secrets qu'on n'a pas le droit de partager». Imaginez le rapport entre ces deux personnes. Quels secrets ont-elles?

Quand Betty revoit sa mère, Margot, rien ne semble avoir changé: sa mère est aussi égocentrique et folle qu'elle l'était pendant l'enfance de Betty. Margot ne s'intéresse pas aux problèmes de Betty et de son petit-fils. Pourtant, quand une tragédie frappe Betty, Margot répond par un acte à la fois tendre et fou. Ce film explore le rapport mère-enfant sous plusieurs angles: amour, rejet, responsabilité, libération. C'est l'histoire de trois mères dont les destins se croisent et se rejoignent comme les multiples pièces d'un puzzle...

Éclairages

Recherches préparatoires sur Internet

 Betty Fisher et autres histoires est basé sur un livre anglais. Consultez le site web pour en savoir plus sur cette adaptation.

Remue-méninges

La Fête des mères devient une fête officielle en 1941. *Mother's Day* est une fête officielle aux États-Unis depuis 1913.

En 1978, Christina, la fille de l'actrice américaine Joan Crawford, peint le portrait d'une mère monstrueuse dans son livre *Maman très chère*, adapté pour le cinéma en 1991.

1. Regardez ces deux photos, représentant deux images opposées du rapport mère-enfant. Qu'est-ce que chaque représentation suggère sur les caractéristiques d'une bonne et d'une mauvaise mère? Qui domine sur chaque image—les enfants ou la mère? Qui a l'air heureux? Qui a l'air seul? Qui a l'air arrogant ou cruel? Qui a l'air sympathique?

2. Pensez à quelques mères célèbres, réelles ou fictives. Quelles sont les qualités d'une bonne mère? Décrivez une mère idéale en vous inspirant du **Vocabulaire utile** et du **Glossaire du film**.

Vocabulaire utile

angoisser quelqu'un	tendre
compréhensif/ve	être angoissé/e ou calme
discret/ète	digne de confiance
(in)discret/ète	exigeant/e
généreux/se	intelligent/e
(mal)honnête	(im)patient/e
sage	sévère

3. Maintenant, identifiez la qualité que vous considérez la plus importante chez la mère idéale et expliquez pourquoi. Comparez votre réponse à celles des autres étudiants.

4. Connaissez-vous quelques films dans lesquels le rapport entre une mère et son enfant (ou ses enfants) est un sujet très important? Dans ces films, est-ce qu'il s'agit d'une «bonne» mère ou d'une «mauvaise» mère?

5. Maintenant, posez-vous la même question au sujet du rapport père–enfant. Voyez-vous des différences dans les caractéristiques d'un «bon» ou «mauvais» père par rapport aux mêmes caractéristiques chez une mère?

Anticipation

Première projection (avec le son, sans sous-titres). Lisez les questions suivantes. Ensuite, regardez la première séquence pour y répondre. Il n'est pas nécessaire de tout comprendre pour pouvoir répondre aux questions.

1. Pourquoi est-ce que la mère attaque la jeune fille?
   a. La fille avait frappé la mère.
   b. Il n'y a aucune raison évidente.
   c. La mère et la fille se disputent.

2. À l'aéroport, la jeune femme blonde rencontre une femme plus âgée qui est:
   a. une amie.
   b. la mère du petit garçon.
   c. sa propre mère.

3. Quelles actions, images, paroles vous aident à comprendre le rapport qui existe entre la femme blonde et la femme plus âgée?

Deuxième projection (avec le son, sans sous-titres). Maintenant, regardez la même séquence une fois de plus et vérifiez vos réponses au premier exercice. Ensuite, répondez aux questions suivantes.

1. Margot n'a pas vu Betty depuis combien de temps?

2. Est-ce que Betty habite en banlieue ou au centre de Paris? Pourquoi?

3. Qui est le père de Joseph?

4. Est-ce que Margot et Betty se parlent souvent? Comment le savez-vous?

5. Cette première séquence présente trois personnages principaux, sans tout expliquer sur eux. Formulez une question sur le passé ou sur l'avenir de ces personnages.

GLOSSAIRE DU FILM

Pour entendre les mots du glossaire, consultez le site web.

Voici quelques mots de vocabulaire qui vous aideront à comprendre le film, à en parler en classe et à écrire dans votre **Journal de bord**, tout en enrichissant votre lexique personnel. Avant de voir le film, lisez tout le vocabulaire. Soulignez les mots qui vous intéressent et cherchez à les entendre pendant le film.

Les personnages et leur vie

aggressif/ve: *agressive*
aigri/e: *embittered, bitter*
angoissé/e: *anxious, distressed*
un/e baby-sitter: *baby sitter*
une baffe: *slap, smack*
un bar: *bar*
un barman: *bartender*
un bleu: *bruise*
le chagrin: *grief*
le chantage: *blackmail*
un choc: *shock*
un/e chômeur/euse: *someone out of work, unemployed*
une cicatrice: *scar*
circonspect/e: *cautious*
un client: *client; guest in a restaurant or bar*
une cité: *housing project*
un coma: *coma*
un commissariat: *police station*
une crèche: *day-care center*
déséquilibré/e: *unbalanced mentally*
un détective: *detective*
la disparition: *disappearance or death*
la douleur: *pain (mental or physical)*
un écrivain: *writer*
égocentrique: *self-centered*
égoïste: *selfish*
l'enfance (f): *childhood*
un flic: *cop*
fou/folle: *crazy*
un gosse: *kid*
jaloux/se: *jealous*
un journaliste: *journalist*
un/e locataire: *tenant*
une maladie mentale: *mental illness*
un manque (de): *a lack (of)*

un médecin: *doctor*
une nurse: *nanny*
obsédé/e; être obsédé par quelque chose/quelqu'un: *obsessed; to be obsessed with something/someone*
un passeport: *passport*
un pistolet: *pistol*
un plan: *plan, scheme*
un plouc: *country bumpkin (pejorative)*
un portable: *cellphone*
un ravisseur: *kidnapper*
un/e romancier/ère: *novelist*
la salle des urgences: *the emergency room*
un/e serveur/euse: *waiter/waitress*
une sieste: *nap*
la stabilité: *stability*
un/e suspect/e: *suspect*
la tendresse: *tenderness*
violent/e: *violent*

Les actions

aller en boîte: *to go out clubbing, to go to a disco*
attaquer: *to attack*
bigler: *to check out a woman/man*
boiter: *to limp*
se croiser: *to run into each other or pass by one another unexpectedly*
demander pardon à quelqu'un: *to apologize to someone*
dénoncer quelqu'un à la police: *to turn someone in; to inform against someone*
draguer: *to try and pick up women/men*
s'enfuir de: *to run away from, flee from*
enlever: *to remove, take off (as in clothing); also: to kidnap*
faire chanter quelqu'un: *to blackmail someone*
flirter: *to flirt*

garder un enfant: *to take care of a child*
gueuler: *to scream at, bawl out*
kidnapper: *to kidnap*
s'inquiéter (de): *to worry (about)*
interroger: *to interrogate*
maltraiter: *to abuse (as in to beat, physically abuse someone)*
se méfier de: *to not trust, be suspicious of*
menacer: *to threaten*
pleurer la mort de: *to mourn the death of*
s'occuper de: *to take care of*
quitter son mari/sa femme: *to leave one's husband/wife*
soupçonner (que): *to suspect (that)*
taper: *to hit, beat*
tirer sur: *to shoot at*
tomber amoureux/se de: *to fall in love with*
trahir: *to betray*

traquer: *to stalk a person or an animal*
viser: *to aim*
voler à l'étalage: *to shoplift*

Expressions

Tu n'as pas la télé? *You don't have television? The definite article (la) is used here, as televison is conceptualized as a utility and a service, not an object. Compare: Tu n'as pas l'électricité? Tu n'as pas le chauffage? (heat)*
Il va faire dodo. *He's going to sleep. (expression used for children)*
Arrête de faire le clown! *Stop goofing around/acting silly!*
Il est décédé malgré tous nos efforts. *He died, he didn't make it despite all of our efforts.*

Pendant la projection

Mise au point

Pendant que vous regardez le film, prenez des notes sur tout ce qui vous intéresse. Faites surtout attention aux éléments suivants:

1. Le nom des personnages et leurs rapports les uns avec les autres.

2. Les changements de scène (les différents logements et les espaces publics).

3. Le son: comment est-ce que le son ou l'absence de son influence l'atmosphère de chaque scène?

4. Les moments de suspense. Les différences et les similarités entre ce film et d'autres films de suspense que vous connaissez.

5. Les mots et phrases que vous aimeriez apprendre.

6. Ce qui vous plaît et ce qui ne vous plaît pas dans le film.

Le langage du cinéma: Le son

Faites très attention au son dans les scènes suivantes. Pour chaque scène, indiquez la source du son (qui/qu'est-ce qui le fait), qui entend le son (les personnages? le public? les deux?), comment le son influence ou crée l'atmosphère.

a. Dans le train, pendant la première séquence.

b. Joseph au lit quand il entend le chant d'un oiseau.

c. La musique pendant que Betty écrit la lettre à sa mère vers la fin du film.

d. À l'aéroport à la fin (choisissez un moment, par exemple le contrôle des passeports, ou commentez toute la séquence).

Après la projection

Réflexion: Journal de bord

Le **Journal de bord** vous permet de réfléchir aux thèmes et aux idées du film et d'exprimer vos réactions personnelles. Vous pouvez aussi répondre aux questions suggérées dans les instructions.

1. Dans votre journal de bord, écrivez vos réactions face à ce film, aussi bien que des questions et commentaires. Indiquez quelles questions ou quels commentaires vous voulez mentionner en classe.

2. Notez quelle scène vous a le plus frappé du point de vue du suspense. À quel moment avez-vous eu le plus peur ou ressenti le plus d'anxiété? Pourquoi?

3. Quel personnage vous intéresse le plus? Pourquoi?

http://www

Liens culturels

Dans ce film, nous rencontrons plusieurs mères qui ne correspondent pas à l'image de la mère «idéale». Consultez le site web pour en savoir plus sur l'histoire de l'idéalisation du rôle de la mère.

Compréhension et réactions

1. Les personnages et leurs intentions. Indiquez si les phrases suivantes sont vraies ou fausses (V/F). Soyez prêt/e à expliquer votre réponse.

a. **V** **F** Margot, la mère de Betty, veut réparer les fautes qu'elle a faites pendant l'enfance de Betty.

b. **V** **F** Édouard est jaloux du succès de sa femme, Betty.

c. **V** **F** François est le père de José.

d. **V** **F** Jérôme, le médecin, s'intéresse à Betty parce qu'il a lu et apprécié son roman.

e. **V** **F** Carole aide Alex parce qu'elle est toujours très amoureuse de lui.

f. **V** **F** Carole, qui a été maltraitée par son père, maltraite son fils.

g. **V** **F** Milo réagit très violemment à la fin parce qu'il veut que Carole lui donne de l'argent.

h. **V** **F** José et Betty sont heureux à la fin du film.

 2. Le suspense. En groupes de deux ou trois, décrivez l'une des séquences suivantes de façon aussi détaillée que possible, tout en gardant le suspense. Ensuite, racontez votre séquence aux autres étudiants. Quelle histoire suscite le plus de suspense?

- à l'aéroport (au début du film)
- Betty, Margot et José à la maison
- la visite d'Édouard à Betty
- l'interrogation de François par la police
- Milo au bar
- à l'aéroport (le dénouement)

Approfondissons

1. Pourquoi Betty ne rend-elle pas tout de suite le petit garçon? Et une fois qu'elle a compris la vérité, pourquoi est-ce qu'elle ne le rend toujours pas?

2. Pourquoi est-ce que François achète un pistolet? Quelles sont ses intentions? Quelles sont celles de Milo? Qu'est-ce qui arrive?

3. Betty décide de s'isoler au début et à la fin du film. Les raisons de ce désir de solitude ou rejet de rapports familiaux sont-elles les mêmes au début et à la fin? Expliquez.

 4. Comparez vos notes sur le son dans les scènes indiquées dans la section **Pendant la projection**.

5. À quel(s) moment(s) est-ce que vous avez été choqué/e ou surpris/e pendant le film? Comparez vos réponses à celles des autres étudiants.

Discussion

1. Pour quelles raisons Margot enlève-t-elle José? Comment explique-t-elle cet acte? Et vous?

 2. Choisissez trois moments où il y a beaucoup de suspense. Qu'est-ce qui crée une atmosphère de suspense dans ces scènes? Examinez la lumière et le son aussi bien que les éléments de l'intrigue (ce que le public sait et que les personnages ne savent pas, par exemple).

3. Joseph et José ne disent presque rien. Quel est l'effet de ce silence? Comment connaissons-nous l'attitude de José envers Betty?

4. Éprouvez-vous de la sympathie pour Carole? Pour Alex? Pour Édouard? Pourquoi ou pourquoi pas? Expliquez quels faits influencent votre point de vue.

5. Trouvez-vous l'histoire d'Alex tragique ou comique? Pourquoi? Comparez votre réponse à celles des autres étudiants.

6. La coïncidence et le malentendu jouent un grand rôle dans ce film. Racontez l'histoire à travers une liste de coïncidences qui déclenchent (*trigger*) des actions et des réactions.

7. On pourrait voir dans ce film un commentaire sur l'amour maternel. Des trois mères, chacune a échoué dans son premier effort d'être une bonne mère. Mais chaque mère a des excuses assez convaincantes. Pour quelle mère éprouvez-vous le plus de sympathie? Expliquez.

8. François veut savoir qui est le vrai père (le père biologique) de José, bien que ce soit lui, François, qui aime José plus que les autres pères potentiels. Qui est la «vraie» mère de José, selon le film? Selon vous?

9. Margot dirait que José a de la chance de perdre sa mère biologique. Êtes-vous d'accord?

Analyse

1. On peut expliquer les actions de Margot en disant qu'elle souffre d'une maladie mentale (la porphyrie, comme cela est expliqué au début du film). Comment expliquez-vous les actions de Betty à propos de José?

2. Pensez-vous que ce film se concentre plus sur le rapport mère–enfant ou sur le rapport père–enfant? Choisissez le rapport qui vous intéresse le plus et expliquez son importance dans l'intrigue.

3. Comment est-ce que le rapport entre Margot et Betty change pendant le film? Mots clés: *peur, méfiance, gratitude.*

4. En quoi est-ce que cette histoire ressemble-t-elle à une fable? Imaginez une morale pour cette histoire.

5. Dès le début, la police soupçonne François Diembélé bien que d'autres suspects logiques (y compris la mère) existent. Pourquoi, selon les indications données dans le film?

6. Quelques critiques ont vu dans ce film un conflit entre les classes sociales à la fin duquel les riches triomphent. Êtes-vous d'accord? Voyez-vous un rapport entre la classe économique de chaque personnage et sa personnalité?

7. Au lieu d'essayer d'influencer le public du film avec la musique, le réalisateur utilise très peu de son extra-diégétique (de la musique, des bruits que les personnages n'entendent pas mais que le public entend). Quel est l'effet de ce minimum de bruit artificiel?

8. Au début du film, on voit Margot blesser Betty, et la cicatrice que cette attaque laisse sur la main de Betty. Comment est-ce que le film révèle que Betty a des blessures, des cicatrices, mentales aussi bien que physiques?

9. On pourrait dire que le message de ce film est que le hasard, les accidents, ou même le destin dirigent la vie. Quels faits dans la vie de Carole et de Betty, par exemple, prouvent ou réfutent cette théorie?

 ## Mise en scène

1. Croisements et conversations. Dans ce film, beaucoup de personnages se croisent, mais ne se parlent pas. Imaginez leur rencontre spontanée et présentez un jeu de rôle.

   a. Carole et Betty se rencontrent au centre commercial (sans enfants).

   b. La mère de Betty et la mère de Carole se rencontrent chez la coiffeuse.

   c. Betty et le détective se rencontrent à l'aéroport en prenant un café.

   d. François rencontre Betty au magasin de jouets.

2. La justice? Imaginez qu'un juge décide de la garde du petit José: Est-ce que c'est Carole, sa mère biologique, ou Betty, sa mère adoptive qui va le garder? Quelle est la décision la plus juste, et pourquoi?

- D'abord, faites deux listes: celle des raisons pour lesquelles José aurait une meilleure vie avec Carole; celle des raisons pour lesquelles José doit rester avec Betty.

- Ensuite, choisissez un ou deux juges.

- Une moitié de la classe doit soutenir le cas de Carole; l'autre moitié va parler pour Betty.

À l'écrit

Atelier. Le film est organisé selon l'histoire des personnages: il y a l'histoire de Betty, l'histoire de Joseph, l'histoire d'Alex et celle d'Édouard. Racontez l'histoire de Carole, de François ou de José, à la première personne et de son point de vue. Essayez d'exprimer les émotions et la personnalité de ce personnage à travers son histoire.

Exposition. Dans ce film, les actions de chaque personnage ont des conséquences parfois très graves. On peut même considérer certaines conséquences comme des punitions, provoquées délibérément ou comme par hasard. Qui est puni dans ce film? Ces punitions vous semblent-elles justes?

Analyse. La mère et le père sont parfois idéalisés, parfois condamnés dans les cultures populaires d'Europe et d'Amérique du Nord. Dans ce film, les quatre mères (Betty, Margot, Carole et la mère de Carole) ne sont ni idéales, ni tout à fait méchantes. Les pères (le père de Betty, de Joseph, de José, ainsi que François qui joue parfois le rôle du père) sont presque absents. Choisissez deux mères ou deux pères et analysez leur rôle, leur responsabilité et leur influence sur leur enfant.

Salle 2: *Harry, un ami qui vous veut du bien.*
Dominik Moll. France, 2000.

Voici Harry. A-t-il l'air d'être un bon ami? Pourquoi ou pourquoi pas?

Un homme généreux veut rendre service à un vieil ami et le libérer de tout souci. Pourtant, les méthodes d'Harry pour «aider» son ami se traduisent parfois par de bonnes actions, parfois par des actes bizarres et troublants… Et son ami ne sait pas comment réagir: devrait-il se taire et profiter des bienfaits d'Harry ou appeler la police?

Éclairages

Recherches préparatoires sur Internet

 Pour en savoir plus sur ce film et d'autres films à suspense français, consultez le site web.

Remue-méninges

 1. Imaginez que vous avez un/e ami/e que vous admirez mais qui n'a pas encore donné toute sa mesure (réalisé ses rêves, eu le succès qu'il/elle mérite) à cause d'un manque d'argent. Si vous étiez très riche, comment aideriez-vous cet/te ami/e pauvre? Dressez une liste de choses qui rendraient plus facile la vie de cette personne. Ensuite, proposez vos idées à un/e camarade de classe qui jouera le rôle de votre ami/e talentueux/se mais pauvre. Comment réagit-il/elle face à votre bonté?

 2. Dans quelle mesure les parents devraient-ils influencer leurs enfants adultes? Avec un partenaire, dressez la liste des conseils ou ingérences (*interference*) «acceptables» et d'ingérences «interdites» de la part des parents. Comparez vos résultats à ceux de vos camarades de class.

3. Parfois, ce qui fait peur, ce n'est ni les monstres, ni les fantômes, mais quelqu'un ou quelque chose qui fait partie de notre vie de tous les jours. Pensez à un film dans lequel quelqu'un ou quelque chose de «normal» fait peur. Pourquoi?

Anticipation

Première projection, première scène (sans sons ni sous-titres). Lisez les questions suivantes. Ensuite, regardez la première séquence pour y répondre. Il n'est pas nécessaire de tout comprendre pour pouvoir répondre aux questions.

1. Pendant quelle saison est-ce que les personnages voyagent? Comment le savez-vous? Notez au moins deux images ou actions qui indiquent le climat.

2. Quel rapport existe-t-il entre les personnages qui sont dans la voiture?

3. Choisissez les adjectifs appropriés pour décrire les personnages.

fatigué	effrayé	calme	peureux	content
tendu (*tense*)	ennuyé	joyeux	mal à l'aise	

4. En regardant les images de la voiture prises de l'extérieur, imaginez la destination des personnages.

Deuxième projection (avec le son, sans sous-titres). Maintenant, regardez la même séquence une fois de plus et vérifiez vos réponses au premier exercice.

Première projection, deuxième scène (avec le son, sans sous-titres). Lisez les questions suivantes. Ensuite, regardez la première séquence pour y répondre. Il n'est pas nécessaire de tout comprendre pour pouvoir répondre aux questions.

1. Les deux hommes qui se parlent dans les toilettes semblent être très différents, pourtant l'un d'entre eux insiste sur le fait qu'ils sont similaires. En quoi le sont-ils?

2. L'exposition. Pendant cette première scène, on apprend quelque chose sur la vie des personnages et sur la situation dans laquelle ils se trouvent.

   a. Avec un partenaire, décrivez les vêtements, les attitudes et les réactions de chaque personnage.

   b. Ensuite, choisissez les moments du dialogue qui vous semblent importants.

   c. Enfin, expliquez pourquoi Michel semble mal à l'aise.

 3. Anticipons: cette réunion inattendue, quelle suite d'événements va-t-elle déclencher? Avec un partenaire, imaginez ce qui va se passer dans la prochaine scène ou dans le reste du film.

GLOSSAIRE DU FILM

http://www **Pour entendre les mots du glossaire, consultez le site web.**

Voici quelques mots de vocabulaire qui vous aideront à comprendre le film, à en parler en classe et à écrire dans votre **Journal de bord,** tout en enrichissant votre lexique personnel. Avant de voir le film, lisez tout le vocabulaire. Soulignez les mots qui vous intéressent et cherchez à les entendre pendant le film.

Les personnages et leur vie

un/e complice: *accomplice*
un copain, une copine: *friend; girlfriend or boyfriend*
débordé/e: *to be swamped with work, in this context*
doux/douce: *mild (personality); sweet*
être en sueur: *to be sweaty*
un/e héritier/ère: *heir, heiress*
une idée fixe: *obsession*
louche: *shifty, shady, suspicious*
manipulateur/trice: *manipulative*
méfiant/e: *suspicious*
obsédé/e: *obsessed*
une obsession: *an obsession*
perturbé/e: *perturbed, upset*
peureux/se: *afraid*
reconnaissant/e: *grateful*
un service: *favor*

un souci: *worry*
soupçonneux/se: *suspicious*
un témoin: *witness*
la tension: *tension*
un vaurien: *a good-for-nothing (person)*
une victime (toujours féminin): *victim*

Les objets et les scènes

une cible: *target (literal or figurative)*
la chaleur (étouffante): *(suffocating) heat*
la clim = la climatisation: *air conditioning*
le coffre: *trunk of a car*
une maison de campagne: *country house*
un mobile: *motive*
un poignard: *dagger*
un portable: *cell phone*

un puits: *well*
un 4x4 (quatre-quatre): *four by four, SUV*
un singe: *monkey*

Les actions

admirer: *to admire*
assassiner: *to murder*
bricoler: *to fix up (a house); tinker with*
se chamailler: *to squabble, bicker*
combler (un puits): *to fill in (a well)*
commettre un crime: *to commit a crime*
commettre un meurtre: *to commit (a) murder*
connaître par cœur: *to know by heart*
craquer: *to snap, figuratively (as in, "When I heard, the news, I just snapped.")*
se débarrasser de: *to get rid of*
démarrer: *to start (a car)*
déranger: *to disturb, bother*
devenir fou: *to become crazy*
donner un coup de couteau à quelqu'un: *to stab someone*
s'énerver: *to get irritated*
engueuler quelqu'un: *to yell at someone*
espionner: *to spy on*
faire déraper quelqu'un: *make someone else skid (in a car)*
faire peur à quelqu'un: *to scare someone*
faire une bonne action: *an action, do a good deed*
flatter: *to flatter*
gêner: *embarrass, bother, put out*

ignorer = ne pas savoir: *to not know*
s'immiscer dans quelque chose: *to interfere in or with*
s'imposer: *to impose or force one's ideas or presence on someone*
jalouser: *to be jealous of*
manipuler: *to manipulate*
se méfier de: *to mistrust, distrust, be suspicious of*
se mêler de: *to meddle with (other people's business)*
mettre quelqu'un mal à l'aise: *to make someone uncomfortable*
mettre quelque chose en question: *to put something into question*
se (re)mettre à: *to start/restart doing something*
pleurnicher: *to whine, snivel*
poignarder: *to stab*
prendre une décision: *to make a decision*
présager: *to be a sign or omen of*
rater un virage (*a curve*): *to miss a curve (in the road)*
rendre un service à quelqu'un: *do someone a favor*
(se) transformer: *to transform (something, someone, oneself)*
tuer: *to kill*

Expressions

C'est dommage. *That's too bad.*
Ce n'est pas grave. *No problem; it's not a big deal.*
C'est gentil de ta part. *That's nice of you.*

Pendant la projection

Mise au point

Pendant que vous regardez le film, prenez des notes sur tout ce qui vous intéresse. Faites surtout attention aux éléments suivants:

1. Le nom des personnages, leurs rapports les uns avec les autres, et leur développement psychologique et émotionnel à travers le film. Qui change? Qui ne change pas? Les personnages sont les suivants: Michel Pape, Claire, Harold Richard Ballestero, Prune, les filles (Jeanne, Sarah, Iris), Eric (le frère de Michel) et les parents de Michel.

2. Les changements de scène (dans la maison de campagne, à l'hôtel, chez les parents de Michel, etc.).

3. Notez quels événements importants ont lieu la nuit.

4. Quelles situations, images, conversations et séquences suscitent le plus de suspense? Qu'est-ce qui fait peur dans ce film?

5. Quel moment/scène/image vous a fait le plus peur?

Le langage du cinéma: Le son

Faites attention à l'emploi du son diégétique (ce que les personnages entendent): une voiture qui passe, une porte qui claque, les voix des personnages, etc. Notez aussi le son extradiégétique (la musique qu'entend le spectateur, mais pas les personnages), aussi bien que le silence.

Quels sons et images suscitent le suspense? Quelle scène exploite le mieux le son, selon vous ?

Après la projection

Réflexion: Journal de bord

Le **Journal de bord** vous permet de réfléchir aux thèmes et aux idées du film et d'exprimer vos réactions personnelles. Vous pouvez aussi répondre aux questions suggérées dans les instructions.

1. Dans votre journal de bord, écrivez vos réactions face à ce film, aussi bien que des questions et commentaires. Indiquez quelles questions ou quels commentaires vous voulez mentionner en classe.

2. Écrivez un paragraphe sur le suspense de ce film. Qu'est-ce qui vous fait peur et qu'est-ce qui vous angoisse dans ce film? Comment est-ce que le son (la musique, le téléphone qui sonne, les pas dans les escaliers, les autres bruits) influence votre réaction?

3. Que pensez-vous du rapport entre Prune et Harry? Entre Claire et Michel?

4. En quelques mots, dites pourquoi ce film vous a plu ou déplu.

Liens culturels

Quand est-ce que la plupart des Français partent en vacances? Où vont-ils? Pour en savoir plus, consultez le site web.

Compréhension et réactions

1. Avez-vous compris? Choisissez la réponse qui vous semble juste. Soyez prêt/e à expliquer votre choix.

a. Au début du film, Claire et Michel

_____ passent un mauvais moment.

_____ ne s'aiment plus.

_____ sont très contents.

b. D'après le poème qu'Harry récite, «Le grand poignard en peau de nuit»,

_____ Michel n'est pas un écrivain de talent.

_____ Michel est un très bon écrivain.

_____ Michel est un criminel.

c. Harry a hérité une fortune de son père. Claire et Michel

_____ sont riches.

_____ sont pauvres.

_____ ne sont ni pauvres, ni riches.

d. Selon Harry, la vie de Michel est épouvantable. Selon vous,

_____ Michel n'a aucun problème.

_____ Harry exagère les problèmes de Michel.

_____ Michel a besoin de beaucoup d'aide.

e. La tension qu'il y a dans la famille de Michel (entre Michel et Claire, entre Michel et ses parents, entre ses parents) est

_____ insupportable (*unbearable*).

_____ assez normale.

_____ anormale.

f. Michel devient de moins en moins satisfait de sa vie

_____ parce qu'il n'aime plus sa famille.

_____ à cause de la mort de ses parents.

_____ à cause de l'influence d'Harry.

Approfondissons

1. Selon vous, pourquoi est-ce que Michel ne se souvient pas d'Harry au moment où ils se rencontrent dans les toilettes?

2. Claire et Eric trouvent le poème de Michel drôle et stupide. Et vous?

3. Claire se méfie plus d'Harry que Michel. Pourquoi Michel est-il plus ouvert à l'influence d'Harry?

 4. Dressez la liste des choses qu'Harry fait pour pousser Michel à écrire. Ensuite, décidez quelles choses aident Michel, et pour quelles choses Michel est (ou devrait être?) reconnaissant (*grateful*).

5. Pourquoi Michel et Claire ne soupçonnent-ils pas Harry d'actes violents?

Discussion

1. À quel moment du film avez-vous eu le plus peur? Pourquoi? Comparez vos réponses à celles des autres étudiants.

2. Pourquoi Harry est-il obsédé par Michel? Est-ce que le film donne une explication suffisante?

3. Est-ce que les «solutions» d'Harry améliorent la vie de famille de Michel? Pourquoi ou pourquoi pas?

4. La maison de Michel et Claire est très isolée. Dans quelle mesure est-ce que cette isolation contribue à l'atmosphère de suspense?

5. Regardez les notes que vous avez prises sur les personnages (**Mise au point, numéro 1**). Choisissez l'un des personnages et suivez l'évolution de sa personnalité pendant le film. Qui change le plus?

6. Harry et Michel sont tous les deux des personnages ambigus. Sont-ils plutôt sympathiques ou antipathiques? Explorez leurs rapports avec les autres personnages pour vous aider à tirer des conclusions.

7. Même dans la tension croissante de ce film, il existe des moments comiques. Choisissez deux moments amusants et commentez leur rapport au reste du film.

8. Imaginez le contenu de l'une des histoires que Michel écrit: «Les singes volants» ou «Les œufs».

9. Selon vous, pour quelle(s) raison(s) est-ce que Michel n'appelle pas la police à la fin?

Analyse

1. Harry est-il un vrai ami? D'abord, donnez votre définition d'un «vrai ami,» ensuite décidez si Harry correspond à cette image idéale.

2. Harry est le seul personnage d'origine étrangère dans le film. Selon vous, pourquoi Harry est-il espagnol plutôt que français? Quel effet son statut d'étranger a-t-il sur ce qui se passe?

3. Pourquoi est-ce qu'Harry veut séparer ou priver Michel de toute sa famille?

4. Selon les événements de ce film, la famille est-elle quelque chose qui réprime (*represses*) ou encourage la création? Et selon vous?

5. Avec un partenaire, dégagez quelques éléments «innocents» de la première moitié du film qui présagent ou annoncent les événements plus sinistres du reste du film. Ensuite, liez chaque élément «innocent» avec l'action qu'elle présage ou suggère. Par exemple, le titre du poème de Michel…

6. La devise (*motto*) d'Harry est: «Il n'y a pas de problème sans solution». Est-ce vrai dans ce film?

7. Beaucoup de scènes du film ont lieu dans la salle de bains. Pourquoi, selon vous?

8. Dans la dernière scène du film, la famille rentre, tranquille, dans le 4x4 climatisé et Michel semble content du manuscrit qu'il a écrit. Est-il possible que le crime ait apporté le bonheur à Michel? Soyez prêt/e à expliquer votre réponse!

Mise en scène

1. Une conversation. Imaginez une scène entre Prune et Harry ou entre Michel et Claire où ils parlent de leur rapport avec l'autre couple.

2. Un débat. À la fin du film, Michel doit choisir entre sa famille et l'aide d'Harry. Pensez-vous qu'il soit paralysé par la peur ou qu'il hésite vraiment, qu'il soit tenté? Dans chaque groupe de deux, une personne va soutenir que Michel hésite (et va expliquer les raisons pour lesquelles il aimerait se débarrasser de toute sa famille), l'autre personne va soutenir qu'il est simplement paralysé par la peur (et va expliquer les raisons pour lesquelles Michel n'est pas en faveur de la théorie d'Harry). Ensuite, le professeur va diviser la classe en deux pour laisser place à un débat.

À l'écrit

Atelier. Les lettres de dénonciation anonymes sont signées «Un ami qui vous veut du bien». Un exemple de lettre de dénonciation anonyme serait, «Cher Monsieur, saviez-vous que votre femme a un amant?» Écrivez une lettre de dénonciation que l'un des personnages pourrait écrire à un autre: de Michel à Prune, de Prune à Claire, ou de Claire à Prune.

Exposition. À la fin du film, Michel doit choisir entre sa famille et l'aide d' Harry. Il choisit sa famille. Et s'il avait choisi Harry? À votre avis, comment serait la vie de Michel s'il avait suivi tous les conseils d' Harry? Y aurait-il des avantages? Serait-il heureux? Considérez: le rapport entre Michel et les membres (qui restent!) de sa famille; son mode de vie; sa «carrière» d'écrivain.

Analyse. Pourquoi l'apparition d'un singe dans son rêve perturbe tant Michel? A-t-il peur de découvrir que la réalisation de son rêve d'adolescent entraînera nécessairement la destruction de sa vie familiale? Interprétez le rêve de Michel.

Salle 3: *Les yeux sans visage.*
Georges Franju. France, 1959.

Est-ce que cette image vous donne la chair de poule? Décrivez cette femme et la scène. Où est-elle? Pourquoi? Quel âge a-t-elle? A-t-elle l'air méchant? Étrange? Perdu? Menaçant? Vulnérable?

Le docteur Genessier se sent très coupable d'avoir involontairement défiguré sa fille dans un accident de voiture. Le visage de sa fille, Christiane, est complètement détruit. Comme son père fait des recherches sur les greffes (*grafts*) de peau, il essaie de recréer le visage perdu de sa fille—mais à quel prix? Un film d'horreur aussi poétique que macabre, *Les yeux sans visage* prolonge le suspense, suscite la peur, choque, et même émeut.

Éclairages

Recherches préparatoires sur Internet

http://www **Georges Franju est connu pour ses documentaires aussi bien que pour ses films dramatiques. Le genre «film d'horreur» est populaire en France. Consultez le site web pour découvrir des informations sur l'œuvre de Franju et sur les films français qui font peur.**

Remue-méninges

1. Quelles images, idées, associations sont suggérées par le titre, *Les yeux sans visage*?

2. Dressez la liste de cinq monstres littéraires et cinématographiques que vous connaissez.

3. Qu'est-ce qu'un monstre? Trouvez la définition qui correspond à chaque monstre que vous avez nommé dans numéro 2:

   a. un être, un animal fantastique

   b. un être vivant ou un organisme de forme ou de taille anormale

   c. une personne d'une laideur effrayante

   d. une personne effrayante par son caractère, son comportement, sa méchanceté

   e. une chose bizarre, incohérente, formée de parties disparates

4. Est-ce que le lecteur ou le spectateur s'identifie avec les monstres des livres et des films ou s'attendrit sur leur sort? Quels monstres? Pourquoi?

Anticipation

Première projection (sans son ni sous-titres). Lisez les questions suivantes. Ensuite, regardez la première séquence du film et prenez des notes, afin de pouvoir répondre aux questions qui suivent. Il n'est pas nécessaire de tout comprendre pour répondre aux questions. Servez-vous du vocabulaire du **Glossaire du film.**

1. Quels sons (à part la musique) anticipez-vous?

2. Selon vous, quel type de musique accompagnerait cette scène?

3. Comment est-ce que l'heure, le temps, et la saison contribuent à l'atmosphère?

4. Pourquoi est-ce que la femme regarde aussi souvent dans le rétroviseur (*rear-view mirror*)?

Deuxième projection (avec le son, sans sous-titres). Maintenant, regardez la même séquence avec le son, mais toujours sans sous-titres. Vérifiez vos réponses au premier exercice et répondez aux questions suivantes:

1. Est-ce que la musique fait peur? Expliquez.

2. Est-ce que l'absence de dialogue ajoute à la tension?

3. Pensez-vous que la femme qui conduit la voiture ait tué l'autre femme? Imaginez ce qui se passe dans cette séquence.

GLOSSAIRE DU FILM

Pour entendre les mots du glossaire, consultez le site web.

Voici quelques mots de vocabulaire qui vous aideront à comprendre le film, à en parler en classe et à écrire dans votre **Journal de bord**, tout en enrichissant votre lexique personnel. Avant de voir le film, lisez tout le vocabulaire. Soulignez les mots qui vous intéressent et cherchez à les entendre pendant le film.

Les personnages et leur vie

un aboiement: *bark, barking*

ambitieux/se: *ambitious*

avoir bonne/mauvaise mine: *to look good/to look unwell*

la banlieue: *the suburbs*

une cage: *cage*

un cauchemar: *nightmare*

un cimetière: *cemetary*

une clinique: *clinic*

un cobaye: *guinea pig (literal and figurative)*

un collier de perles: *pearl necklace*

un corps: *body*

désespéré/e: *despairing, hopeless*

la disparition: *death or disappearance, depending on context*

un échec: *failure, setback*

une expérience (scientifique): *scientific experiment*

un faire-part (de mariage, de décès): *marriage, death announcement*

une glace: *mirror*

une greffe (de la peau): *skin graft*

un inspecteur de police: *police detective*

un laboratoire: *laboratory*

un masque: *mask*

un miroir: *mirror*

une opération chirurgicale: *operation, surgery*

un pansement: *bandage, bandages*

peureux/se: *fearful*

une piqûre: *shot, injection*

une piste: *trail*

une plaie: *wound*

un rétroviseur: *rearview mirror*

une réussite: *success*

un savant: *scientist*

un scalpel: *scalpel*

serré/e: *tight, close-fitting (clothes)*

une urgence: *emergency*

un visage: *face*

Les actions

aboyer: *to bark*

avertir: *to warn*

avoir confiance en: *to trust someone or something*

composer un numéro: *to dial a number*

conduire/être au volant: *to drive*

couper: *to cut*

crier: *to scream*

se débarrasser de: *to get rid of*

défigurer: *to disfigure*

dévisager: *to stare at*

donner un coup de + arme blanche *[a blade]*: un coup de couteau, de scalpel: *to stab with a knife, a scalpel*

s'échapper: *to escape*

échouer: *to fail*

enlever: *to kidnap; to take off (e.g., enlever la peau)*

faire peur (à): *to be frightening; to frighten (someone)*

jeter: *to throw*

se jeter (par la fenêtre): *to throw oneself out the window*

lâcher les chiens: *to set the dogs on someone*

libérer: *to set free*

réfléchir: *to reflect , to think about, to ponder*

refléter: *to reflect (an image)*

réussir: *to succeed*

souffrir: *to suffer*

supplier quelqu'un de faire quelque chose: *to beg someone to do something*

terrifier: *to terrify*

tuer, se tuer: *to kill; to kill oneself*

(se) venger: *to take revenge*

Expressions

C'est raté. *It's a failure.*
Ne le perdez pas des yeux. *Don't take your eyes off him/it.*

Je peux vous déposer quelque part? *Can I give you a ride/lift somewhere?*

Pendant la projection

Mise au point

Pendant que vous regardez le film, prenez des notes sur tout ce qui vous intéresse. Faites surtout attention aux éléments suivants:

1. Le nom des personnages et leurs rapports les uns avec les autres.
2. Les images qui vous frappent, vous intéressent.
3. Le moment dans le film où vous avez eu le plus peur ou étiez le plus mal à l'aise.
4. Notez les moments où l'on voit les choses suivantes: les yeux en gros plan; les masques ou pansements; les chiens; les oiseaux.
5. Les différences et les similarités entre ce film et d'autres films de suspense ou d'horreur que vous connaissez.
6. Les mots et les expressions que vous aimeriez apprendre.
7. Ce qui vous plaît et ce qui ne vous plaît pas dans le film.

Le langage du cinéma: Le son

En regardant le film, faites attention à l'emploi du son diégétique (ce que les personnages entendent): les chiens qui aboient; le crissement du gravier sous les roues des voitures; les voix des personnages; le bruit des moteurs de voitures, d'avions, de trains, de métro. Faites attention aussi au son extradiégétique: la musique qu'entend le spectateur, mais pas les personnages.

Pour trois des scènes ou séquences suivantes (indiquées par votre professeur), notez dans quelle mesure le suspense se crée à travers le son.

scène/séquence	images	son
1. Le générique		
2. Louise dans la voiture		
3. Un coup de téléphone (au commissariat de police)		
4. La conférence du professeur Genessier		
5. Chez les inspecteurs		
6. Les rues de Paris		
7. Le cimetière		
8. La chambre de Christiane		
9. Christiane dans le salon/au téléphone		
10. L'arrivée d'Edna		
11. Christiane dans la salle d'opération		
12. La suite (après que Christiane a calmé les chiens)		
13. L'opération ****Attention! La scène de l'opération est dégoûtante. Fermez les yeux si vous voulez.****		
14. À table: l'opération—un succès!		
15. Une opération ratée		
16. Le dénouement		

Après la projection

Réflexion: Journal de bord

Le **Journal de bord** vous permet de réfléchir aux thèmes et aux idées du film et d'exprimer vos réactions personnelles. Vous pouvez aussi répondre aux questions suggérées dans les instructions.

1. Dans votre journal de bord, écrivez vos réactions face à ce film, aussi bien que des questions et commentaires. Indiquez quelles questions ou quels commentaires vous voulez mentionner en classe.

2. En quelques mots, dites pourquoi ce film vous a plu ou déplu.

3. À quel moment du film avez-vous eu le plus peur ou étiez-vous le plus mal à l'aise?

4. Avez-vous de la sympathie pour le père de Christiane? Pour Louise?

5. Faites attention aux différents effets et motifs visuels (miroirs, glaces, portraits) qui font référence au reflet. Dans quelles scènes figurent-ils? Leur présence est-elle explicite ou implicite? Est-ce qu'elle présage ou souligne des actions ou des idées?

> **http://www** **Liens culturels**
>
> **Connaissez-vous des savants français célèbres? Est-ce que la chirurgie esthétique est populaire en France? Consultez le site web pour en savoir plus.**

Compréhension et réactions

1. Avez-vous compris? Avec un ou deux étudiants, répondez aux questions suivantes. Ensuite, partagez vos réponses avec le reste de la classe.

   a. Le père de Christiane _____ sa fille.

      déteste   aime   témoigne de l'indifférence à

   b. Le père veut faire croire que Christiane est morte parce qu' _____

      il a honte d'elle.   elle veut se cacher.   il veut l'aider.

   c. Le père et Louise kidnappent de belles jeunes filles pour

      _____

      donner leur peau à Christiane.   les protéger d'une opération. les mettre en cage avec les chiens.

   d. Le fiancé de Christiane _____

      sort avec Edna.   veut retrouver Christiane.   a oublié Christiane.

   e. Juste avant la dernière opération, Christiane _____ (les) crimes de son père.

      ignore   se révolte contre   est complice des

   f. À la fin, Christiane et les chiens _____ .

      meurent   se vengent   tuent Edna

Approfondissons

1. Pourquoi Louise porte-t-elle un collier de perles?

2. Le docteur Genissier dit qu'il veut donner un nouveau visage et une nouvelle identité à sa fille. Pensez-vous qu'il ait d'autres mobiles (*motives*)? Expliquez.

3. Christiane est choquée quand elle voit le faire-part de sa propre mort. Pourquoi?

4. À qui est-ce que Christiane téléphone? Pourquoi est-ce qu'elle ne dit presque rien?

5. Comparez vos notes sur le suspense dans les scènes indiquées dans la section **Pendant la projection**, **Le son**.

Discussion

1. L'identité de Louise n'est pas très claire. Imaginez qui est Louise. Quel est son rapport avec le docteur et sa fille? Y a-t-il plusieurs réponses possibles?

2. Qui est le monstre dans ce film? Regardez les définitions de la section **Remue-méninges, numéro 2 et numéro 3,** pour vous aider, et expliquez votre réponse.

3. Est-ce que Christiane est reconnaissante (*grateful*) envers son père? Pourquoi ou pourquoi pas ?

4. Christine est isolée dans une grande maison qui est elle-même isolée en banlieue. Dans quelle mesure cet isolement ajoute-t-il au suspense?

5. D'après la police, le mystère de la disparition des filles aux yeux bleus reste sans réponse. Comparez cette conception d'une police peu efficace à la représentation de la police dans un autre film de suspense ou d'horreur que vous connaissez.

6. Comparez le visage, les yeux et le comportement de Christiane masquée et démasquée.

7. Est-ce que le dénouement du film est heureux ou malheureux d'après vous? Pourquoi?

8. Comparez vos notes sur le motif du miroir dans le film.

Analyse

1. Peut-on imaginer l'avenir de Christiane? Y a-t-il une interprétation «poétique» du dénouement, comme le disent plusieurs critiques?

2. Quand est-ce que les oiseaux et les chiens figurent dans le film? Avec qui sont-ils identifiés? Qu'est-ce que ces animaux symbolisent?

3. À plusieurs moments, il est clair que Louise a peur et qu'elle ne veut pas aider le docteur. Pourquoi, selon vous, est-ce qu'elle continue à suivre ses ordres?

4. De nombreux personnages de ce film portent un masque ou un pansement. Le masque de Christiane, par exemple, est beau. Pourquoi son visage masqué est-il donc si troublant?

5. Comparez les gros plans sur les yeux de Christiane aux gros plans sur les yeux des autres personnages (pendant les opérations par exemple). Qu'est-ce que ces gros plans révèlent? Cachent?

6. Christiane est le seul personnage qui porte des vêtements larges et flottants; tous les autres personnages portent des vêtements très serrés. Quelle est l'importance symbolique de ce détail?

7. Comparez ce film à un autre film (français ou américain) dans lequel le personnage principal porte un masque. Est-ce que le masque a la même fonction dans les deux films? Pourquoi ou pourquoi pas?

Mise en scène

Avec deux ou trois camarades de classe, vous allez créer la première scène d'un film d'horreur. Cette scène doit contenir au moins trois des éléments suivants: un masque; un animal; un monstre; une maison isolée; un laboratoire; une porte fermée à clé (*locked*); une voiture en panne.

Première étape: Choisissez un titre pour votre film d'horreur.

Deuxième étape: Ecrivez un dialogue dans lequel les personnages font référence à aux moins trois des éléments ci-dessus.

Troisième étape: Imaginez le son (les bruits, la musique) qui accompagnerait le dialogue.

Quatrième étape: Jouez la scène devant la classe; un/e étudiant/e sera la bande sonore.

À l'écrit

Atelier Après la mort de Louise, les inspecteurs trouvent son journal intime, dans lequel elle révèle d'où elle vient, comment elle a rencontré le docteur Genessier, et la raison pour laquelle elle a dû se faire opérer. Écrivez deux à quatre passages importants de ce journal, et n'oubliez pas de prolonger le suspense.

Exposition Comment le motif du miroir renforce-t-il les idées et l'action du récit? Notez les différents effets et motifs visuels (miroirs, glaces, portraits) qui font référence au reflet. Dans quelles scènes figurent-ils? Leur présence est-elle explicite ou implicite? Est-ce qu'elle présage ou souligne des actions ou des idées?

Analyse Comparez ce film à un autre film (français ou américain) dans lequel le personnage principal porte un masque. Est-ce que le masque a la même fonction dans les deux films? Pourquoi ou pourquoi pas?

LECTURES

Lecture 1: *«La cafetière».*
Théophile Gautier. France, 1831.

Francois Boucher (1703–1770), «Madame de Pompadour» Paper on canvas, 60 × 45.5 cm. Louvre, Paris. © Erich Lessing/Art Resource, NY.

Imaginez que vous passez la nuit dans un hotel et que ce portrait se trouve dans votre chambre. Avez-vous peur? Pourquoi ou pourquoi pas?

Théophile Gautier (1811–1872) est l'auteur de contes, de poèmes, des romans *Mademoiselle de Maupin* et *Le Roman de la momie*, et de critiques d'art. Dans ses contes fantastiques, Gautier représente souvent la confusion du rêve avec la réalité, le dédoublement, le vampirisme, et la résurrection d'une belle femme morte. *La cafetière* est son premier conte fantastique, qu'il publie à l'âge de 20 ans.

Stratégies de lecture

Activez vos connaissances

1. Une cafetière est un ustensile qui permet de préparer le café, ou un récipient qui permet de servir le café. Imaginez la façon dont une cafetière pourrait figurer dans un conte fantastique ou un conte de fées, écrit ou filmique.

2. Comme nous l'avons vu dans **Avant scène 3**, le fantastique est un genre littéraire qui traite de l'extraordinaire et du surnaturel (les monstres, les fantômes). Dans un conte fantastique, le surnaturel entre dans le réel, dans la vie de tous les jours. Ce genre de texte (ou film) cherche à susciter non seulement la peur mais aussi l'hésitation chez le lecteur, qui doit décider si, selon les événements de l'histoire, il s'agit du surnaturel ou d'un rêve, des divagations (arguments sans logique) d'une personne folle, ou d'une mauvaise interprétation des événements. Connaissez-vous des textes ou films de ce genre?

 3. Peut-on toujours avoir confiance en la personne (réelle ou fictive) qui raconte une histoire? Imaginez plusieurs raisons pour lesquelles les informations données par une narratrice/un narrateur pourraient être fausses.

4. Dans beaucoup de contes fantastiques et de films sur le surnaturel, l'action se passe dans une vieille maison. Pourquoi est-ce que les vieilles maisons suscitent le suspense et font peur?

Vocabulaire utile

des bruits anormaux   des marches, des portes qui grincent
des portes secrètes   des pièces isolées
des meubles couverts de draps blancs
des portraits, des sculptures, des statuettes qui bougent
des problèmes avec la lumière (les bougies, l'électricité manquent)
des histoires selon lesquelles la maison est hantée par un fantôme

5. Pensez à deux ou trois films/textes où il y a des fantômes. Pour quelles raisons les fantômes hantent-ils certains endroits dans ces textes et films?

6. L'action de cette histoire se passe en Normandie. Où se trouve cette région? Trouvez les noms de quelques villes de Normandie, et renseignez-vous sur le climat de la région.

Anticipez le contenu

1. Lisez les questions et les réponses proposées. Ensuite, parcourez (skim) les quatre premiers paragraphes de l'histoire pour trouver les réponses correctes.

   a. Qui raconte l'histoire?

   • Un narrateur omniscient (et qui n'est pas un personnage) à la troisième personne.

   • Un personnage masculin, à la première personne.

   • Un narrateur collectif, représentant un groupe d'amis.

b. L'histoire se passe

- dans une grande ville.
- à la campagne.
- dans la banlieue de Paris.

c. Quel temps fait-il au début ?

- Il neige et il fait du vent.
- Il fait beau et il est sept heures du matin.
- Il pleut et il fait nuit.

d. Quand les invités arrivent à la maison, ils

- sont très fatigués.
- sont pleins d'enthousiasme.
- ont peur.

e. La chambre où le narrateur va dormir

- est décorée dans un style contemporain (1831).
- est pleine de vieux objets et de vieilles décorations.
- ressemble à une chambre grecque.

2. Maintenant, lisez les cinq phrases correctes de l'exercice numéro 1, l'une après l'autre. Est-ce que cette «introduction» vous rappelle le début des textes ou des films que vous connaissez? Lesquels?

3. Dans la plupart des textes littéraires, on rencontre le *passé simple*, un temps littéraire qui est souvent l'équivalent du *passé composé*. On peut reconnaître assez facilement les verbes au *passé simple*, parce qu'on y retrouve leur participe passé:

présent:	Il **met** la vidéo sur la table.
passé composé:	Il **a mis** la vidéo sur la table.
passé simple :	Il **mit** la vidéo sur la table.

Quelques verbes sont moins faciles à reconnaître à première vue:

Il **a vu** un bon film.	Il **vit** un bon film.
Il **a été** heureux.	Il **fut** heureux.
Il **a fait** ses devoirs.	Il **fit** ses devoirs.

Quel est l'infinitif des verbes suivants au passé simple?

- L'année dernière, je **fus** invité à passer quelques semaines en Normandie.
- Nous **arrivâmes** à notre destination très tard.
- Je me **déshabillai** promptement, je me **couchai**, et je **fermai** bientôt les yeux.
- La pendule **sonna** onze heures.
- Les bougies **s'allumèrent** toutes seules.
- Je ne **pus** m'empêcher de rire.

Pour mieux lire

Notez les mots suivants, que vous allez revoir dans le texte ci-dessous. Il est difficile de les comprendre sans contexte. Mais ne les cherchez pas dans le dictionnaire tout de suite. Essayez plutôt d'en deviner le sens quand vous les rencontrerez dans le contexte de votre lecture.

1. **un somme:** …Le domestique, déposant son bougeoir sur la table de nuit, m'[a] souhaité un bon **somme**…

2. **une frayeur:** …Pour en finir avec ces sottes **frayeurs**, je fermai bientôt les yeux…

3. **une tapisserie:** …On pouvait sans peine distinguer les personnages de la **tapisserie**…

4. **la cheminée:** Les fauteuils…vinrent se ranger autour de la **cheminée**.

Lecture attentive

1. **L'effet du réel.** Dressez la liste des détails qui rendent l'histoire plus vraisemblable (*believable*). Par exemple, le narrateur donne le nom de ses amis… Pourquoi est-ce que l'auteur a choisi de mettre l'emphase sur les événements normaux au début de l'histoire?

2. Lisez les deux premiers paragraphes à haute voix: soyez très expressif/ve! Imaginez le ton de la voix du narrateur.

3. Dans quel paragraphe est-ce que le ton de la narration change? Soulignez les mots qui indiquent un changement chez le narrateur.

4. Lisez de près les paragraphes 6 à 7. Quelles caractéristiques de la chambre est-ce que le narrateur trouve surprenantes? Pourquoi?

5. Lisez attentivement les paragraphes 5 à 10. Donnez trois raisons pour lesquelles le narrateur se sent tout bizarre dans la chambre.

La cafetière: Première partie

an artist's studio
domaine, propriété

L'année dernière, je fus invité, ainsi que deux de mes camarades d'atelier,° Arrigo Cohic et Pedrino Borgnioli, à passer quelques jours dans une terre° au fond de la Normandie.

Le temps, qui, à notre départ, promettait d'être superbe, s'avisa de
5 changer tout à coup, et il tomba tant de pluie, que les chemins creux où nous marchions étaient comme le lit d'un torrent.

mud, mire
soles

Nous enfoncions dans la bourbe° jusqu'aux genoux, une couche épaisse de terre grasse s'était attachée aux semelles° de nos bottes, et par sa pesanteur ralentissait tellement nos pas, que nous n'arrivâmes au
10 lieu de notre destination qu'une heure après le coucher du soleil.

exhausted (harasser ≠ harceler: *to harass*)
Voyez l'explication dans **Forme et fond**
yawns

Nous étions harassés°; aussi,° notre hôte, voyant les efforts que nous faisions pour comprimer nos bâillements° et tenir les yeux ouverts, aussitôt que nous eûmes soupé, nous fit conduire chacun dans notre chambre.

La mienne était vaste; je sentis, en y entrant, comme un frisson° de
15 fièvre, car il me sembla que j'entrais dans un monde nouveau.   *a shiver*

En effet, l'on aurait pu se croire au temps de la Régence,° à voir les   *époque (1715–1723) dont le style*
dessus de porte de Boucher° représentant les quatre Saisons, les meubles   *est souple, gracieux, raffiné;*
surchargés d'ornements de rocaille du plus mauvais goût, et les trumeaux   *peintre de scènes amoureuses*
des glaces sculptés lourdement.   *et mythiques*

20 Rien n'était dérangé. La toilette° couverte de boîtes à peignes, de   *a dressing table*
houppes à poudrer, paraissait avoir servi la veille. Deux ou trois robes de
couleurs changeantes, un éventail semé de paillettes d'argent,° jonchaient   *a fan covered in silver sequins*
le parquet bien ciré et, à mon grand étonnement, une tabatière d'écaille
ouverte sur la cheminée était pleine de tabac encore frais.

25 Je ne remarquai ces choses qu'après que le domestique, déposant son
bougeoir° sur la table de nuit, m'eut souhaité un bon somme, et, je   *candleholder*
l'avoue, je commençai à trembler comme la feuille. Je me déshabillai
promptement, je me couchai, et, pour en finir avec ces sottes° frayeurs, je   *stupides*
fermai bientôt les yeux en me tournant du côté de la muraille.

30 Mais il me fut impossible de rester dans cette position: le lit s'agitait°   *to move about*
sous moi comme une vague, mes paupières se retiraient violemment en
arrière. Force me fut° de me retourner et de voir.   *il m'était nécessaire*

Le feu qui flambait jetait des reflets rougeâtres dans l'appartement,
de sorte qu'on pouvait sans peine distinguer les personnages de la tapis-
35 serie et les figures des portraits enfumés pendus à la muraille.

C'étaient les aïeux° de notre hôte, des chevaliers bardés de fer, des   *ancestors*
conseillers en perruque, et de belles dames au visage fardé et aux
cheveux poudrés à blanc, tenant une rose à la main.

Tout à coup le feu prit un étrange degré d'activité; une lueur blafarde°   *a pale glow*
40 illumina la chambre, et je vis clairement que ce que j'avais pris pour de
vaines peintures était la réalité; car les prunelles° de ces êtres encadrés   *archaic: eye*
remuaient, scintillaient d'une façon singulière; leurs lèvres s'ouvraient et
se fermaient comme des lèvres de gens qui parlent, mais je n'entendais
rien que le tic-tac de la pendule° et le sifflement de la bise d'automne.   *clock*

45 Une terreur insurmontable s'empara de moi, mes cheveux se héris-
sèrent sur mon front, mes dents s'entre-choquèrent à se briser, une sueur
froide inonda tout mon corps.

La pendule sonna onze heures. Le vibrement du dernier coup retentit
longtemps et, lorsqu'il fut éteint tout à fait...
50 Oh! non, je n'ose pas dire ce qui arriva, personne ne me croirait, et
l'on me prendrait pour un fou.

Les bougies s'allumèrent toutes seules; le soufflet,° sans qu'aucun   *bellows (used to make fire in*
être visible lui imprimât le mouvement, se prit à souffler le feu, en râlant   *fireplace hotter)*
comme un vieillard asthmatique, pendant que les pincettes fourgonnaient
55 dans les tisons et que la pelle, relevait les cendres.

Ensuite une cafetière se jeta en bas d'une table où elle était posée, et
se dirigea, clopin-clopant, vers le foyer,° où elle se plaça entre les tisons.   *hearth, fireplace*

Quelques instants après, les fauteuils commencèrent à s'ébranler, et,
agitant leurs pieds tortillés d'une manière surprenante, vinrent se ranger
60 autour de la cheminée.

Après la lecture

Compréhension et réactions

1. Lisez les phrases suivantes et choisissez le mot qui complète chaque phrase de manière logique selon les événements de l'histoire.

pendule	écrivain	soufflet	bougie	femme	tapisserie
homme	cafetière	artiste	hôte	musicien	

    a. D'après le décor de la chambre et les vêtements qui s'y trouvent, il est clair que c'est une chambre de_____.

    b. La profession du narrateur est_____, c'est l'une des raisons pour lesquelles il est très sensible au (*sensitive to*) décor de la chambre.

    c. Au moment où il a ouvert les yeux, le narrateur s'est rendu compte que les personnages des _____ et des portraits se regardaient et se parlaient.

    d. Quand ils sont près du foyer, la _____et les fauteuils ne font pas attention au narrateur.

2. Est-ce que les événements surnaturels qui fascinent le narrateur vous font peur? Pourquoi ou pourquoi pas? Comparez votre réponse à celles des autres étudiants.

Discussion

 1. L'histoire commence tout à fait normalement, les événements étranges n'apparaissant que plus tard. Comment est-ce que chaque paragraphe présage (*foreshadows*) et nous rapproche de ces événements bizarres? Faites le résumé très bref des informations de chaque paragraphe qui contribuent au suspense.

P1: Ce paragraphe situe l'histoire: l'action se passe un an plus tôt (par rapport au moment où le narrateur raconte l'histoire), pendant un voyage en Normandie. Il n'y a pas beaucoup de suspense, pourtant, nous savons que le narrateur n'est pas chez lui. Plus tard, il dira que la chambre est comme «un monde nouveau».

P2:   P4–7:

P3:   P8–12:

2. Il se peut que la chambre soit hantée...ou pas. Notez quatre événements surnaturels qui se produisent pendant la nuit, selon le narrateur.

3. Si la chambre n'est pas hantée, trouvez deux autres explications possibles pour les expériences du narrateur, et soulignez les endroits où ces explications sont suggérées dans le texte.

4. Qu'est-ce que vous voulez savoir sur la suite de l'histoire? Formulez trois questions. Comparez vos questions à celles de vos camarades de classe.

Forme et fond

1. Si une cafetière est un récipient employé pour servir le café, qu'est-ce qu'on emploie pour servir les produits suivants?

le thé   les bonbons   le poivre   le tabac

2. À la ligne 11 «Nous étions harassés [fatigués]; aussi, notre hôte, voyant les efforts que nous faisions pour comprimer nos bâillements et tenir les yeux ouverts, aussitôt que nous eûmes soupé, nous fit conduire chacun dans notre chambre,» le mot «aussi» ne veut pas dire *also*. Quel est le sens du mot dans ce contexte?

3. Relisez le paragraphe six, dans lequel le narrateur décrit la chambre démodée (*out of style, old fashioned*) où il va coucher. Même si vous ne comprenez pas tous les mots («trumeaux», «rocaille») ou les références historiques et culturelles (La Régence, Boucher) comment savez-vous qu'il s'agit d'une chambre trop ornée? Indiquez des mots précis.

 Expansion

1. Qu'est-ce qui se passe après? Avec deux ou trois étudiants, écrivez la suite de l'histoire. Ensuite, lisez ou racontez votre texte à haute voix et comparez-le à ceux des autres étudiants.

2. François Boucher a-t-il réellement peint des tableaux représentant les quatre saisons? Si oui, où se trouvent-t-ils? Cherchez des reproductions des tableaux de Boucher (dans des livres d'art ou sur Internet). Quelle sorte d'atmosphère règne dans ces tableaux? Soyez prêt/e à montrer l'une de ces images en classe.

Lecture 2: Interview avec François Truffaut et Alfred Hitchcock. France, 1967.

Savez-vous lequel de ces hommes est Hitchcock et lequel est Truffaut?

© Éditions GALLIMARD

© Éditions GALLIMARD

Dans cette célèbre interview, le jeune cinéaste François Truffaut demande au vieux maître du suspense Alfred Hitchcock d'expliquer ce qu'est le suspense.

Hitchcock commence sa carrière dans le cinéma en 1919, en dessinant et rédigeant les intertitres de films muets. Il tourne son premier film (*The Pleasure Garden*) en 1925. Hitchcock réalise plus de cinquante films, parmi lesquels *Psycho*, *Rear Window*, et *The Birds*. Il crée aussi la série télévisée *Alfred Hitchcock Presents* (1955–1962).

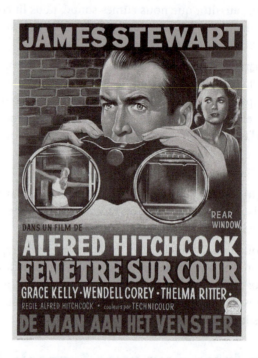

François Truffaut commence sa carrière comme critique de film. Devenu metteur en scène, il tourne plus de trente longs métrages (*feature films*). C'est Truffaut qui est «le père» du mouvement filmique la Nouvelle Vague (*New Wave*). Les cinéastes de ce mouvement (François Truffaut, Claude Chabrol, Jean-Luc Godard, Eric Rohmer) réagissent contre le cinéma narratif traditionnel. Ils essaient de faire des films originaux et personnels dans lesquels le réalisateur est, comme Hitchcock, «l'auteur» de son œuvre.

Stratégies de lecture

Activez vos connaissances

1. Le suspense dans les titres. Voici les titres de films très connus de Truffaut. Mettez les titres dans l'ordre (de 1 à 7) selon le niveau de suspense que ces titres susciteraient, d'après vous, chez un lecteur qui n'aurait pas encore vu les films. 1 = peu de suspense; 7 = beaucoup de suspense.

_____ *Tirez sur le pianiste* (*Shoot the Piano Player*)

_____ *La Mariée était en noir*

_____*L'Enfant sauvage*

_____*L'Homme qui aimait les femmes*

_____*L'Argent de poche*

_____*Le Dernier métro*

_____*L'Histoire d'Adèle H.*

2. Devinez le titre anglais de ces films d'Hitchcock. Quels titres suscitent le plus de suspense en anglais? Et en français?

_____ *Les Oiseaux*   a. *The Man Who Knew Too Much*

_____ *La Corde*   b. *The Birds*

_____ *L'Homme qui en savait trop*   c. *Marnie*

_____ *Mais qui a tué Harry?*   d. *Psycho*

_____ *Psychose*   e. *Rear Window*

_____ *Soupçons*   f. *Rope*

_____ *Fenêtre sur cour*   g. *Strangers on a Train*

_____ *Pas de printemps pour Marnie*   h. *Suspicion*

_____ *L'Inconnu du Nord-Express*   j. *The Trouble with Harry*

 ## Anticipez le contenu

1. Qui est Alfred Hitchcock? De quelle nationalité est-il? Dans quel pays a-t-il tourné la plupart de ses films?

2. Dans cet entretien, Hitchcock parle du suspense, de la surprise et des «*whodunit*» (un mystère dans lequel quelqu'un est tué au début et où le personnage principal découvre qui l'a fait, à la Sherlock Holmes ou à la Hercule Poirot).

Voici quelques extraits des commentaires d'Hitchcock. Pour chaque extrait, décidez s'il parle du suspense, de la surprise ou des *whodunit*.

a. Il est indispensable que le public soit parfaitement informé des éléments présents.

b. Il y a une espèce d'interrogation intellectuelle.

c. Les émotions sont un ingrédient nécessaire.

d. C'est la peur, la crainte pour quelqu'un; et cette peur dépend de l'intensité avec laquelle le public s'identifie avec la personne en danger.

e. Le public participe à la scène. Il a envie de dire aux personnages «Vous ne devriez pas raconter des choses banales, il y a une bombe sous la table, et elle va bientôt exploser».

f. L'inattendu de la conclusion constitue le sel de l'anecdote.

g. Vous attendez tranquillement la réponse à la question [...] Aucune émotion.

Pour mieux lire

Notez les mots suivants, que vous allez revoir dans le texte ci-dessous. Il est difficile de les comprendre sans contexte. Mais ne les cherchez pas dans le dictionnaire. Essayez plutôt d'en deviner le sens quand vous les rencontrerez dans le contexte de votre lecture.

1. confondre: Vous avez souvent expliqué dans vos interviews qu'il ne faut pas **confondre** surprise et suspense.

2. dépourvu/e: Le whodunit suscite une curiosité **dépourvue** d'émotion.

3. donné/e: Dans la situation classique de la bombe qui explosera à une heure **donnée**…

Lecture attentive

1. Avant de chercher les mots que vous ne comprenez pas, regardez la section **Pour mieux lire.** Pouvez-vous deviner le sens de ces mots?

2. Citez trois points importants de l'article. Est-ce que vous comprenez le sens général de l'article?

3. Ensuite, relisez l'article en consultant un dictionnaire. Est-ce qu'il vous faut chercher tous les mots que vous avez soulignés? Pourquoi ou pourquoi pas?

Interview avec François Truffaut et Alfred Hitchcock

misunderstandings

François Truffaut: Il y a beaucoup de malentendus° autour du mot suspense. Vous avez souvent expliqué dans vos interviews qu'il ne faut pas confondre surprise et suspense et nous y reviendrons, mais bien des gens croient qu'il y a suspense
5 quand il y a un effet de peur….

Alfred Hitchcock: Dans la forme ordinaire du suspense, il est indispensable que le public soit parfaitement informé des éléments présents. Sinon, il n'y a pas de suspense.

François Truffaut: Sans doute, mais il peut y en avoir à propos
10 d'un danger mystérieux tout de même?

AH: N'oubliez pas que le mystère pour moi est rarement un suspense. Par exemple, dans un *whodunit*, il n'y a pas de suspense mais une espèce d'interrogation intellectuelle. Le *whodunit* suscite une curiosité dépourvue d'émotion; or les

15 émotions sont un ingrédient nécessaire au suspense.[...] Dans la situation classique de la bombe qui explosera à une heure donnée, c'est la peur, la crainte pour quelqu'un, et cette peur dépend de l'intensité que met le public à s'identifier avec la personne en danger. [...]

20 **FT:** Je voudrais vous demander de préciser maintenant la différenciation qu'il faut faire entre suspense et surprise.

AH: La différence entre le suspense et la surprise est très simple, et j'en parle très souvent. Pourtant, il y a fréquemment une confusion, dans les films, entre les deux notions. Nous sommes
25 en train de parler, il y a peut-être une bombe sous cette table et notre conversation est très ordinaire, il ne se passe rien de spécial, et tout d'un coup, *boum*, explosion. Le public est surpris, mais avant qu'il ne l'ait été, on lui a montré une scène absolument ordinaire, dénuée° d'intérêt. Maintenant, examinons le   *lacking, devoid of*
30 suspense. La bombe est sous la table et le public le sait, probablement parce qu'il a vu l'anarchiste la déposer. Le public sait que la bombe explosera à une heure et il sait qu'il est une heure moins le quart—il y a une horloge dans le décor; la même conversation anodine° devient tout à coup très intéressante parce   *bland, insignificant*
35 que le public participe à la scène. Il a envie de dire aux personnages «Vous ne devriez pas raconter des choses banales, il y a une bombe sous la table, et elle va bientôt exploser.» Dans le premier cas, on a offert au public quinze secondes de surprise au moment de l'explosion. Dans le deuxième cas, nous lui
40 offrons quinze minutes de suspense. La conclusion de cela est qu'il faut informer chaque fois qu'on le peut, sauf quant la surprise est un twist, c'est-à-dire, lorsque l'inattendu de la conclusion constitue le sel de l'anecdote.° [...]   *what gives the anecdote spice, wit*
C'est pourquoi je n'aime pas les *whodunits*; cela fait penser à un
45 puzzle ou à une grille de mots croisés. Vous attendez tranquillement la réponse à la question: qui a tué°? Aucune émotion.   *to kill*

Hitchcock/Truffaut ©Éditions GALLIMARD

Après la lecture

Compréhension et réactions

1. Selon Hitchcock, est-ce que les mystères contiennent beaucoup de suspense? Pourquoi ou pourquoi pas?

2. Est-ce qu'Hitchcock aime les mystères, ou préfère-t-il les «whodunits»?

3. Êtes-vous d'accord avec Hitchcock? Préférez-vous le suspense ou la surprise dans les films? Pourquoi?

4. Écoutez Hitchcock qui parle du suspense et de la surprise. Pensez-vous qu'Hitchcock parle couramment le français? Est-ce que vous comprenez ce qu'il dit sur le suspense et la surprise? La lecture vous aidera à mieux comprendre.

Discussion

1. Pourquoi, selon Hitchcock, est-ce que le suspense suscite plus d'émotion que la surprise?

2. Faites le résumé de ce qu' Hitchcock dit sur les sujets suivants. Ne paraphrasez pas! Utilisez votre propre vocabulaire.
- le rôle du spectateur dans les moments de suspense
- le rôle du spectateur dans les moments de surprise

3. Avez-vous parfois envie de parler aux personnages d' un film de suspense ou d'horreur pour les prévenir (*warn*) du danger qui les attend? Pensez à deux exemples et écrivez des phrases complètes, selon la formule d' Hitchcock: «Vous ne devriez pas raconter des choses banales, il y a une bombe sous la table, et elle va bientôt exploser!»

Vocabulaire utile

un assassin	un couteau	une hache	un pistolet

4. Hitchcock se sert d'anecdotes pour mieux expliquer la différence entre le suspense et la surprise. Essayez d'écrire une définition concise de la surprise et du suspense. Votre but: écrire la définition la plus brève mais la plus claire.

5. Est-ce que le film ou les films que vous avez étudiés dans ce chapitre contiennent plus de surprise ou de suspense? Justifiez votre réponse en trouvant des exemples.

6. Quelle est votre impression d' Hitchcock d'après cette interview? Terminez les phrases:

C'est un homme _____.

Il aime _____.

Forme et fond

1. Soulignez les mots que Truffaut et Hitchcock emploient pour faire des transitions, pour changer de sujet, pour présenter des conclusions, bref, pour mieux se comprendre et pour mieux raconter des anecdotes. Exemples: *Sinon, sans doute, mais*.

2. Dans cette interview, on rencontre le verbe «confondre» et le substantif «la confusion». L'adjectif «confus/e» vient de la même famille—pourtant «confus» est un faux ami. «Je suis confus/e» veut dire *I am* *embarrassed, ashamed, or very disoriented (rare).* «*I am confused*» ne se traduit pas directement de l'anglais au français. Cherchez un adjectif ou une expression verbale qui sert à exprimer à peu près le même sentiment que «*confused*» en français.

Expansion

1. En groupes de trois ou quatre, jouez l'une des scènes du train qu' Hitchcock décrit pour expliquer la différence entre la surprise et le suspense. D'abord, répétez *(practice)* votre scène. Puis jouez-la devant les autres. Les autres étudiants devront deviner si vous jouez une scène de suspense ou de surprise.

2. Imaginez que vous êtes un cinéaste qui a tourné l'un des films à suspense que vous avez vus dans ce cours: *Betty Fisher et autres histoires; Harry, un ami qui vous veut du bien;* ou *Les yeux sans visage.* Truffaut vous a demandé:

- d'expliquer si vous préférez susciter la surprise ou le suspense dans vos films
- pourquoi
- de donner un exemple tiré de votre film

Avec deux autres étudiant/es, composez une réponse dans laquelle une anecdote qui vient du film sert à clarifier votre opinion. Ensuite, présentez vos réponses et votre anecdote.

Lecture 3: «Tout va très bien, Madame la Marquise».

Paroles et musique de Paul Misraki, Charles Pasquier et Henri Allum. France, 1936.

Regardez cette image. Est-ce que tout va bien? Pour découvrir pourquoi la marquise est si agitée, lisez la chanson «Tout va très bien, Madame la Marquise» sur le site web.

SYNTHÈSE

Pour les technophiles

Une bande-annonce (*a movie trailer*) a pour but de donner envie au public de voir un film. Même si le film lui-même ne contient pas beaucoup de suspense, normalement, sa bande-annonce en crée: en effet, dans une bande-annonce, on peut voir de courts extraits de certaines séquences clés et entendre le narrateur—en voix off—en dire juste assez ou interpeller le spectateur pour éveiller l'intérêt et la curiosité de ce dernier.

Créez une bande annonce pour l'un des films que vous avez étudiés dans ce cours—pas nécessairement un film à suspense.

Sujets de discussion et de composition

1. Racontez l'histoire de Madame la Marquise comme si c'était un thriller, un roman policier, un conte fantastique ou une légende urbaine qui fait peur. À ne pas changer: le titre, les événements, les personnages. À modifier: le genre (au lieu d'une chanson qui rime, écrivez un conte en prose); le ton (le conte doit faire peur au lieu de faire rire).

2. Dans tous les films de ce chapitre, il s'agit de rapports brisés ou maladifs entre les membres d'une famille, surtout entre enfants et parents. Peut-on dire que la famille dysfonctionnelle angoisse le public autant que la violence explicite? Formulez une thèse sur le rôle de la famille dans les films à suspense, et justifiez votre thèse en citant des exemples de deux ou trois des films du chapitre.

Comparaisons

1. **Le suspense et la surprise.** Y a-t-il plus de suspense ou plus de surprise dans les films et les textes que vous avez vus et lus dans ce chapitre? En vous servant de la distinction que fait Hitchcock entre ces deux phénomènes, analysez trois textes/films afin de démontrer si c'est le suspense ou la surprise qui domine.

2. **À rebours.** Racontez l'un des films que vous avez étudiés en renversant la chronologie. D'abord, faites le résumé des événements en six à dix phrases complètes. Ensuite, renversez l'ordre des phrases. Lisez votre histoire aux autres étudiants.

RITES DE PASSAGE

4

Cette photo provient du film *Ma vie en rose* d'Alain Berlinger (Belgique, France, 1997). Le passage de l'enfance ou de l'adolescence à la vie adulte comporte souvent des compromises, des discussions, même des conflits. Imaginez ce que cette mère dit à son fils et ce qu'il lui répond.

Séances

SALLE 1: *Kirikou et la sorcière.* Michel Ocelot. France, Belgique, Luxembourg, Sénégal, 1998.

SALLE 2: *Les parapluies de Cherbourg.* Jacques Demy. France, 1964.

SALLE 3: *La promesse.* Luc et Jean-Pierre Dardenne. Belgique, France, Luxembourg, 1996.

Lectures

LECTURE 1: **Les publicités.** Canada, France, 1966–1986.

LECTURE 2: **«Je trahirai demain».** Marianne Cohn. Allemagne, France, 1944.

http://www

LECTURE 3: **«Le petit Poucet».** Charles Perrault. France, 1697.

Dans les films de ce chapitre, chaque protagoniste vit son propre rite de passage, son propre voyage initiatique.

Dans Lecture 1 vous examinerez le rapport entre la publicité et l'identité. La deuxième lecture, «Je trahirai demain», est un poème écrit en prison par une jeune fille devenue très vite adulte quand elle s'est engagée dans la Résistance contre l'Occupation de la France par les Nazis.

AVANT-SCÈNE

Selon le dictionnaire le *Petit Robert*, les «rites de passage» sont des «pratiques réglées de caractère sacré ou symbolique». Le passage de l'enfance à l'âge adulte, par exemple, est marqué dans plusieurs sociétés par des rites et des cérémonies publics ou religieux, comme le bar-mitzvah ou la cérémonie de remise de diplômes. De même, le premier grand amour, une grande amitié, la perte d'un ou d'une amie, le service militaire, le mariage, la naissance d'un enfant ou même le divorce sont des événements qui marquent notre vie.

1. **Rites de passage.** La littérature et le cinéma traitent souvent des rites de passage, ces événements qui marquent un changement émotionnel, psychologique ou intellectuel chez un personnage principal.

    Pensez à des moments filmiques (et romanesques) qui décrivent des rites de passage. Cochez toutes les phrases qui semblent caractéristiques des rites de passage et ajoutez vos propres idées.

    a. _____ Un éveil (*an awakening*) ou une prise de conscience (*a realization*): le personnage apprend quelque chose sur lui-même, sur ses valeurs, sur ses mœurs.

    b. _____ Le personnage fait une promesse à quelqu'un et tient sa promesse.

    c. _____ Le personnage apprend quelque chose d'important sur quelqu'un d'autre.

    d. _____ Le personnage tombe amoureux pour la première fois: amours heureuses ou malheureuses.

    e. _____ Le personnage apprend à dépendre de lui-même plutôt que de ses parents ou amis.

    f. _____ Le personnage quitte ou perd un ami, un époux, sa famille.

    g. _____ Autres caractéristiques des rites de passage?

2. **Discussion de groupes.** Faites la liste des films ou des livres que vous connaissez dans lesquels il s'agit des rites de passage ou de l'apprentissage de la vie.

    a. En général, quel est l'âge du personnage principal dans ces histoires?

    b. Qui sont les protagonistes et les antagonistes (les personnes qui empêchent le progrès des protagonistes)?

    c. Est-ce que ces films et ces livres sont destinés aux adultes, aux enfants ou aux deux? Expliquez.

    d. À quelles sortes de conflits est-ce que le/la protagoniste fait face?

    e. Quelles difficultés faut-il qu'il/elle surmonte?

    f. Y a-t-il un moment décisif?

    g. Choisissez l'un des films de votre liste. Discutez et prenez des notes, afin de remplir et de présenter la fiche dans numéro 3.

- Qui est le héros ou l'héroïne de ce film?
- Quels personnages aident le héros? Ou est-ce que le personnage est tout seul?
- Quels personnages empêchent son progrès?
- Quels conflits ce personnage rencontre-t-il?
- Est-ce que ce personnage doit faire un choix (moral) ou prendre une décision difficile?
- Qu'est-ce que ce personnage apprend (sur la vie, sur lui-même) à travers l'histoire?

3. La fiche. Remplissez la fiche ci-dessous avec les informations sur le film que vous avez choisi.

Dans le film _____ (titre) il s'agit d'un/d'une

_____ (description du/de la protagoniste) qui

s'appelle _____ (nom du/de la protagoniste).

Voilà le conflit qu'il/qu'elle rencontre:

_____

_____

_____

_____

Le/s personnage/s qui aide/nt le plus notre héros/héroïne est/sont

_____

_____ ,

tandis que _____ empêche/nt son progrès.

À travers son voyage initiatique, il/elle apprend (que) _____

_____ .

4. Présentation des résultats. Remplissez le tableau ci-dessous pendant que vous écoutez les résultats de chaque groupe:

Nom du personnage _____

Homme ou femme _____

Âge approximatif _____

Problème/conflit _____

5. Synthèse. Répondez à ces questions sur les films que les autres étudiants ont choisis.

a. Y a-t-il plus de femmes ou d'hommes parmi les exemples que vous avez présentés et ceux qui ont été présentés par les autres étudiants? Quelles conclusions est-ce que vous tirez de ce fait?

b. Dans ces films, y a-t-il plus de protagonistes adultes ou enfants? Pourquoi, selon vous?

c. Le passage de l'enfance à l'âge adulte implique souvent la découverte de quelque chose d'important. Pourtant, ce voyage initiatique exige souvent la perte ou l'abandon de quelque chose ou de quelqu'un d'important. Cherchez des illustrations de ce phénomène dans les films discutés.

d. Dans *Le magicien d'Oz*, film hollywoodien et histoire d'éveil, (*coming of age story*), dans quelle mesure est-ce que l'histoire aurait été différente si Dorothy avait été adulte? S'il s'était agi d'un garçon?

SÉANCES

SALLE 1: *Kirikou et la sorcière.*
Michel Ocelot. France, Belgique, Luxembourg, Sénégal, 1998.

Décrivez Kirikou. Est-ce qu'il a l'air d'un héros? Pourquoi ou pourquoi pas?

Ce dessin animé s'inspire des contes d'Afrique occidentale. Kirikou, un petit garçon africain, est fermement décidé à découvrir pourquoi une méchante sorcière tourmente son village. Comme beaucoup de petits enfants, il ne cesse de demander «Pourquoi?» Le resultat de sa vaillante quête est riche: Kirikou sauve son village et devient homme. Youssou N'Dour, musicien sénégalais, a écrit la musique qui accompagne le film.

Éclairages

Recherches préparatoires sur Internet

http://www **Connaissez-vous les films de Michel Ocelot? Avez-vous déjà entendu une chanson de Youssou N'Dour ou d'autres musiciens africains? Consultez le site web pour obtenir des informations sur les films d'Ocelot et la musique de N'Dour.**

Remue-méninges

1. *Kirikou et la sorcière* s'inspire des légendes africaines. Une légende est un récit populaire traditionnel, donc avec un fort héritage oral. Un conte de fées est une histoire sortie de l'imagination d'un auteur. Les contes de fées et les légendes comprennent certains personnages, objets et circonstances typiques ou folkloriques. Votre premier travail consistera à vous rappeler de deux ou trois contes de fées ou légendes (en anglais ou en français) que vous avez lus ou entendus. Quels en sont les titres?

2. Maintenant, choisissez deux légendes/contes de fées pour chaque titre et cochez les éléments de la liste ci-dessous qui sont présents.

Élément	Titre: _____	Titre: _____
un personnage méchant		
un bon personnage		
la magie/un objet magique ou enchanté		
un sorcier/une sorcière		
un héros/une héroïne		
une lutte entre le bien et le mal		
un problème à résoudre		
un voyage ou une quête difficile		

Anticipation

Première projection (avec le son, sans sous-titres). Lisez les questions suivantes. Ensuite, regardez la première séquence du film sans sous-titres et prenez des notes, afin de pouvoir répondre aux questions. Il n'est pas nécessaire de tout comprendre pour répondre aux questions suivantes. Servez-vous du **Glossaire du film** et du **Vocabulaire utile**.

Vocabulaire utile

une case	combattre quelqu'un ou quelque chose
gaspiller	un/e sorcier/ère
une source	naître (enfanter, s'enfanter)

1. Indiquez une chose extraordinaire que Kirikou fait tout seul.

2. Comment s'appelle la sorcière?

3. Dans plusieurs légendes, un bébé ou un petit enfant fait des choses extraordinaires. Qu'est-ce que ce phénomène semble indiquer sur les qualités de cet enfant?

Deuxième projection (avec le son, sans sous-titres). Maintenant, regardez la même séquence, toujours sans sous-titres. Vérifiez vos réponses aux questions de la première projection et répondez aux questions suivantes.

1. Kirikou ne doit pas gaspiller l'eau parce que quelqu'un a asséché *(dried up)* la source. Qui l'a asséchée?

2. Selon la mère de Kirikou, qu'est-ce qui est arrivé à son mari, aux frères de son mari et à ses propres frères?

3. Qui est-ce que Kirikou va chercher quand il quitte la case de sa mère?

GLOSSAIRE DU FILM

Pour entendre les mots du glossaire, consultez le site web.

Voici quelques mots de vocabulaire qui vous aideront à comprendre le film, à en parler en classe et à écrire dans votre **Journal de bord,** tout en enrichissant votre lexique personnel. Avant de voir le film, lisez tout le vocabulaire. Soulignez les mots qui vous intéressent et cherchez à les entendre pendant le film.

Les personnages et leur personnalité

audacieux/se: *bold*
courageux/se: *courageous*
curieux/se: *curious*
empoisonné/e: *poisoned*

un enchantement: *(magic) spell*
un/e ennemi/e: *enemy*
une épine: *thorn*
une épreuve: *test, ordeal*
être de bonne/de mauvaise humeur: *to be in a good/bad mood*

un fétiche: *magical servant/robot (in this context); object believed to have magical power*

un/e guerrier/ère: *warrior*

indépendant/e: *independent*

innocent/e: *innocent*

libre: *free*

la magie: *magic*

malin/maligne: *clever*

maudit/e: *cursed*

méchant/e: *spiteful, malicious*

un monstre: *monster*

un nouveau-né: *newborn child*

un pagne: *sarong-like garment*

peureux/se: *fearful*

un pouvoir maléfique: *evil power*

un rite d'initiation: *initiation, rite of initiation*

rusé/e: *cunning, sly*

sage: *wise*

un Sage: *wise man*

un/e sorcier/ère: *witch*

un sort: *(magic) spell*; **jeter un sort:** *to cast a spell, to enchant*

un tisonnier: *poker*

vaillant/e: *brave, valiant*

un/e villageois/e: *villager*

L'environnement et le décor

l'Afrique: *Africa*

un bijou, des bijoux: *jewel, jewelry*

une case: *hut*

un flamboyant: *flame tree (tropical tree with bright red flowers)*

un gri-gri: *talisman, amulet, good luck charm*

une huppe: *hoopoe (kind of bird)*

une igname: *yam*

un marigot: *stagnant or marshy arm of a river*

une pirogue: *dugout canoe*

un poignard: *dagger*

un putois: *skunk*

un rat palmiste: *African relative of a squirrel*

un sanglier: *wild boar*

un serpent: *snake*

une source: *spring (of fresh water)*

une termitière: *termite hill*

un tunnel: *tunnel*

Les actions

abattre (un arbre): *to cut down (a tree)*

aider quelqu'un à faire quelque chose: *to help someone to do something*

aller/avancer à quatre pattes: *to crawl*

arracher: *to pull out/off, rip out/off*

attaquer: *to attack*

avoir mal: *to be in pain*; j'ai mal au dos, j'ai mal à la tête, j'ai mal aux pieds...

combattre: *to fight against*

creuser: *to dig*

se déguiser (en): *to disguise oneself (as)*

délivrer: *to set free*; Kirikou veut délivrer son village.

enfanter ou accoucher: *to give birth*

enfoncer: *to push something in*

enlever: *to remove something*

flairer: *to sniff around (suspiciously)*

gagner: *to win*

gaspiller: *to waste*

grandir: *to grow up*

libérer: *to free*

oser: *to dare*

noyer (se) noyer: *to drown*

poser une question: *to ask a question*

pousser un cri: *to scream*

se réjouir: *to be thrilled, rejoice*

respecter: *to respect*

risquer (sa vie): *to risk one's life*

sauver la vie à quelqu'un: *to save someone's life*

souffrir: *to suffer*

surveiller: *to watch over, put under surveillance*

trembler (de joie, d'effroi): *to tremble (from joy, fright)*

vaincre: *to defeat*

se venger: *to take vengeance, avenge oneself*

voler: *to steal (in this context)*

Expressions

Au secours! *Help!*

C'est normal. *It's natural, it's normal.*

Ce n'est pas normal. *There must be something wrong.*

Ils ne vont pas en revenir! *They won't believe it!*

Tant mieux! *So much the better!*

Tant pis! *Too bad!*

Pendant la projection

Mise au point

Pendant que vous regardez le film, prenez des notes sur tout ce qui vous intéresse. Faites surtout attention aux éléments suivants:

1. Le nom des personnages et leurs rapports les uns avec les autres.
2. Les changements de scène (dans la case, chez la sorcière, dans le tunnel ou dans la termitière, dans la forêt, etc.).
3. Les transformations (de taille, de personnalité, d'humain en animal et vice versa) qui ont lieu.
4. Les différences et les similarités entre ce film et d'autres dessins animés que vous connaissez.
5. Les mots et les expressions que vous aimeriez apprendre.
6. Le rôle des femmes et le rôle des hommes. Qui semble dominer?

Le langage du cinéma: «Lire» les images—le gros plan

Le gros plan encadre (*frames*) seulement le visage d'un personnage. Le gros plan peut servir à renforcer des émotions (la peur, la tristesse, la joie, etc.) ou à établir un rapport entre deux personnages (un personnage qui en domine un autre, par exemple).

Notez l'emploi de deux gros plans dans ce film et essayez d'en comprendre la fonction dans le récit:

Le personnage représenté en gros plan	Ce que ce plan suggère sur le rapport entre ce personnage et un autre/d'autres personnage/s	L'effet que produit ce plan sur vous, le public
_____	_____	_____
_____	_____	_____
_____	_____	_____

Après la projection

Réflexion: Journal de bord

Le **Journal de bord** vous permet de réfléchir aux thèmes et aux idées du film et d'exprimer vos réactions personnelles. Vous pouvez aussi répondre aux questions suggérées dans les instructions.

1. Dans votre journal de bord, écrivez vos réactions face à ce film, aussi bien que des questions et commentaires. Indiquez quelles questions ou quels commentaires vous voulez mentionner en classe.

2. En quelques mots, dites pourquoi ce film vous a plu ou déplu.

3. Est-ce que vous recommanderiez ce film à un/e enfant que vous connaissez? Pourquoi ou pourquoi pas?

4. Décrivez le rapport entre Kirikou et les personnages secondaires: le Sage, son oncle, les animaux, etc.

---

 http://www **Liens culturels**

Découvrez le Sénégal, un pays francophone. Est-ce qu'on y parle français partout? Quelles sont les traditions littéraires et artistiques de ce pays de l'Afrique de l'Ouest? Consultez le site web pour obtenir des informations sur les langues, la tradition orale et l'art du Sénégal.

Compréhension et réactions

1. La chronologie du film. Mettez les événements dans l'ordre chronologique (de 1 à 10).

_____ Kirikou rencontre son oncle et Karaba.

_____ Kirikou tue le monstre de la source.

_____ Kirikou naît.

_____ Kirikou part pour la montagne interdite.

_____ Kirikou devient homme.

_____ Kirikou parle pour la première fois.

_____ Kirikou embrasse la sorcière.

_____ Kirikou sauve les enfants du village d'un arbre magique.

_____ Kirikou rencontre son grand-père, le Sage de la montagne.

_____ Kirikou se lave dans un bol.

 2. Jeu: Qui est-ce qui l'a dit? Essayez d'identifier les personnages qui parlent. Un/e étudiant/e pose la question «Qui est-ce qui l'a dit?» L'autre répond: «C'est (Kirikou/Karaba/etc.) qui l'a dit!»

a. Ne dis pas de bêtises!

b. Que veux-tu, Homme?

c. Épouse-moi!

    d. Tremblez de joie, tremblez d'effroi!

    e. Enfante-moi!

    f. Elle préfère les ignames, avec une sauce bien pimentée comme toi et moi.

    g. Quand on est un petit garçon, on n'épouse pas une grande dame.

    h. On peut vivre sans or, on ne peut pas vivre sans eau. On ne peut pas vivre sans ceux qu'on aime.

    i. Plus les gens ont peur, plus elle est puissante.

    j. N'approchez pas à cet arbre! Ne mangez pas ses fruits!

    k. Mère! Reconnais-moi!

    l. Je ne vais épouser personne! Je ne serai la servante de personne!

3. **Le retour de Kirikou.** Quand Kirikou retourne dans son village, il a beaucoup changé. Qui le reconnaît cependant? Qui ne le reconnaît pas, et pourquoi?

4. Quelle scène vous a le plus impressionné/e? Pourquoi?

 Approfondissons

1. Comparez le physique et la personnalité de Kirikou à ceux des personnages qui l'entournent (les femmes du village, la sorcière, les autres enfants, les animaux, les fétiches, par exemple). En quoi est-ce qu'il se différencie d'eux? En quoi est-ce qu'il ressemble à eux?

2. Qui aide Kirikou pendant sa quête, et pourquoi? Qui essaie de l'empêcher de réussir, et pourquoi?

3. Choisissez deux des citations dans **Compréhension et reactions numéro 1,** et expliquez pourquoi elles sont importantes dans le contexte de l'intrigue.

Discussion

1. Comparez l'histoire de *Kirikou* avec les contes, fables ou légendes que vous connaissez déjà (textes ou films) et trouvez deux éléments différents et deux éléments similaires.

2. Quel moment du film vous a le plus surpris/e? Pourquoi?

3. Est-ce que vous éprouvez de la sympathie pour Karaba? Pourquoi ou pourquoi pas?

4. Quelle est l'importance du Sage de la montagne? Quel est son rapport avec Kirikou? Avec les autres villageois?

5. Il y a plusieurs transformations physiques et mentales dans ce film. Indiquez deux de ces transformations et expliquez leur importance dans l'intrigue.

6. Voici quelques morales possibles pour ce film. Choisissez-en une ou créez-en une autre qui vous semble plus juste. Ensuite, expliquez pourquoi la morale est appropriée.

Morales possibles: Il n'est pas nécessaire d'être grand pour avoir du courage; Ne vous fiez pas aux apparences; Être petit peut être un avantage; Vouloir, c'est pouvoir; La souffrance peut engendrer le mal et la générosité peut engendrer le bonheur; Ceux qui posent des questions obtiennent des réponses; Qui ne risque rien n'a rien.

Analyse

1. Quel rapport existe entre Kirikou et son environnement/la nature? Et entre Karaba et la nature? (Pensez aux arbres, aux animaux, aux fleurs, etc.)

2. Qu'est-ce que Kirikou apprend pendant sa quête? Dans quelle mesure est-ce que sa vie change après sa quête?

3. Dans une interview, Youssou N'Dour explique ce qui l'a motivé à faire la musique de ce film. Il dit: «[...] j'ai été impressionné par la force des images, la puissance des couleurs, l'originalité des personnages. Ce sont des images idylliques bien sûr, ce n'est pas l'Afrique d'aujourd'hui, mais une Afrique mythique et stylisée, une Afrique de conte pour enfants».

Peut-on dire que dans les contes de fée européens et nord américains, il s'agisse aussi d'un monde mythique et stylisé? Donnez des exemples de scènes, de vêtements, de personnages et de situations qui contribuent à la création d'un monde mythique et intemporel dans *Kirikou* et dans les contes de fées que vous connaissez.

4. Voyez-vous une interprétation «féministe» de l'histoire? Dégagez les éléments du film qui vous semblent féministes.

5. Dans cette histoire, l'ordre «naturel» est renversé. Par exemple, les femmes n'ont pas de mari. Indiquez les autres choses qui ne sont pas «naturelles» dans le film et examinez le retour à l'ordre à la fin.

6. La transformation de Kirikou à la fin du film peut choquer. Cette fin vous semble-t-elle convenable (appropriée) ou pas? Expliquez.

Mise en scène

1. Un sondage. En groupes de deux ou trois, formulez une question sur le film et posez-la à tous les étudiants. Ensuite, allez au tableau et regroupez les résultats dans une grille. Exemple:
- Quelle scène du film vous a le plus plu?
- Quel personnage est le moins aimable?

2. Une conférence de presse. Votre professeur divisera la classe en deux groupes: il y aura d'une part les personnages et d'autre part les journalistes. Les personnages sont: Kirikou, Karaba, la mère, le Sage, l'oncle, un enfant du village.

Première étape

Les personnages: Anticipez deux questions que les journalistes poseront à chacun des personnages sur les événements récents survenus au village et formulez des réponses logiques.

Les journalistes: Vous avez entendu parler d'événements très étranges dans le petit village où habitent Kirikou, sa famille et maintenant, Karaba, mais vous n'en connaissez pas tous les détails. Composez trois questions que vous poserez à trois personnages différents (un/e villageois/e, Kirikou, sa mère, son oncle, Karaba, le Sage, etc.). Faites très attention à l'emploi des temps (surtout le passé composé et l'imparfait).

Deuxième étape

La conférence de presse: Chaque «journaliste» posera une question au villageois ou à la villageoise de son choix.

À l'écrit

Atelier. Racontez l'histoire du point de vue de Karaba: «La Sorcière et Kirikou». Commencez au moment où elle rencontre Kirikou. N'oubliez pas d'exprimer ses sentiments envers Kirikou, les hommes, les villageoises, aussi bien que ses réactions face aux événements (la joie, la colère, la tristesse, la peur...).

Exposition. Les personnages secondaires jouent souvent un rôle subtil mais important dans un récit. Choisissez un personnage secondaire que vous trouvez important (la mère, le Sage, etc). Démontrez son importance dans ce conte, en parlant de sa personnalité, de ses actions et de son influence sur d'autres personnages.

Analyse. Certains spectateurs voient dans *Kirikou* un message féministe. D'autres ne sont pas du tout d'accord. Qu'est-ce que vous en pensez? Écrivez un essai sous le titre *«Kirikou et la sorcière: un film féministe»* ou *«Kirikou et la sorcière: stéréotypes de la femme»*. Pour soutenir vos arguments, examinez surtout la représentation de la mère et de la sorcière: ce qu'elles disent, ce qu'elles font et leurs rapports avec les autres personnages.

SALLE 2: *Les parapluies de Cherbourg.*
Jacques Demy. France, 1964.

Où se trouve ce couple? Est-ce qu'ils se rencontrent ou se quittent? Comment le savez-vous?

Geneviève et Guy veulent se marier, mais Guy doit partir pour faire son service militaire en Algérie. La mère de Geneviève, quant à elle, espère que sa fille tombera amoureuse du riche diamantaire (vendeur de diamants) Roland Cassard. Les adolescents doivent faire face aux défis de la vie adulte: le choix d'une carrière, les dettes, la séparation, les parents malades, le mariage, les enfants. Est-ce que l'amour de Guy et Geneviève survivra aux problèmes inhérents au passage de l'adolescence à la vie adulte?

Éclairages

Recherches préparatoires sur Internet

L'action de ce film se passe à Cherbourg, une ville du nord de la France, pendant la guerre d'Algérie. Jacques Demy, le metteur en scène, est connu pour son emploi abondant de couleurs et de musique. Pour mieux connaître le contexte historique du film, aussi bien que le style du metteur en scène, consultez le site web.

Remue-méninges

1. Dans beaucoup d'histoires d'amour, il y a de jeunes amants séparés par des obstacles réels ou imaginaires. Lesquels des obstacles suivants figurent dans les films, les pièces de théâtre et les romans que vous connaissez?

le travail	la guerre	la famille	les ami(e)s
la religion	les études	autres obstacles	

2. Avec un/e autre étudiant/e, choisissez un exemple précis d'histoire d'amour (comme *Roméo et Juliette*) et expliquez: l'événement ou les circonstances qui séparent le couple; la façon dont les deux personnages vivent cette séparation; la façon dont la situation se résout.

3. Imaginez qu'une fille de 17 ans décide de se marier avec un garçon que ses parents ne connaissent pas. Voici plusieurs justifications que la fille pourrait offrir à ses parents. Lesquelles vous semblent les plus convaincantes?

   _____ Je l'ai rencontré plusieurs fois et je l'aime.

   _____ Il est très beau.

   _____ Nous nous entendons bien.

   _____ Il m'aime.

4. Maintenant, formulez trois arguments possibles que donnerait la mère de cette jeune femme. Composez trois phrases à partir des formules suivantes. (Faites attention à l'emploi du subjonctif et de l'indicatif):

   • Ma fille, il faut que tu…

   • Tu es folle! Il ne faut pas que tu…

   • Je crains que…

   • Je regrette que…

   • Je suis stupéfaite que…

   • Tu regretteras…

   • J'espère que…

   • Quelle bonne nouvelle! Je suis heureuse que…

Anticipation

Première projection (sans son ni sous-titres). Regardez la séquence sans son ni sous-titres et prenez des notes afin de répondre aux questions suivantes. Il n'est pas nécessaire de tout comprendre pour répondre aux questions.

1. Cochez les objets et les gens représentés:

   _____ des parapluies

   _____ des piétons

_____ des marins (*sailors*)

_____ des voitures

_____ des vélos

_____ des bateaux

_____ un chien

_____ une machine à laver

2. Quel temps fait-il?

3. Est-ce le début ou la fin de la journée?

4. En regardant les images, imaginez la musique et le dialogue du film.

    a. De quoi parlent les hommes qui travaillent au garage?

    b. Quel type de musique imaginez-vous? De la musique classique, du jazz, du rock, du folk, pas de musique?

    c. De quoi parlent l'homme et la femme qui s'embrassent?

    d. Qui est la femme dans le magasin?

Deuxième projection (avec le son, sans sous-titres). Maintenant, regardez la même séquence, toujours sans sous-titres. Vérifiez vos réponses au premier exercice et répondez aux questions suivantes:

1. De quelle marque est la voiture sur laquelle travaille Guy?

2. Les hommes qui travaillent au garage parlent de leurs projets pour la soirée. Quels projets et passe-temps sont mentionnés?

_____ regarder la télé

_____ aller au cinéma

_____ lire

_____ aller au théâtre

_____ aller danser

_____ dîner au restaurant

_____ aller à l'opéra

3. Qu'est-ce que Guy va faire ce soir? Avec qui?

4. Une prédiction: Quelle atmosphère la musique et le temps qu'il fait créent-ils dans cette première scène? Selon ces indications, le film aura-t-il un dénouement heureux ou malheureux?

GLOSSAIRE DU FILM

 Pour entendre les mots du glossaire, consultez le site web.

Voici quelques mots de vocabulaire qui vous aideront à comprendre le film, à en parler en classe et à écrire dans votre **Journal de bord,** tout en enrichissant votre lexique personnel. Avant de voir le film, lisez tout le vocabulaire. Soulignez les mots qui vous intéressent et cherchez à les entendre pendant le film.

Les personnages, leur personnalité et leur physique

l'absence: *absence*

ambitieux/se: *ambitious*

amer/ère: *bitter*

amoureux/se: *in love*

un bijoutier: *jeweler*

blessé/e à + partie du corps: *to be wounded in the + body part (blessé à la jambe, au bras…)*

un/e client/e: *client, shopper*

compréhensif/ve: *understanding*

désœuvré/e: *unoccupied, idle*

un diamantaire: *diamond dealer*

enceinte: *pregnant*

un escroc: *crook, con man*

un facteur: *letter carrier, postman*

fragile: *fragile, delicate*

un garagiste: *garage mechanic, garage owner*

la honte, avoir honte, être honteux/se: *shame, to be ashamed*

un/e invalide: *an invalid*

lâche: *cowardly*

las/se: *worn out, tired*

un magasin: *shop*

une marraine, un parrain: *godmother, godfather*

un/e mécanicien/ne: *mechanic*

une nouvelle, une (bonne/mauvaise) nouvelle: *piece of news; good/bad news*

pâle: *pale*

patient/e: *patient*

pragmatique: *pragmatic*

la sécurité financière/émotionnelle: *financial/emotional security*

sage: *(usually of an adult) wise; (usually of child) well-behaved, good*

sot/sotte: *silly, stupid*

timide: *shy*

Les actions, les réactions et les circonstances

l'attente: *a wait, waiting*

avouer: *to confess, admit*

baisser les yeux: *to lower one's eyes*

boiter: *to limp*

le carnaval: *carnival*

se débrouiller: *to manage*

demander la main de quelqu'un: *to ask someone's hand in marriage, to propose*

donner de ses nouvelles: *to give one's news*

se douter de: *to suspect*

élever un enfant: *to raise, bring up a child*

s'emporter: *to get angry*

épouser quelqu'un: *to marry someone*

s'évanouir: *to faint*

être perdu: *to be in trouble, to be bankrupt*

être ruiné: *to be ruined financially (in this context)*

faire l'amour: *to make love*

faire bonne figure: *to keep up appearances*

faire son régiment: *to do compulsory military service (24 months in France in the 1950s)*

gâcher sa vie: *to waste one's life*

insister: *to insist*

interdire à quelqu'un de faire quelque chose: *to forbid someone to do something*

se marier à/avec quelqu'un: *to get married*

le qu'en-dira-t-on: *gossip*

réaliser un rêve: *to make a dream come true*

rendre visite à quelqu'un: *to visit someone (versus: visiter une ville, un musée)*

saisir: *to repossess (in this context)*

supplier quelqu'un de faire quelque chose: *to beg someone to do something*

tomber amoureux/se de: *to fall in love with*

trahir: *to betray*

traiter quelqu'un de + substantif: *to call someone a liar, an idiot, etc. (always pejorative)*

tromper: *to trick someone; to cheat on someone (depending on context)*

Les scènes et les décors

une bague de fiançailles: *engagement ring*

un/des bijou/x: *jewel, jewels*

un collier: *necklace*

un coup dur: *a real blow, as in "it was a real blow to her finances"*

l'essence: *gas*

la fête des Rois: *Epiphany, Feast of the Three Kings, Twelfth Night*

une fève: *bean; trinket hidden in a cake for Twelfth Night*

un garage: *garage*

une gare: *train station*

un klaxon: *car horn*

le papier peint: *wallpaper*

un parapluie: *umbrella*

un port: *port, seaport*

un sentiment: *feeling*

un télégramme: *telegram*

une station-service: *gas station*

le trottoir: *the sidewalk*

un quai: *platform (train station); quay (port)*

une vitrine: *store window*

Expressions

Ça ne te regarde pas! *That's none of your business.*

Trois fois rien. *Nothing.* Qu'est-ce que le docteur t'a dit? Trois fois rien.

Tu as l'air heureux/triste/inquiet. *You look/seem happy/sad/worried.*

Tu vas te couper l'appétit. *You'll spoil your appetite.*

Je n'y suis pour rien. *It's not my fault; I didn't do it.*

Pendant la projection

Mise au point

Pendant que vous regardez le film, prenez des notes sur tout ce qui vous intéresse. Faites surtout attention aux éléments suivants:

1. Les trois parties du film: leur titre, leur date, leur contenu.

2. Le temps et les saisons: Quand fait-il du soleil? Quand pleut-il? Quand neige-t-il? Est-ce que le temps reflète les sentiments/émotions des personnages? Étudiez attentivement les moments où il y a du soleil.

3. Les couleurs (le rose, le bleu, le jaune, le vert, l'orange, le noir et le blanc) qui dominent chaque scène. Quelles couleurs sont associées à quels personnages?

4. Les bruits d'ambiance (la pluie, les sirènes, les klaxons, la sonnette du magasin, les sifflets de train, etc.).

5. Les références à la guerre en Algérie.

6. Les références (dans les images et dans le dialogue) à l'essence et aux stations-service.

7. Les mots et expressions que vous aimeriez apprendre.

Le langage du cinéma: «Lire» les images—le gros plan.

Le gros plan encadre *(frames)* seulement le visage d'un personnage. Le gros plan peut servir à renforcer des émotions (la peur, la tristesse, la joie, etc.) ou à établir un rapport entre deux personnages (un personnage qui en domine un autre, par exemple). Notez l'emploi de deux gros plans qui vous intéressent dans ce film et essayez d'en comprendre la fonction dans le récit.

Le personnage représenté en gros plan	Ce que ce plan suggère sur le rapport entre ce personnage et un autre/d'autres personnage/s	L'effet que produit ce plan sur vous, le public
_____	_____	_____
_____	_____	_____
_____	_____	_____

Après la projection

Réflexion: Journal de bord

Le **Journal de bord** vous permet de réfléchir aux thèmes et aux idées du film et d'exprimer vos réactions personnelles. Vous pouvez aussi répondre aux questions suggérées dans les instructions.

1. Dans votre journal de bord, écrivez vos réactions face à ce film, aussi bien que des questions et commentaires. Indiquez quelles questions ou quels commentaires vous voulez mentionner en classe.

2. Est-ce que ce film vous fait penser à votre premier amour ou à la réaction de votre famille face à vos projets pour l'avenir?

3. Qu'est-ce que vous pensez du dénouement du film? Est-il heureux? Triste? Pourquoi?

4. En quelques mots, dites pourquoi ce film vous a plu ou déplu.

Liens culturels

Pendant le film, on voit des personnages célébrer la fête des Rois et le carnaval (Mardi gras). Consultez le site web pour mieux comprendre ces fêtes chrétiennes et leur célébration en France.

Compréhension et réactions

1. Indiquez si vous êtes d'accord ou pas avec les interprétations suivantes du film. Soyez prêt/e à justifier votre réponse.

a. _____ La personnalité de Madeleine ressemble à celle de Tante Élise, tandis que Geneviève ressemble à sa mère.

b. _____ La mère de Geneviève manipule sa fille et Roland.

c. _____ Geneviève a quitté Guy parce qu'elle avait peur.

d. _____ Guy n'aime pas sa femme.

e. _____ Geneviève et Guy ne se connaissent pas assez pour se marier.

f. _____ Geneviève a choisi un mari qui pouvait lui donner ce qu'elle voulait.

2. Dans la première partie du film, Guy et Geneviève parlent de leur avenir. Cochez toutes les prédictions et rêves de Guy et Geneviève qui deviennent par la suite réalité.

a. _____ Guy: Nous aurons des enfants.

b. _____ Geneviève: J'appellerai ma fille Françoise.

c. _____ Geneviève: Nous vendrons des parapluies.

d. _____ Geneviève: Nous vendrons le magasin.

e. _____ Guy: Nous achèterons une station-service toute blanche avec un bureau.

f. _____ Geneviève: Tu sentiras l'essence toute la journée.

g. _____ Guy: Nous serons très heureux.

h. _____ Geneviève: Nous resterons amoureux.

i. _____ Guy: Je sais que tu m'attendras.

j. _____ Geneviève: Mon amour, je t'attendrai toute ma vie.

k. _____ Guy: Je ne penserai qu'à toi.

l. _____ Geneviève: Je ne pourrai jamais vivre sans toi.

m. _____ Guy: Je t'aimerai jusqu'à la fin de ma vie.

3. Avec quel personnage sympathisez-vous le plus: Madeleine, Guy ou Geneviève? Pourquoi?

Approfondissons

1. Il est normal que les jeunes amoureux rêvent, et souvent ils réalisent un grand nombre de leurs rêves. On pourrait dire que le premier grand amour est un rite de passage. Choisissez trois des phrases de la section **Compréhension et réactions** numéro 2 et expliquez pourquoi et comment ce rêve a ou n'a pas été réalisé.

2. Les parents et autres adultes d'une famille ont souvent des idées plus pragmatiques et moins romantiques que celles de leurs enfants.

   a. Mettez-vous à la place de Mme Emery et comparez Guy Foucher et Roland Cassard: qui serait le meilleur mari pour votre fille et pourquoi?

   b. Mettez-vous à la place de Tante Élise et comparez Geneviève et Madeleine: qui serait la meilleure épouse pour votre filleul (*godson*) et pourquoi?

3. Lequel des rapports suivants vous semble le plus réussi: Mme Emery et Geneviève, Guy et Geneviève, Guy et Tante Élise, Guy et Madeleine.

Discussion

1. À votre avis, qu'est-ce que les trois jeunes, Guy, Madeleine et Geneviève, ont appris sur la vie entre novembre 1957 et décembre 1963? Remplissez le tableau ci-dessous:

	Événements importants	**Leçon**
Madeleine		
Geneviève		
Guy		

2. Selon vous, est-ce que Geneviève est libre de prendre ses propres décisions ou est-ce que sa mère la manipule? Et Madeleine, est-elle libre?

3. Guy et Geneviève semblent avoir réalisé leurs rêves à la fin du film, quoique pas ensemble. Mais qui est vraiment heureux à la fin du film? Est-ce que l'un des personnages semble regretter son choix? À votre avis, est-ce que le dénouement est triste ou heureux?

4. Le premier titre de ce film était: «L'infidélité: Les parapluies de Cherbourg». Est-ce que Geneviève a eu raison d'épouser Roland Cassard? Ou est-ce qu'elle a trahi Guy? Comparez vos réponses.

5. Geneviève et Guy sont de deux classes sociales différentes: Mme Emery est propriétaire d'un magasin tandis que Guy Foucher est employé, ouvrier. Dans quelle mesure est-ce que les choix de Mme Emery sont influencés par son ambition? Pensez-vous que les motivations de Geneviève soient les mêmes que celles de sa mère?

6. En groupes de deux, comparez vos notes sur l'emploi des couleurs vives dans ce film. Est-ce que certaines couleurs semblent être associées à des personnages particuliers? Voyez-vous une évolution dans les couleurs associées à chaque personnage?

7. Comment ce film traite-t-il de la guerre? Pensez-vous que la guerre constitue un «personnage» central qui contrôle la vie de Geneviève et de Guy?

8. Geneviève pose la question suivante: «Moi qui serait morte pour lui, pourquoi ne suis-je pas morte?» Quelle est votre réponse?

Analyse

1. Quand Guy rentre à Cherbourg, il trouve que sa ville a changé. Dressez la liste de tout ce qui a changé et de tout ce qui est inchangé. Considérez la ville de Cherbourg, ainsi que les personnages (Guy, Geneviève, Madeleine, Mme Emery et Tante Élise). Quel personnage a le moins changé? Est-ce important pour le dénouement de l'histoire? Expliquez.

2. Regardez bien vos notes relatives à la dernière séquence du film, dans laquelle Guy et Geneviève se rencontrent à la station-service de Guy. Est-ce que Mme Emery serait fière de sa fille? Considérez le comportement de Geneviève, ainsi que son aspect physique et les objets et actions qui reflètent sa façon de vivre.

3. Le sujet de la guerre en Algérie était tabou à l'époque de ce film. Même si l'action du film se passe en France, la guerre joue un rôle central dans la vie des personnages. En quoi est-ce que son expérience en Algérie a changé Guy du point de vue physique et pyschologique? Quels effets est-ce que la guerre a eu sur la vie de Madeleine? De Geneviève?

4. Quand Roland Cassard demande à sa mère la main de Geneviève, Mme Emery répond, «Je ne veux faire sur elle aucune pression», et M. Cassard dit, «Geneviève est libre». Est-il vrai que Geneviève puisse choisir sa vie librement? Quelles contraintes limitent ses choix?

5. Le nom des enfants, Françoise et François, révèle le souvenir d'un amour perdu. Croyez-vous que ces noms indiquent que ni Guy ni Geneviève ne soit heureux avec leur époux/ouse?

6. La publicité dit que ce film est «en chanté» (*both: a film "in song"; an "enchanted" film*) un jeu de mots qui suggère à la fois l'opéra et le conte de fées. Mais au début du film, un copain de Guy dit, «Je n'aime pas l'opéra—le ciné, c'est mieux». Selon vous, qu'est-ce que la musique apporte à l'action?

7. Est-ce que le mariage est la solution aux problèmes des personnages principaux?

Mise en scène

1. Pendant leur séparation, Guy et Geneviève échangent des lettres, mais nous savons que Geneviève a menti en cachant son mariage à Guy. Imaginons que Guy ait pu revenir lui rendre visite pendant une permission (*a leave*) après qu'elle a choisi d'épouser Roland. Créez une conversation entre Guy et Geneviève. Dit-elle la vérité? Expriment-ils leur désir, leur espoir, leur désespoir, leur peur? Justifient-ils (ou cachent-ils) leurs choix?

2. Révisez une scène qui vous plaît. N'en changez pas le contenu, mais choisissez un nouveau style de musique: la salsa, le rock, le rap, le reggae, etc.

À l'écrit

Atelier. On comprend que Guy, Geneviève et Madeleine sont devenus adultes, parce qu'ils prennent des décisions et assument des responsabilités d'adultes. Pourtant, ils expriment rarement leur changement de point de vue, leur évolution émotionnelle et psychologique.

Choisissez l'un de ces trois personnages et composez une ou deux pages de son journal intime datées de novembre 1957, puis une ou deux pages écrites en décembre 1963, le soir après que Geneviève et Guy se soient vus à la station-service. Soulignez à travers le ton, le choix de mots et le contenu de ces pages de journal le contraste entre son état mental en 1957 et en 1963.

Exposition. Comparez *Les parapluies de Cherbourg* avec une autre comédie musicale que vous avez vue. En quoi *Les parapluies* est-elle semblable ou différente? Quels effets ces différences produisent-elles?

Analyse. Dans quelle mesure est-ce que la guerre implique un rite de passage pour Guy et pour Geneviève? Pour aborder cette question, réfléchissez aux actions, aux décisions et aux sentiments provoqués par la guerre, ainsi qu'aux références explicites à la guerre à travers le film.

SALLE 3: La promesse. Luc et Jean-Pierre Dardenne.
Belgique, France, Luxembourg, 1996.

Quel est le rapport entre ces deux personnes? Où se trouvent-elles, et pourquoi?

Premier film dramatique de deux frères metteurs en scène qui se spécialisent depuis vingt ans dans les films documentaires, *La promesse* se présente comme une «tranche de vie». L'action se passe à Liège, en Belgique. Un adolescent doit faire un choix qui transformera sa vie. Pour rester fidèle à lui-même, il doit trahir quelqu'un d'autre: son père ou la femme d'un homme auquel il a fait une promesse.

Éclairages

Recherches préparatoires sur Internet

 Pour apprendre plus sur les films et les documentaires des frères Dardenne et sur le travail clandestin en Europe, consultez le site web.

Remue-méninges

1. D'abord, dressez la liste des films ou des textes que vous connaissez dans lesquels il y a un conflit entre un parent et un/e adolescent/e. Choisissez l'un des films/textes de votre liste.

    a. Quelle est la cause de la tension dans ce film/texte?

    b. Si le problème est résolu, comment? Qui propose la solution?

    c. Est-ce que la résolution de ce problème comprend une morale explicite ou implicite?

2. Il est souvent difficile pour les adolescents de trouver un équilibre entre l'enfance et l'âge adulte. Faites la liste des choses que les adolescents font ou veulent faire pour avoir l'air plus adulte. Inspirez-vous du **Glossaire du film. Expressions utiles:** se faire percer les oreilles/le nez; se faire tatouer; faire une fugue.

Anticipation

Première projection (sans son ni sous-titres). Lisez les questions suivantes. Ensuite, regardez la première séquence du film et prenez des notes, afin de pouvoir répondre aux questions suivantes. Il n'est pas nécessaire de tout comprendre pour répondre aux questions. Servez-vous du **Glossaire du film** et du **Vocabulaire utile**.

Vocabulaire utile

une station-service	un porte-monnaie	un/e patron/ne
un apprenti mécanicien	voler, un/e voleur/euse	
un échappement	souder, une soudure, un fer à souder	

---

1. Quels bruits imaginez-vous pendant cet épisode (un dialogue, de la musique, des bruits de klaxon, des bruits de moteur, etc.)?

2. Où est-ce que le garçon travaille?

3. Qui est l'homme dans la camionette?

 4. Racontez la scène de façon aussi détaillée que possible.

Deuxième projection (avec le son, sans sous-titres). Lisez les questions suivantes et devinez-en les réponses. Puis regardez et écoutez le film (toujours sans sous-titres) afin de vérifier vos réponses.

1. Le garçon regarde le moteur de la voiture d'une cliente. Est-ce que le problème est grave?

2. La dame pense qu'elle a laissé son porte-monnaie

   a. chez elle.

   b. sur le parking.

   c. à la poste où elle vient de toucher (*cash*) son chèque de pension.

3. L'homme dans la voiture dit:

   a. Dépêche-toi!

   b. Laisse-moi tranquille!

   c. Où est l'argent?

4. Le garçon a pris le pot d'échappement pour

   a. le vendre.

   b. l'installer sur son go-kart.

   c. réparer sa moto.

5. Est-ce que vous trouvez le garçon sympathique? Pourquoi ou pourquoi pas?

GLOSSAIRE DU FILM

http://www **Pour entendre les mots du glossaire, consultez le site web.**

Voici quelques mots de vocabulaire qui vous aideront à comprendre le film, à en parler en classe et à écrire dans votre **Journal de bord**, tout en enrichissant votre lexique personnel. Avant de voir le film, lisez tout le vocabulaire. Soulignez les mots qui vous intéressent et cherchez à les entendre pendant le film.

Les personnes et leur environnement

un/e adolescent/e: *adolescent, teenager*
un/e apprenti/e: *apprentice*
assuré/e: *confident*
une bague: *ring*
bouleversé/e: *upset*
une camionnette: *van*
un chantier: *building site*
clandestin/e: *clandestine*
la construction: *construction;* un bâtiment en construction
coupable: *guilty*
la conscience, la mauvaise conscience: *conscience, bad conscience*
une coutume: *custom*
une dette: *debt*

un échafaudage: *scaffolding*
fier/ère: *proud*
un foyer d'ouvriers: *residence for workers*
un go-kart: *go-cart*
un/e immigré/e: *immigrant*
indécis/e: *undecided*
inquiet/ète: *worried*
un inspecteur du travail: *work inspector*
le jeu: *gambling (in this context)*
un/e mouchard/e: *stool pigeon, narc*
un/e patron/ne: *boss*
un porte-monnaie: *wallet*
un/e ouvrier/ère (du bâtiment): *(construction) worker*
un/e sans-papiers: *illegal alien*
une station-service: *gas station*

un tatouage: *tatoo*
tiraillé/e entre: *torn between*
le trafic d'immigration illégale: *illegal immigration trade*
un travailleur au noir: *illegal immigrant worker*
un/e voleur/euse: *thief*

Les actions

aider quelqu'un à faire quelque chose: *to help someone do something*
avoir confiance en, perdre confiance en: *to have/lose confidence in*
avouer: *to confess, admit*
battre: *to beat*
braver: *to stand up to, defy*
cacher: *to hide*
confronter: *to confront*
enterrer: *to bury*
exploiter: *to exploit*
se débrouiller: *to manage*
donner sa parole: *to give one's word*
faire entrer quelqu'un clandestinement (en France, aux États-Unis): *to help someone enter a country secretly and illegally*

faire face à: *to face, confront*
faire une fugue: *to run away (from home)*
se fier à: *to trust*
jouer: *to gamble (in this context)*
menacer: *to threaten*
mettre en question: *to question, challenge*
s'occuper de: *to take care of*
prendre une décision: *to make a decision*
promettre à quelqu'un de faire quelque chose: *to promise someone to do something*
protéger, (se) protéger: *to protect (something, someone); to protect oneself*
se sentir... coupable/responsable: *to feel ... guilty/responsible*
tenir sa parole: *to keep one's word*
tenir une promesse: *to keep a promise*
trahir: *to betray*
travailler clandestinement: *to work illegally, under the table*

Expressions

J'en ai pour deux minutes. *It will take me two minutes (to do this).*
Tu es en règle: *Do you have legal identity papers?*

Pendant la projection

Mise au point

Pendant que vous regardez le film, prenez des notes sur tout ce qui vous intéresse. Faites surtout attention aux éléments suivants:

1. Le nom des personnages et les rapports qui existent entre eux.

2. Les changements de scène: le garage, le restaurant, les différents appartements, la camionnette, le chantier.

3. Les moments où Igor sourit. Où est-il? Avec qui? Que fait-il?

4. Les différences et les similarités entre ce film et d'autres films qui ont pour sujet l'adolescence.

5. Quels personnages essaient d'aider les autres, et pourquoi.

6. Ce qui vous plaît et ce qui ne vous plaît pas dans le film.

Le langage du cinema: «Lire» les images—le gros plan

Le gros plan n'encadre (*frames*) que le visage d'un personnage. Le gros plan peut servir à renforcer des émotions (la peur, la tristesse, la joie, etc.) ou à établir un rapport entre deux personnages (un personnage qui en domine un autre, par exemple) ou un personnage et le spectateur.

Notez l'emploi de deux gros plans dans ce film et essayez d'en comprendre la fonction dans le récit:

Le personnage représenté en gros plan	Ce que ce plan suggère sur le rapport entre ce personnage et un autre/d'autres personnage/s	L'effet que produit ce plan sur vous, le public

Après la projection

Réflexion: Journal de bord

Le **Journal de bord** vous permet de réfléchir aux thèmes et aux idées du film et d'exprimer vos réactions personnelles. Vous pouvez aussi utiliser les informations/répondre aux questions suggérées dans les instructions.

1. Dans votre journal de bord, écrivez vos réactions face à ce film, aussi bien que des questions et commentaires. Indiquez quelles questions ou quels commentaires vous voulez mentionner en classe.

2. Comparez le rapport entre Roger et Igor avec celui qui existe entre un parent et un enfant d'un autre film qui vous plaît.

3. Les aspects positifs et négatifs des personnalités d'Assita, de Roger, d'Igor.

4. En quelques mots, dites pourquoi ce film vous a plu ou déplu.

Liens culturels

Que savez-vous sur l'immigration légale ou clandestine en Belgique et en France? Consultez le site web pour découvrir des informations sur les immigrés qui arrivent en Belgique et en France.

Compréhension et réactions

1. Reliez chaque prénom à la description qui convient.

Rosalie   a. la femme qui aide Assita
Roger   b. tombe d'un échafaudage
Maria   c. le concierge du foyer d'ouvriers
Assita Badolo   d. adore son go-kart
Nabil   e. exploite les ouvriers sans papiers
Igor   f. la maîtresse de Roger
Hamidou   g. arrive du Burkina Faso

 2. Les personnages. Regardez le **Vocabulaire utile** et choisissez tous les mots qui se rapportent à chacun des personnages suivants. Vous pouvez ajouter d'autres mots. Après avoir fait votre liste, discutez-en avec quelqu'un et justifiez vos choix.

Roger   Assita   Nabil   Igor

Vocabulaire utile

fier/ère	méchant/e	ambitieux/se	avare	honteux/se
seul/e	cruel/le	égoïste	aimable	dur/e

Approfondissons

 1. D'accord ou pas d'accord? Indiquez vos réactions aux phrases suivantes. Êtes-vous d'accord? Pourquoi, ou pourquoi pas? Ensuite, comparez vos réponses à celles de deux autres étudiants. Enfin, avec les mêmes étudiants, indiquez comment trois personnages du film, Igor, Roger et Assita, réagiraient aux propos suivants:

	D'accord	Pas d'accord
1. Igor a trahi son père.		
2. Roger exploite les ouvriers.		
3. Les ouvriers sont aidés par Roger.		
4. On peut se fier à Igor.		
5. Igor est une personne qui tient parole.		
6. La façon dont Roger et Igor se sont occupés de l'accident d'Hamidou est acceptable, vu les circonstances.		
7. On doit éliminer le travail clandestin.		

Discussion

1. Roger gagne sa vie en trahissant d'autres personnes. Il dit qu'il travaille pour qu'Igor et lui puissent acheter une maison et améliorer leur niveau de vie. Pensez-vous qu'il trahisse aussi Igor?

2. Décrivez en un ou deux paragraphes le rapport qui existe entre Roger et Igor.

    a. deux ou trois phrases: D'abord, quel avenir Roger envisage-t-il pour son fils? Qu'attend-il d'Igor?

    b. deux ou trois phrases: Ensuite, quelle sorte d'avenir est-ce qu'Igor veut avoir? Qu'attend-il de Roger?

    c. trois ou quatré phrases: Décrivez le rapport qui existe entre Roger et Igor, au début du film.

 3. Dans quelle mesure est-ce que le rapport entre Roger et Igor change pendant le film? Pourquoi? Qui domine au début? Et à la fin?

4. On peut dire qu'il y a deux couples dans ce film: Roger et Igor et Assita et Igor. Évaluez les avantages et les inconvénients de chaque relation du point de vue d'Igor.

    Roger et Igor   Igor et Assita

 5. Qu'est-ce qui donne à Igor la force de rompre le pacte qu'il a conclu avec son père et d'aller contre la volonté de ce dernier, qui semble d'abord omnipotent?

6. Pourquoi est-ce qu'Assita parle si peu, selon vous?

Analyse

1. Quelles sont les choses qu'il faut faire pour devenir un homme selon Roger? Faites la liste des choses «adultes» que Roger encourage Igor à faire et la liste des actions d'Igor qui sont plus «typiques» pour l'adolescent de 14 ou 15 ans qu'il est. Lesquelles de ces choses semblent faire le plus plaisir à Igor? (Quand sourit-il et semble-t-il le plus à l'aise?)

2. En quoi est-ce que Roger et Nabil peuvent servir de modèle à Igor? De quels autres modèles de conduite Igor dispose-t-il? Quel modèle choisit-il de suivre?

 3. La seule femme du film est Assita. À part la promesse qu'elle fait à Hamidou, qu'est-ce qui attire Igor chez Assita? Qu'est-ce qu'elle représente pour lui?

4. Il y a une absence totale de musique. Qu'est-ce que ce manque de commentaire musical apporte au film?

5. Roger ne veut pas qu'Igor l'appelle Papa, mais en même temps, il semble désirer qu'Igor s'identifie à lui et soit son complice dans la vie. Dans ce contexte, que représente la bague que Roger donne à Igor?

6. La séquence où Igor et Roger chantent «Siffler sur la colline» et s'amusent au café est assez longue. Pourtant, il n'y a pas de dialogue. Qui sont les quatre personnages présents? Qu'est-ce qui se passe dans cette scène? Qu'est-ce que la durée de cette scène (surtout la chanson) suggère sur le rapport père–fils, sur l'importance des actions représentées et sur l'importance de la scène en général?

7. Les événements du film sont pour la plupart tristes et pénibles. Est-ce que le manque de clôture à la fin vous semble être une ouverture optimiste ou pessimiste? Pourquoi?

8. Le dénouement. a. Décrivez la dernière scène du film. b. Pensez au style et au message du film. À votre avis, pourquoi la fin reste-t-elle ouverte? Formulez deux justifications possibles. c. Dans l'interview ci-dessous, Jean-Pierre et Luc Dardenne justifient cette dernière scène du film. Comparez l'explication des réalisateurs avec vos propres hypothèses.

Interview: Jean-Pierre et Luc Dardenne

Cinergie: Votre cinéma, c'est un cri d'alarme?

J.-P. Dardenne: On pense que le cinéma a aussi une fonction sociale. L'œuvre d'art possède un impact sur le monde
5 d'aujourd'hui. En tant que spectateurs, c'est ce cinéma-là que nous voulons voir.

Luc Dardenne: Notre film porte un regard sur ce que peuvent devenir les membres de la classe ouvrière qui s'est complètement décomposée suite à la crise de la sidérurgie. Que le film
10 soit un document sur notre époque, tant mieux, mais nous avons d'abord réfléchi à partir du triangle père-fils-étrangère. On a voulu raconter comment un fils se sépare de son père, en quelque sorte une image de lui-même, pour aller vers l'autre, qui lui fait confiance et vis-à-vis de qui il se sent progressive-
15 ment redevable.

C.: La mort d'Hamidou arrive assez tard...

J.-P. Dardenne: Nous voulions prendre le temps d'introduire le spectateur dans le monde du travail clandestin et dans les rapports qui se créent entre les personnages. Cet accident, que
20 personne n'a prévu, fait un peu partie du traitement «documentaire» de la première partie du film. Par hasard, on est là quand il se produit.

C.: La fin ouverte s'est imposée à vous dès l'écriture du scénario?

25 **L. Dardenne:** Le parcours du film, c'est celui d'Igor. L'histoire de quelqu'un qui commet le mal en toute innocence jusqu'à ce qu'il se sente coupable et dise la vérité, qui n'était évidemment pas dans la promesse faite à Hamidou. Une fois qu'il a dit cette vérité, le film est fini, ce que deviennent

30 ensuite les personnages, c'est autre chose. On prend ceux-ci à un moment donné, on les suit quelque temps et puis on les abandonne, on les laisse poursuivre leur vie.

Mise en scène

1. Et après? En groupes de deux, imaginez ce qui se passe dans les 24 heures qui suivent la fin du film. Écrivez un petit scénario en prenant en compte les personnalités des personnages et les faits qui ont été présentés dans le film. Votre scénario doit refléter l'atmosphère réaliste du film. Quand vous avez fini, jouez votre scène devant les autres.

2. En groupes de trois, imaginez qu'Igor et Roger voient un conseiller pour parler de leurs problèmes. Écrivez les questions et réponses, répétez la scène, puis présentez votre scénario, sans lire vos notes.

À l'écrit

Atelier. Il y a un minimum d'explications et même de dialogues dans ce film. Comment comprendre la vie intérieure des personnages? Mettez-vous à la place de l'un des personnages principaux (Igor, Roger, Assita). Rédigez plusieurs pages du journal intime du personnage que vous avez choisi.

Exposition. Qui est le héros dans ce film? Quelles sont les qualités associées à un héros? Définissez d'abord ce qu'est un héros et soutenez ensuite vos arguments à l'aide d'exemples tirés du film.

Analyse. Dans une interview, Luc Dardenne, l'un des metteurs en scène, dit: «Igor doit se révolter pour trouver un vrai père, pour devenir vraiment lui-même. Il n'a rien à quoi s'opposer car son père ne représente rien. Il doit s'en séparer et trouver un moyen de devenir un être humain, de respecter les autres et de se respecter aussi». Quelles sont les étapes du voyage initiatique entrepris par Igor?

LECTURES

Lecture 1: Les publicités. Canada, France, 1966–1986.

Profitez de la vie avec Old Spice Lime —C'est Irrésistible! Qu'attendez-vous? Devenez l'homme viril qui rend les femmes folles! Laissez-vous tenter... vivez! Adoptez Old Spice Lime! La nouvelle Eau de Cologne Old Spice Lime! Fraîche... tonique... à l'arôme corsé de citron. Troublante... enivrante... on n'y résiste pas. Eau de Cologne $2.50; Lotion Après Rasage $2.00.
Old Spice Lime

Le jour finit bien qui commence bien – avec les produits SHULTON

Donnez-lui plein d'idées à construire

De la Tour Eiffel à la girafe, en passant par le bureau de papa, il n'y a qu'un pas. Ce bambin plein d'imagination peut constamment réaliser des créations totalement personnelles et originales. L'expérience se renouvelle chaque fois qu'il plonge dans le baril DUPLO®. Il y puise une mine de trésors pour construire un monde à sa fantaisie.

DUPLO® : l'imagination grandissante

Soif d'aujourd'hui...

La publicité sert à vendre un produit en attirant l'attention d'un public précis. Les publicités qui visent les hommes de quarante ans sont différentes de celles qui sont destinées aux femmes de dix-neuf ans. Une compagnie qui vend des jouets vise, à travers ces pubs, directement les enfants—ou quelquefois leurs parents.

Souvent, les publicités mentionnent uniquement le produit et sa valeur: les qualités du produit, son prix et ce qui distingue le produit en question des produits semblables. Plus souvent encore, la publicité offre peu d'informations sur le produit. Au lieu de cela, la publicité crée une image avec laquelle un homme, une femme, ou un enfant peut ou *veut* s'identifier.

En examinant les publicités du passé et celles d'aujourd'hui, on apprend beaucoup de choses sur les goûts et sur les rêves d'un public donné. Les publicités suivantes sont canadiennes et françaises. Qu'est-ce qu'on apprend sur les désirs et les ambitions du public visé par ces publicités?

Stratégies de lecture

Activez vos connaissances

1. La publicité sert à vendre un produit en attirant l'attention d'un public
visé. Qu'est-ce qui vous attire le plus et le moins dans les publicités?
Avec un partenaire, trouvez un exemple de chacune des méthodes suivantes, souvent employées dans les publicités imprimées et télévisées.
Indiquez si chaque méthode vous plaît (1), vous laisse indifférent/e
(2) ou vous déplait (1).

_____ Il y a de belles images (hommes, femmes, paysages, le produit
même).

_____ Il y a une chanson créée pour vendre le produit (un couplet
publicitaire).

_____ La publicité évoque une façon de vivre qui me plaît.

_____ On emploie une chanson populaire.

_____ La publicité utilise comme porte-parole une célébrité.

_____ La publicité utilise comme porte-parole un personnage de
dessin animé, une marionnette, etc.

_____ La publicité semble raconter une histoire.

_____ L'image ou le slogan est amusant.

_____ (À vous.)

2. Trouvez un exemple d'une publicité (américaine, française, canadienne…) destinée aux enfants; aux parents; aux femmes; aux hommes. Décrivez la publicité et expliquez comment vous savez à qui la publicité s'adresse.

3. À quelles stratégies extra-textuelles est-ce que vous vous attendez dans une publicité?

_____ les caractères gras

_____ les points d'exclamation

_____ une ou plusieurs images

_____ (Autres éléments?)

4. Souvent, les campagnes publicitaires visent les gens qui veulent changer d'aspect—sembler plus sportif, plus riche, plus adulte, moins vieux. Quelles publicités connaissez-vous qui ont pour but d'attirer les jeunes gens qui veulent avoir l'air plus adulte?

Anticipez le contenu

1. Jetez un coup d'œil sur les publicités à les pages 178–179. Laquelle vous intéresse le plus? Pourquoi? Quels éléments de la publicité vous attirent? Laquelle vous intéresse le moins? Pourquoi?

2. Trouvez le nom du produit vendu par chaque publicité, ainsi que son slogan ou la phrase courte qui attire l'attention.

Pour mieux lire

Regardez attentivement les mots suivants, que vous allez retrouver dans les publicités. Il est difficile de les comprendre sans contexte, mais ne les cherchez pas tout de suite dans le dictionnaire. Essayez plutôt d'en deviner le sens quand vous les rencontrerez dans le contexte de votre lecture.

1. **épargnez:** **Épargnez** à la première banque au Canada!

2. **actuellement:** À condition qu'ils soient **actuellement** âgés de moins de huit ans.

3. **enivrant/e:** Troublante… **enivrante**… on n'y résiste pas.

4. **réaliser:** Ce bambin… peut… **réaliser** des créations… personnelles.

5. **le baril:** … chaque fois qu'il plonge dans **le baril** DUPLO.

Lecture attentive

1. Avant de lire le texte de chaque publicité, lisez uniquement les caractères gras et les slogans, et établissez leur rapport avec l'image.

2. Ensuite, lisez le texte de chaque publicité. À qui (à quel public, à quelle sorte de personne) la publicité est-elle destinée? Comment le savez-vous?

3. Avant de chercher dans le dictionnaire les mots que vous ne comprenez pas, regardez la section **Pour mieux lire.** Pouvez-vous deviner le sens de quelques-uns de ces mots?

Après la lecture

Compréhension et réactions

1. Indiquez quelle/s publicité/s sont destinées…

_____ aux enfants qui aiment construire des bâtiments.

_____ aux gens qui sont économes.

_____ aux parents qui sont ambitieux pour leurs enfants.

_____ aux jeunes adultes qui aiment s'amuser.

_____ aux gens qui veulent savoir le prix d'un produit.

_____ aux adolescents qui veulent devenir chef d'entreprise ou infirmier.

_____ aux adultes qui veulent que leurs enfants soient créateurs.

_____ aux hommes qui cherchent à attirer l'attention.

_____ aux gens qui sont fidèles à une marque qu'ils connaissent bien.

2. Chaque publicité s'adresse directement à quelqu'un. Identifiez le public ciblé: Est-ce un homme? Une femme? De quel âge à peu près?

Publicité	Public	Homme/Femme	Âge
Coke			
Universitas			
Banque de Montréal			
Old Spice			
DUPLO			

Discussion

1. L'image est souvent aussi importante, et quelquefois plus importante, que le texte d'une publicité. Choisissez deux des publicités. Faites attention aux costumes, à la coiffure des personnages, au décor, aux couleurs de chaque image. Qu'est-ce que ces éléments révèlent sur le type de consommateurs anticipés pour chaque produit?

2. Ces publicités datent des années 60 et 80. Pourtant, les mêmes produits et compagnies (Old Spice, LEGO, Coke) existent encore aujourd'hui. En quoi est-ce que les méthodes publicitaires ont changé?

3. Pensez-vous qu'il y ait une grande différence entre les publicités pour ces produits au Canada et aux États-Unis en 1966? Et de nos jours?

4. Les quatre publicités canadiennes viennent toutes du même magazine: *Sélection du Reader's Digest.* Lesquelles des six publicités seraient bien placées dans un ou plusieurs des magazines suivants: *Marie Claire*; *Géo*; *Vogue*; *Time*; *Première*; *Sciences et avenir*; *Cuisines et vins de France*?

Forme et fond

Quelles formules distinguent la publicité, un texte qui cherche à convaincre un public précis, des autres types de textes? Notez la/les publicité/s qui utilise/nt chacune des techniques ci-dessous. Quel est le rapport entre ces stratégies rhétoriques et le public visé?

_____ l'emploi de questions

_____ l'emploi de l'impératif

_____ l'emploi de phrases complètes, sans impératif

_____ la répétition d'une formule

_____ l'apostrophe (la publicité s'adresse directement au lecteur/à la lectrice)

Expansion

1. Écrivez le portrait du consommateur «idéal» d'un de ces produits selon la publicité. Comment s'appelle-t-il/elle? Quel âge a-t-il/elle? Où habite-t-il/elle? Est-ce qu'il/elle travaille? Quel est son emploi du temps? Quel est son rêve?

2. Faites le pastiche d'une de ces publicités. Gardez la composition des mots et des images sur la page, et gardez la syntaxe du texte (les impératifs restent à l'impératif, par exemple), mais imaginez que la publicité vise un public différent. Par exemple, si la publicité est destinée à un homme, imaginez que le produit sera acheté par une femme et qu'elle en fera cadeau à un homme. N'oubliez pas de concevoir une image appropriée (vous pouvez la dessiner).

3. Comparez une publicité actuelle avec l'une des publicités du livre. Trouvez le même produit si vous le pouvez. Terminez les phrases:

Le public visé en [1966 ou 1986] est _____ tandis qu'aujourd'hui, la publicité est destinée à _____.

Le slogan est différent/semblable, mais _____. Il y a plus/moins de texte. Les stratégies rhétoriques (la répétition, les questions, l'impératif, le subjonctif, etc.) sont _____. Les images sont plus/moins _____.

Lecture 2: «Je trahirai demain».
Marianne Cohn. Allemagne, France, 1944.

Marianne Cohn est née en Allemagne en 1922. Quand ses parents sont internés en camp de concentration au début de la Deuxième Guerre mondiale, Marianne est envoyée en France. Elle a 17 ans. Devenue résistante, elle prend un nom de guerre, Colin, et aide des enfants juifs à s'échapper de France (où ils risquent la déportation et la mort en camp de concentration). En 1944, alors que Marianne accompagne un groupe d'enfants en Suisse, elle est arrêtée par la Gestapo. Elle meurt assassinée par les nazis, à l'âge de 22 ans. Les enfants survivent. Marianne écrit ce poème en prison.

Stratégies de lecture

Activez vos connaissances

1. Est-ce que vous avez déjà appris un poème par cœur? Récitez le poème que vous connaissez, même si ce poème n'est pas en français. Pendant qu'un/e étudiant/e récitera son poème, les autres étudiants écouteront afin d'identifier le sujet et le ton du poème. Même si vous ne comprenez pas tous les mots, essayez de deviner si le ton du poème est triste, joyeux, optimiste, grave, etc.

2. Pourquoi est-ce qu'on écrit des poèmes? Cochez toutes les réponses avec lesquelles vous êtes d'accord:

a. _____ Pour exprimer ses émotions.

b. _____ Pour aider les écoliers à travailler leurs compétences en matière de mémorisation.

c. _____ Pour exprimer une opinion politique.

d. _____ Pour mieux comprendre, articuler et communiquer ses émotions et ses expériences.

e. _____ Pour documenter un événement important.

f. _____ Pour préserver le souvenir d'une expérience, d'un événement.

g. _____ Pour laisser sa trace; ne pas être oublié/e.

h. _____ Pour se soulager quand on a peur, quand on est triste, quand on se sent seul/e, etc.

i. _____ (Autres idées?)

3. Pourquoi et quand lisez-vous des poèmes? Complétez la phrase suivante, puis comparez vos réponses.

Je lis des poèmes...

_____ pour des cours.

_____ pour le plaisir.

_____ quand je me sens triste.

_____ avant de me coucher.

_____ (Autres raisons?)

4. Connaissez-vous un poème ou une chanson qui ait pour sujet la politique?

Anticipez le contenu

1. Lisez le titre du poème. Qu'est-ce que le titre suggère? Cochez toutes les réponses qui vous semblent possibles.

a. _____ La poétesse a l'intention de trahir demain.

b. _____ Chaque jour, la poétesse fait tout son possible pour ne pas trahir.

c. _____ La poétesse ne trahira jamais.

d. _____ La poétesse a déjà trahi.

2. Parcourez (*skim*) le poème pour voir si les vers riment.

3. Trouvez la phrase la plus courte du poème.

4. Trouvez trois mots ou groupes de mots répétés dans le poème.

Lecture attentive

1. Lisez le poème une première fois, silencieusement, sans vous servir du dictionnaire. Ensuite, relisez le poème à haute voix, toujours sans dictionnaire. Est-ce que la lecture à haute voix vous aide à comprendre le sens général du poème?

2. Relisez le poème attentivement. Quand on lit un roman, il n'est pas nécessaire de comprendre chaque mot du texte. Cependant, quand on lit un poème, il est essentiel de saisir le sens et les nuances de tous les mots.

Lisez d'abord les questions figurant dans la section **Compréhension et réactions**. Ensuite, lisez le poème. Enfin, répondez à ces questions en classe ou chez vous, selon les indications de votre professeur.

Avant de chercher dans le dictionnaire les mots que vous ne comprenez pas, regardez la section **Pour mieux lire.** Pouvez-vous deviner le sens de quelques-uns de ces mots?

Je trahirai° demain

will betray

Je trahirai demain, pas aujourd'hui
Aujourd'hui, arrachez-moi les ongles°   *fingernails*
Je ne trahirai pas!
Vous ne savez pas le bout de mon courage.
5 Moi, je sais.
Vous êtes cinq mains dures avec des bagues.°   *rings*
Vous avez aux pieds des chaussures avec des clous.°   *nails (for carpentry)*
Je trahirai demain. Pas aujourd'hui,

Demain.
10 Il me faut la nuit pour me résoudre.
Il ne me faut pas moins d'une nuit
Pour renier, pour abjurer,° pour trahir.   *to give up, to renounce (allegiance to a political party, religion)*
Pour renier mes amis,
Pour abjurer le pain et le vin,
15 Pour trahir la vie,
pour mourir.
Je trahirai demain, pas aujourd'hui.
La lime° est sous le carreau,°   *file (sharp tool); stone floor tile*
La lime n'est pas pour le bourreau,°   *torturer/executioner*
20 La lime n'est pas pour le barreau,
La lime est pour mon poignet.°   *wrist*
Aujourd'hui, je n'ai rien à dire.
Je trahirai demain

Pour mieux lire

Regardez attentivement les mots suivants, que vous allez retrouver dans le poème ci-dessous. Il est difficile de les comprendre sans contexte. Mais ne les cherchez pas tout de suite dans le dictionnaire. Essayez plutôt d'en deviner le sens quand vous les rencontrerez dans le contexte de votre lecture.

1. **arrachez-moi**: Aujourd'hui, **arrachez-moi** les ongles…

2. **le bout**: Vous ne savez pas **le bout** de mon courage.

3. **me résoudre**: Il me faut la nuit pour **me résoudre.**

Après la lecture

Compréhension et réactions

1. Vrai ou faux? Indiquez si les phrases suivantes sont vraies (V) ou fausses (F) et précisez pour chacune d'entre elles le vers qui justifie votre réponse.

   a. **V**   **F**   Il y a au moins sept geôliers (*jailers/prison guards*).

   b. **V**   **F**   Les geôliers maltraitent les prisonniers.

   c. **V**   **F**   La poétesse ne veut pas trahir les Allemands.

   d. **V**   **F**   La poétesse va se suicider plutôt que de trahir.

 2. Quelle est votre réaction (émotionnelle et/ou intellectuelle) face à ce poème? Quels mots ou groupes de mots trouvez-vous les plus importants? Les plus émouvants? Les plus beaux?

Discussion

1. À votre avis, pourquoi est-ce que Marianne Cohn a écrit ce poème? Quel public visait-elle? Regardez une fois de plus les motivations possibles de la poétesse (**Anticipation**, numéro 2).

 2. Voici quelques stratégies mentales dont Cohn se sert pour ne pas trahir les Résistants (les gens qui résistaient à l'occupation allemande, et qui risquaient leur vie en essayant de reconquérir la France). Elle utilise ces stratégies pour ne pas être forcée par ses bourreaux à divulguer le nom des Résistants qu'elle connaissait ou à révéler des informations secrètes sur la Résistance.

   • Elle répète des mots et des phrases afin de se convaincre qu'elle doit rester muette.

   • Elle considère la trahison comme un choix ou une décision à prendre.

   • Elle remet constamment cette décision au lendemain.

   • Elle essaie de vivre au jour le jour (*one day at a time*).

   • Elle a une grande confiance en sa propre force mentale.

   Imaginez des circonstances personnelles dans lesquelles ces mêmes stratégies vous aideraient, vous fortifieraient ou vous soulageraient.

3. Pendant l'occupation allemande de la France (1940–1944), les Français ont trouvé des façons actives et passives de résister. Dans son livre *La Résistance expliquée à mes petits-enfants*, Lucie Aubrac, ancienne résistante, offre des définitions du mot «résister» et de l'acte de résister:

   a. Tout le monde peut résister: «Résister, ce n'est pas comme un exploit sportif qu'on ne peut réussir que jeune. Vous savez que ça se passe dans la société: quand on refuse l'injustice, la servitude, c'est pour toujours».

   b. Résister, ce n'est pas nécessairement un acte violent: «Justement, je voudrais bien que vous compreniez que la Résistance ne se limite pas à l'usage de grenades ou de mitraillettes (*submachine guns*)».

   c. Résister est un choix: «C'est cela, la Résistance: juger, choisir, et s'engager».

   Selon vous, et d'après les descriptions de l'acte de résister offertes par Lucie Aubrac, est-ce qu'on peut résister en écrivant des poèmes?

Forme et fond

1. Dans ce poème, la narratrice utilise seulement le présent et le futur. Dans quelle mesure est-ce que ces deux temps expriment ses sentiments?

2. Les familles de mots. Sans vous servir du dictionnaire, essayez de traduire ces mots en anglais en vous inspirant de mots similaires dans le poème.

   la trahison   une lime à ongles   une chaussure cloutée

 **Expansion**

Sans raconter exactement ce qui lui est arrivé en prison, Marianne Cohn nous fait part de sa lutte, de ses projets, de ses émotions et du comportement des geôliers, afin que la lectrice/le lecteur puisse raconter les expériences de la poétesse après avoir lu le poème.

   Vous êtes historien/ne, chargé/e de faire la chronique des jours de Marianne Cohn en prison, à partir de la seule trace qui vous reste: son poème.

Vocabulaire utile

Pendant qu'elle était en prison…	Il y avait…	Elle se sentait…
torturer quelqu'un/être torturé	un bourreau	

Le 31 mai 1944, la Gestapo de Lyon a arrêté Marianne Cohn et l'a mise en prison.

[vos phrases]

Elle est morte, assassinée dans sa cellule par des soldats allemands, le 8 juillet 1944.

Lecture 3: «Le petit Poucet».
Charles Perrault. France, 1697.

Ce n'est pas toujours la raison du plus fort qui soit la meilleure (qui triomphe). Quelquefois les petits et les faibles sont plus rusés et plus héroïques que leurs aînés. Le petit Poucet, le plus petit de la famille, essaie de sauver ses frères. Lisez ce conte sur le site web pour voir s'il réussit.

SYNTHÈSE

 Pour les technophiles

Créez un site web sur l'un des films de ce chapitre. Ce site doit permettre d'accéder aux réseaux que vous avez trouvé les plus utiles et les plus intéressants. Créez un lien pour chaque aspect du film: la bande sonore (la musique), le scénario, le metteur en scène, les images, les acteurs, la réaction critique au film, etc.

Sujets de discussion et composition

1. Une parodie est une imitation qui fait rire. Écrivez un conte parodique (avec une morale) destiné aux parents plutôt qu'aux enfants. N'oubliez pas les éléments suivants:
   - un héros ou une héroïne
   - un personnage méchant
   - une quête/un voyage initiatique
   - un objet enchanté ou/et un animal qui parle

2. Est-ce que le concept du héros est en train de changer de nos jours? Justifiez votre réponse en analysant quelques personnes ou personnages de notre culture populaire (télé, films, chansons, livres, bandes dessinées, jeux vidéo).

3. Choisissez un personnage parmi ceux que vous avez rencontrés dans les films/textes que vous avez vus/lus et explorez l'évolution de ce personnage qui se trouve confronté aux défis de son voyage initiatique.

Comparaisons

Comparez les héros de deux des textes ou films que vous avez étudiés. Comment sont-ils physiquement? Moralement? Quelles paroles, actions et qualités contribuent à leur statut de héros?

Ceci n'est pas une pipe.

LE COMIQUE ET LE RIRE

5

En quoi est-ce que tableau par l'artiste belge René Magritte est-il amusant?

Séances

SALLE 1: *Mon oncle.* Jacques Tati. France, 1958.

SALLE 2: *Les visiteurs.* Jean-Marie Poiré. France, 1993.

SALLE 3: *Le dîner de cons.* Francis Veber. France, 1998.

Lectures

LECTURE 1: **«2ème canonnier conducteur».** Guillaume Apollinaire. France, 1925.
«Comptine pour les enfants insomniaques». Jacques Meunier. France, 1997.
«Les dents, la bouche». Jean-Pierre Brisset. France, 1900.

LECTURE 2: **«Estula».** Anonyme. France, XIIIe siècle.

LECTURE 3: **«Je est un autre».** Claire Bretécher. France, 1973, 2005.

Qu'est-ce qui nous fait rire? C'est une question de contexte et de goût. Le comique peut être visuel aussi bien que verbal.

AVANT-SCÈNE

La comédie, souvent considérée comme légère, est en fait un genre varié et complexe. Le comique repose sur le ton, le style et le contenu d'un texte, d'un film ou d'une situation.

Ce qui nous fait rire dépend à la fois de notre goût personnel, de notre culture, et des conventions esthétiques de notre époque. Peut-on rire de tout? Est-ce que l'humour est parfois méchant? Vaut-il mieux parfois aborder des sujets sérieux dans un contexte comique?

1. **Les procédés du comique.** Choisissez trois des procédés du comique suivants et trouvez pour chacun au moins un exemple de film, d'émission télévisée ou de texte dans lequel ce procédé est utilisé. Ensuite, expliquez si ce procédé vous plaît ou pas, et pourquoi.

    a. un ton ironique

    b. la grosse farce ou la comédie bouffonne (*slapstick comedy*)

    c. un quiproquo: une situation où l'on prend un/e mot/chose/personne (*quid*) pour (*pro*) un/e autre (*quo*); un malentendu

    d. des dialogues pleins d'esprit (*wit*); des jeux de mots et de langage

    e. la comédie loufoque (*screwball comedy*)

    f. l'humour grossier (*vulgar*)

    g. les gestes et les grimaces

    h. la moquerie

    i. la satire (s'attaque à quelqu'un ou à quelque chose en s'en moquant)

    j. la parodie (imitation amusante/burlesque/ridicule d'une œuvre sérieuse)

    k. les coïncidences et le hasard

    l. les personnages stéréotypés (la comédie de caractère)

2. **Pourquoi rit-on?** Groupez les éléments comiques de la question numéro 1 ci-dessus selon les trois catégories suivantes:

    - La supériorité (une personne se sent supérieure à une autre personne)
    - L'inattendu (quelque chose de surprenant arrive)
    - Le soulagement (après une période de stress, de peur, de gêne)

3. **Le vocabulaire du comique.** Trouvez, dans la colonne de droite, la définition de chaque mot de la première colonne.

    - une comédie   ce qui provoque le rire
    - un comédien   un film qui fait rire
    - le comique   un acteur de théâtre ou de cinéma
    - un comique   une personne qui raconte des blagues à son auditoire
    - un humoriste   un acteur qui joue normalement le rôle d'un personnage comique

4. Comment est-ce qu'on rit? Cherchez les définitions des mots ou des phrases suivantes. Ensuite, répondez aux questions qui suivent. Comparez vos réponses.

- avoir le fou rire
- éclater de rire
- être mort/e de rire
- être plié/e en deux
- être un objet de risée
- se marrer/marrant
- un petit rire bête/nerveux
- pouffer de rire
- ricaner
- rigoler
- rire de = se moquer de
- le sarcasme/être sarcastique
- se tordre de rire/tordant

5. Qui fait rire? Trouvez un exemple de quelqu'un (un humoriste, un comédien, un homme ou une femme politique) qui:

- a un petit rire nerveux
- ricane
- éclate de rire
- est un objet de risée

6. Un jeu. Au lieu de donner votre opinion personnelle, devinez les réponses les plus populaires, c'est-à-dire, celles que les autres étudiants de la classe donneront certainement. Ensuite, donnez vos réponses personnelles.

a. Qui est le comique américain le plus populaire aujourd'hui?

b. Qui est la comédienne américaine la plus populaire aujourd'hui?

c. Nommez un humoriste dont le sens de l'humour est grossier.

d. Nommez un film comique dans lequel on se moque de quelqu'un.

e. Quel film comique vous plaît le plus?

7. Discussion. Voici des citations sur l'humour, le comique et le rire. Choisissez les deux citations qui vous plaisent le plus, et expliquez pourquoi.

a. On ne rit pas pour rire mais pour être applaudi. *Jean-Jacques Rousseau*

b. Plus on est de fous, plus on rit. *Proverbe*

c. L'humoriste, c'est un homme de mauvaise humeur. *Jules Renard*

d. La vie sans gaieté est une lampe sans huile. *Walter Scott*

e. L'humour, c'est aussi une façon de résister. *Guy Bedos, humoriste français, né en Algérie*

f. Rira bien qui rira le dernier. *Proverbe*

g. Rire est le propre de l'homme. *François Rabelais*

8. À vous. Écrivez votre propre devise ou proverbe sur le rire, l'humour ou le comique. Inspirez-vous des débuts de phrases suivants:

- La vie sans…
- On ne rit pas pour…
- L'humour, c'est…
- L'humoriste, c'est…

SÉANCES

Salle 1: *Mon oncle.* Jacques Tati. France, 1958.

Voici un couple qui va dîner en plein air dans le jardin. Est-ce que les personnages ont l'air de s'amuser? Pensez-vous qu'ils aiment la nature? Aimez-vous le style de leur décor?

Gérard Arpel s'ennuie dans la maison moderne et luxueuse de ses parents. À cette villa futuriste, pleine de gadgets à la mode, s'oppose le quartier traditionnel, plein de vie, de l'oncle de Gérard, M. Hulot. C'est un monde où tout le monde se connaît, où les enfants s'amusent, où les chevaux et les vélos sont plus communs que les grosses autos qui dominent le monde moderne. Jacques Tati, le scénariste, réalisateur et vedette du film, offre sa vision de la ville de Paris au moment où elle hésite entre la vie moderne et la vie traditionnelle. Un grand classique apprécié aux États-Unis autant qu'en France, *Mon oncle* a reçu l'Oscar du meilleur film étranger en 1959.

Éclairages

Recherches préparatoires sur Internet

http://www **M. Hulot, l'un des personnages principaux de *Mon oncle*, figure dans d'autres films du même réalisateur, Jacques Tati. Consultez le site web pour obtenir plus d'informations sur ce personnage et son créateur.**

Remue-méninges

Source: ©2005 Artists Rights Society (ARS), New York/ADAGP, Paris/FLC.

Ces meubles sont-ils aussi confortables que chic?

Ce vieux bâtiment semble prêt à s'écrouler. Imaginez le type de personne qui choisirait de vivre ici.

1. Décrivez les deux logements dans les images. Dans lequel des deux préféreriez-vous vivre? Pourquoi? Quels sont les avantages et les inconvénients de chaque mode de vie? Servez-vous du **Vocabulaire utile**.

Vocabulaire utile

à la mode	accueillant/e	charmant/e
élégant/e	historique	traditionnel/le

 2. Un sondage. Posez la question: «Quel logement préfères-tu?» à deux autres étudiants, puis rapportez les résultats. En général, est-ce que votre classe préfère un logement moderne et chic, ou un vieux logement qui a du caractère?

3. Il y a beaucoup de films et d'émissions télévisées qui font rire parce que deux personnes très différentes doivent cohabiter ou échanger leur logement. Par exemple, quelqu'un qui aime une maison très propre doit vivre chez une personne qui se sent à l'aise dans le désordre. Trouvez deux exemples et expliquez pourquoi chaque situation est amusante.

Anticipation

Première projection (sans le son). Dans cette séquence, quatre chiens traversent un mur pour passer du «monde ancien» (le quartier traditionnel) à un monde «moderne» (le jardin d'une maison ultra-moderne).

1. Prédictions. Avant de regarder la séquence, lisez les phrases suivantes et écrivez «A» si vous pensez qu'il s'agit du monde ancien, «M» s'il s'agit du monde moderne. Puis regardez la séquence pour vérifier vos hypothèses.

_____ Il y a des voitures.

_____ Tout est sale: il y a des ordures et des poubelles.

_____ Tout est propre. On nettoie tout, même les plantes.

_____ Les bâtiments et les jardins sont géométriques (il y a des cercles, des carrés, etc...).

_____ Il y a de l'eau qui coule dans les rues.

_____ On entend les gens qui crient, les chevaux, les chiens, les enfants…

_____ Les couleurs sont froides: il y a du blanc, du gris, du bleu, etc.

_____ On voit des petits commerces: une librairie, une boucherie.

2. Regardez la séquence sans le son pour vérifier vos hypothèses.

Deuxième projection (avec le son). Maintenant, regardez la même séquence en écoutant la bande sonore.

1. Qu'est-ce que vous entendez quand vous voyez le vieux quartier? Quel son accompagne les images du monde «moderne»? Écrivez «A» ou «M», ou les deux, tout en regardant et en écoutant la séquence.

_____ Il y a une musique légère, joyeuse.

_____ Il y a beaucoup de silence.

_____ Il n'y a pas de dialogue.

_____ On entend un aspirateur.

2. Quelles conclusions sur le monde moderne l'emploi du son suggère-t-il? Et sur le monde ancien?

GLOSSAIRE DU FILM

 Pour entendre les mots du glossaire, consultez le site web.

Voici quelques mots de vocabulaire qui vous aideront à comprendre le film, à en parler en classe et à écrire dans votre **Journal de bord,** tout en enrichissant votre lexique personnel. Avant de voir le film, lisez tout le vocabulaire. Soulignez les mots qui vous intéressent et cherchez à les entendre pendant le film.

Les personnages et leur vie

à la mode: *stylish, in style*
une allée: *gravel path in a garden*
un anniversaire de mariage: *wedding anniversary*
artificiel/le: *artificial*
un aspirateur: *vacuum cleaner*
automatique: *automatic*
un beignet: *sweet fried cake*
une bonne: *maid*
un bruit: *noise*
bruyant/e: *noisy*
un but: *goal*
un cadeau: *gift*
un chantier: *work site, construction site*
un chapeau: *hat* (un chapeau fantaisie)
une charrette: *cart*
un chien errant: *stray dog*
un cheval de trait: *cart horse*
un complet: *suit*
un/e concierge: *concierge, live-in building manager*
déshumanisé/e: *dehumanized*
un éboueur: *garbage man*
enjoué/e: *playful*
étourdi/e: *scatterbrain*
fier/ère: *proud*
la fumée: *smoke*
un gadget: *gadget, often electronic*
un garage: *garage*
un grelot: *bell on an animal's collar* (un collier)
une grille (automatique): *(automatic) gate*
un hublot: *porthole*
un imperméable: *raincoat*
indifférent/e: *indifferent*
jaloux/se: *jealous*
un jet d'eau: *fountain*
une machine: *machine*
un marché en plein air: *open-air market*

un marteau-piqueur ou marteau pneumatique: *jackhammer*
un parapluie: *umbrella*
un pare-chocs: *car bumper*
une pipe: *pipe*
poli/e: *polite*
un quartier chic: *rich neighborhood*
un quartier populaire: *working-class neighborhood*
un sifflet: *whistle*
une sonnerie: *buzzer for a gate, house, apartment*
le stress: *stress*
un terrain vague: *vacant lot*
un tuyau en plastique: *plastic tubing, pipe*
une usine: *factory*
une valise: *piece of luggage*
un/e voisin/e: *neighbor*

Les actions

se divertir: *to have fun*
échouer: *to fail*
s'écrouler: *to collapse, to fall apart*
s'ennuyer: *to be bored*
s'entendre: *to understand each other, to get along with each other*
épousseter: *to dust*
éteindre: *to turn off (a fountain, a TV, lights, etc.)*
faire briller: *to polish (floor, furniture)*
harceler: *to nag*
jouer un tour à quelqu'un: *to play a prank on someone*
mettre en marche: *to start up*
s'occuper d'un enfant: *to take care of a child*
nettoyer: *to clean*
passer l'aspirateur: *to vacuum*
polir: *to polish (glass)*
sauter: *to skip*

siffler: *to whistle*
tenir par la main: *to hold someone's hand*

Expressions

C'est malin! *That was stupid! (literally,"That's clever!" [similar to the English sarcastic comment,"That was smart!"])*

Faites-moi confiance! *Trust me! You can count on me!*
Nous avons tout ce qu'il faut! *We have everything needed/we need.*
Tout communique! *(in a home) You can get to each room from the other.*
Vous reprenez à une heure. *You start (work) again at one o'clock.*

Pendant la projection

Mise au point

Pendant que vous regardez le film, prenez des notes sur tout ce qui vous intéresse. Faites surtout attention aux éléments suivants:

1. Le nom des personnages et leurs rapports les uns avec les autres.

2. Les changements de scène (les différents logements, l'usine, les deux quartiers et les espaces publics).

3. Comment est-ce que le son ou le manque de son influence l'atmosphère de chaque scène? Faites attention à la musique et aux bruits artificiels aussi bien qu'aux bruits naturels.

4. Les différences et les similarités entre ce film et d'autres films comiques.

5. Dans ce film il y a beaucoup de mots empruntés à l'anglais (le living room) ainsi que des mots apparentés (la ventilation). Notez deux ou trois exemples. Est-ce que ces mots sont employés pour parler de la vie moderne ou de la vie traditionnelle?

6. Ce qui vous plaît et ce qui ne vous plaît pas dans le film.

Le langage du cinéma: Le montage

Le montage est l'assemblage des prises de vues d'un film—l'ordre et le rythme des plans. Le raccord est une façon de marquer le passage d'un plan vers un autre (ou d'une scène/séquence vers une autre). Le raccord dans un film hollywoodien classique donne au spectateur une illusion de continuité (dans le mouvement, le décor, le son, le temps, etc.).

Dans ce film, il n'y a pas beaucoup de raccords. Au lieu de cela, on voit des coupures abruptes entre des séquences, et même souvent à l'intérieur même d'une séquence. En quoi est-ce que cet emploi de coupures abruptes renforce les thèmes et idées du film? Est-ce qu'il y a un rapport entre cet emploi du montage et d'autres techniques filmiques? Par exemple, il y a très peu de dialogues et de gros plans dans ce film.

Après la projection

Réflexion: Journal de bord

Le **Journal de bord** vous permet de réfléchir aux thèmes et aux idées du film et d'exprimer vos réactions personnelles. Vous pouvez aussi répondre aux questions suggérées dans les instructions ci-dessous:

1. Dans votre journal de bord, écrivez vos réactions face à ce film, aussi bien que des questions et commentaires. Indiquez quelles questions ou quels commentaires vous voulez mentionner en classe.

2. Racontez ce qui se passe dans la scène qui vous a le plus amusé/e. Expliquez pourquoi vous trouvez cette scène amusante.

3. Faites attention aux rapports mère-fils et sœur-frère.

4. Expliquez ce qui vous a plu (ou pas plu) dans le film.

> **http://www** **Liens culturels**
>
> **Comment ce film est-il reçu par les critiques et le public aujourd'hui? Est-ce que le goût des Arpel est démodé? Visitez le site web pour en savoir plus.**

Compréhension et réactions

1. Quelles phrases expriment l'avis de M. Arpel? Lesquelles expriment les sentiments de M. Hulot? Pour chacune des phrases suivantes, écrivez «A» (Arpel) ou «H» (Hulot).

   a. _____ Pour réussir dans la vie, il faut travailler dur.

   b. _____ Le bois est meilleur que le plastique.

   c. _____ Les objets/possessions indiquent la réussite dans la vie.

   d. _____ Il faut laisser un peu de liberté aux enfants.

   e. _____ Il vaut mieux être à la mode qu'à l'aise.

   f. _____ Il est important d'impressionner les autres.

   g. _____ Le désordre enrichit la vie.

2. Qu'est-ce qui est comique dans ce film? Indiquez ce que vous trouvez très comique (3), assez comique (2) et pas très comique (1). Ensuite, comparez vos réponses.

   a. _____ Quand les enfants font des bêtises, les adultes blâment M. Hulot.

   b. _____ Le son, les bruits exagérés.

   c. _____ Les juxtapositions (propre/sale, Hulot/Les Arpel, etc.).

   d. _____ L'humour physique et les gags: par exemple, quand il y a quelque chose par terre, on marche dessus.

   e. _____ La façon dont M. Hulot marche.

f. _____ Le dialogue.

g. _____ Les actions de M. Hulot.

h. _____ Les actions des enfants.

i. _____ Les chiens.

j. _____ À vous: Qu'est-ce qui vous fait rire?

 3. Avec qui préféreriez-vous passer une journée, M. Arpel ou M. Hulot? Donnez trois raisons pour votre choix. Ensuite, échangez vos idées avec un/e partenaire.

Approfondissons

 1. La différence entre la vie traditionnelle et la vie moderne est soulignée par l'opposition des images, des actions et des phénomènes à travers le film. Mettez ces objets, actions et phénomènes dans la catégorie appropriée selon ce que vous avez vu dans le film. Quelle liste/mode de vie vous attire le plus? Pourquoi? Est-ce que le point de vue du film semble valoriser la vie traditionnelle ou la vie moderne?

	la vie traditionnelle du vieux quartier	la vie «moderne»
le bruit/le silence		
les sons agréables ou naturels/ les sons discordants ou artificiels		
l'ordre/la confusion		
les formes irrégulières/ les formes aérodynamiques		
se déplacer à vélo, à pied, en charrette/ se déplacer en voiture		
un vieil appartement/ une maison neuve		
un monde chaleureux/ un monde froid		
le blanc et le gris/les couleurs		
être mal à l'aise/être à l'aise		
rêver/avoir un but		
les machines et la technologie/ les personnes		
l'isolement/la communauté		
la liberté/la prison		

2. Pourquoi est-ce que M. Hulot ne réussit pas dans les emplois que son beau-frère, M. Arpel, trouve pour lui?

3. Pour qui et pourquoi est-ce que Mme Arpel met en marche son jet d'eau en forme de poisson? Qu'est-ce que cette action (de mettre ou ne pas mettre en marche le jet d'eau) révèle sur la personnalité et la vie de Mme Arpel?

 4. Choisissez la scène que vous trouvez la plus amusante. Ensuite, mettez-vous en groupes de deux ou trois et choisissez l'une des scènes que vous avez identifiées. Puis, travaillez ensemble pour raconter avec autant de détails que possible ce qui se passe dans cette scène drôle (employez le présent). Enfin, soyez prêt/e à dire pourquoi la scène vous fait rire.

Discussion

1. Quel personnage est le plus sympathique, selon vous? Pourquoi?

 2. Pour M. Arpel, M. Hulot est un raté, un homme qui échoue à tout ce qu'il fait. Pourtant, Mme Arpel suggère que son mari est jaloux de M. Hulot. Avec un/e partenaire, dressez deux listes: les échecs de M. Hulot et ses réussites. Ensuite, faites la même chose pour M. Arpel. Enfin, expliquez lequel des deux hommes est une réussite, selon vous.

3. Le petit Gérard ne semble pas très à l'aise dans la maison de ses parents. Décrivez les rapports qu'il a avec sa mère, son père et son oncle. Avec qui est-ce qu'il semble s'amuser le plus? Pourquoi?

 4. M. Arpel dit que M. Hulot est un «mauvais exemple» pour Gérard. Est-ce que Mme Arpel est d'accord? Êtes-vous d'accord? Expliquez votre réponse et celle de Mme Arpel.

 5. On ne voit jamais l'intérieur de l'appartement de M. Hulot. Avec un/e partenaire, dessinez l'intérieur de cet appartement. Soyez prêt/e à expliquer pourquoi vous avez choisi chaque élément.

6. Trouvez trois choses qui symbolisent la vie des Arpel et trois choses qui symbolisent la vie de M. Hulot. Expliquez vos choix.

7. *Mon oncle* donne une image d'un Paris en transition, à mi-chemin entre la vie traditionnelle et la vie moderne. Comparez cette image de Paris avec l'image présentée dans d'autres films que vous avez vus (par exemple, un des films du premier chapitre de ce livre).

8. À la fin du film, la destruction d'un vieux bâtiment est juxtaposée avec le départ de M. Hulot. Est-ce que cela indique que la vie moderne a détruit la vie plus traditionnelle?

Analyse

1. Le neveu de M. Hulot ne parle presque pas, et l'action du film n'est pas vue de son point de vue. Alors pourquoi ce titre, *Mon oncle*, selon vous?

2. La fille de la concierge change pendant l'action du film: d'une petite fille au début, elle devient une jeune femme. À votre avis, quelle est l'importance de ce changement inévitable mais surprenant?

3. Quelles comparaisons pouvez-vous faire entre M. Hulot et les chiens errants du vieux quartier?

4. À la fin, M. Hulot est exilé de sa ville et de sa famille. Est-ce un dénouement triste? Imaginez la dernière conversation entre Gérard et son oncle. Avec un/e partenaire, créez un dialogue (au moins six phrases).

5. Combien de machines voit-on dans ce film? Fonctionnent-elles bien? Décrivez le rapport entre les humains et ces machines.

6. Trouvez-vous que l'attitude du film soit tout à fait négative envers tout ce qui est moderne? Sinon, quels aspects de la vie moderne semblent valorisés?

7. Jacques Tati a dit: «J'ai eu l'idée de présenter M. Hulot, personnage d'une indépendance complète, d'un désintéressement absolu et dont l'étourderie, qui est son principal défaut, en fait, à notre époque fonctionnelle, un inadapté (*misfit*)». Que pensez-vous de cette description?

8. Comment est-ce que les bruits, la musique, l'échelle du plan, le montage et la mise en scène renforcent le portrait de la vie moderne dans ce film?

Mise en scène

1. Un agent immobilier essaie de vendre soit la maison des Arpel, soit le petit appartement de M. Hulot. Jouez les rôles de l'agent et des clients.

Agent: Présentez cette maison ou cet appartment de la façon la plus positive possible pour convaincre vos clients.

Clients: Vous n'êtes pas impressionnés! Vous posez beaucoup de questions difficiles sur cet immeuble.

2. Choisissez une scène du film, et jouez-la. Essayez de reprendre le plus de détails possibles. N'oubliez pas les costumes (un imperméable, une pipe…).

À l'écrit

Atelier. Vous êtes agent/e immobilier, chargé/e de vendre soit la villa moderne des Arpel, soit le vieux bâtiment de M. Hulot. Votre patron vous demande de créer une brochure pour mieux vendre ce logement. Pour bien vendre cet immeuble, mentionnez: les qualités du quartier; les voisins; la description de la maison; les raisons pour lesquelles cette maison est désirable.

Exposition. Quoique M. Hulot semble être le «héros» du film, à la fin il est chassé de son quartier et de sa famille et il part sans protester vers une nouvelle vie inconnue. Il est même suggéré que M. Arpel va prendre la place de M. Hulot dans le cœur de Gérard. Est-ce que cette fin célèbre la vie moderne ou pleure la mort de la vie traditionnelle?

Analyse. Dans les romans et dans les films, on critique souvent la société contemporaine en exagérant ses valeurs et ses défauts. En quoi est-ce qu'on peut dire que ce film est une critique sociale? Considérez le rôle du travail, des loisirs, de la nature, de la technologie, de l'argent et de la consommation dans ce monde moderne.

Salle 2: *Les visiteurs.* Jean-Marie Poiré. France, 1993.

Voici un chevalier (*a knight*) et son écuyer (*squire*) transportés de l'an 1123 au vingtième siècle. Imaginez ce que ces personnages voient pour la première fois: un restaurant fast-food, une voiture, une salle de bains... Pourquoi cette situation est-elle comique? Pensez aux réactions de ces personnages face à la vie «moderne», et aux réactions des gens qui rencontrent ces gens médiévaux pendant leur séjour au vingtième siècle.

Source: "Les visiteurs", un film de Jean-Marie Poiré. Production Gaumont, 1993.

Nous voilà au XIIe siècle. Dans l'espoir de réparer une faute qui menace de le séparer pour toujours de sa fiancée, la belle Frénégonde, le comte Godefroy de Montmirail décide de voyager dans le temps. Mais le sorcier se trompe de potion, et au lieu de voyager dans le passé, Godefroy et son écuyer (*squire*) Jacquouille la Fripouille, se retrouvent au XXe siècle—face à face avec leurs descendants.

Éclairages

Recherches préparatoires sur Internet

http://www **En Amérique du Nord, beaucoup de gens s'intéressent au Moyen Âge européen. Il existe des jeux vidéos, des foires (*fairs*), des films et même des restaurants qui recréent le Moyen Âge. Pensez-vous que les Européens soient eux aussi passionnés par l'époque médiévale? Jean-Marie Poiré, le réalisateur de ce film, se spécialise-t-il dans les films historiques? Pour en savoir plus, consultez le site web.**

Remue-méninges

1. Si vous pouviez voyager dans le temps, voudriez-vous aller dans le passé ou dans le futur? Expliquez en terminant les phrases suivantes:

Si je pouvais voyager dans le temps, je voudrais aller dans le passé parce que…

Si je pouvais voyager dans le temps, je voudrais aller dans le futur parce que…

2. Si vous pouviez voyager dans le passé, quelle époque choisiriez-vous? Auriez-vous le courage de changer quelque chose? Pourquoi ou pourquoi pas? Quels dangers ou avantages prévoyez-vous? Dressez la liste des choses que vous voudriez voir ou changer. Comparez vos idées à celles de vos camarades de classe. Suivez cet example:

Si je pouvais voyager dans le passé, je choisirais (l'an 1963, le dix-neuvième siècle, la Révolution française, etc.) _____.

Dangers	Avantages	Ce que je voudrais changer	Raisons

3. Avez-vous vu (ou entendu parler) de films américains/anglais/canadiens dont l'action a lieu au Moyen Âge? Lesquels? De quels genres de films s'agit-il (des drames historiques, des comédies, des comédies musicales, etc.)?

4. Choisissez un personnage célèbre et créez (imaginez!) son arbre généalogique. Commencez par ses ancêtres du Moyen Âge. De quel pays vient la famille de ce personnage? Si vous commencez à la fin du XIIe siècle (1200), à peu près combien de générations le séparent du présent?

5. Parfois, les sources du comique sont très simples. Par exemple, pourquoi est-ce que chacune des images suivantes est amusante?

   • un petit bébé qui conduit une grosse voiture

   • un chien qui tricote

   • un président, un roi ou une reine en bikini

   Avec votre partenaire, imaginez deux autres situations qui font rire et présentez-les à la classe (vous pouvez les dessiner si vous voulez!).

6. Voici une image médiévale d'un chevalier. Quelle est votre conception des chevaliers et de cette époque? Avec votre partenaire, dressez la liste des associations positives et négatives que vous faites avec cette époque. Servez-vous du **Vocabulaire utile** et du **Glossaire du film**, et ajoutez vos propres idées.

Vocabulaire utile

un château somptueux	l'hygiène	la magie
les (bonnes/mauvaises) manières	la noblesse	un comte
un baron	un chevalier	la pauvreté
un/e paysan/ne	le progrès	la royauté
un roi/une reine	une princesse	un prince
la technologie	la violence	

les valeurs (la loyauté, la vengeance, la fidélité, l'honneur, etc.)

Anticipation

Première projection (sans son ni sous-titres). Lisez les questions suivantes. Ensuite, regardez la première séquence du film et prenez des notes, afin de pouvoir répondre aux questions qui suivent. Il n'est pas nécessaire de tout comprendre pour répondre aux questions. Servez-vous du vocabulaire du **Glossaire du film**.

1. Cochez les éléments qui indiquent l'époque où se déroule l'action du film.

_____ les vêtements   _____ le temps qu'il fait

_____ le visage des personnages   _____ les logements

_____ les moyens de transport   _____ les armes

2. Est-ce que les actions des personnages donnent à penser que le film sera tragique, historique ou comique? Quelles actions vous surprennent?

3. Qui sera le personnage principal du film? Comment le savez-vous?

Deuxième projection (avec le son, sans sous-titres). Maintenant, regardez la même séquence une fois de plus. Vérifiez vos réponses au premier exercice et répondez aux questions suivantes.

1. En quelle année est-ce que l'histoire commence?

a. 1123   b. 1223   c. 1323

2. Est-ce que la musique suggère qu'il s'agit d'un film d'action, d'un film historique, d'un film comique, ou d'un film d'épouvante?

3. Quelles actions des personnages vous font rire? Pourquoi?

4. Il y a deux personnages principaux: d'après vous, qui est le maître et qui est le serviteur (écuyer)? Observez bien les vêtements, le langage, les rapports qui existent entre les deux hommes, ainsi que leur réaction face au danger.

5. À qui est-ce que le roi donne Béatrice de Pouille en mariage?

GLOSSAIRE DU FILM

 Pour entendre les mots du glossaire, consultez le site web.

Voici quelques mots de vocabulaire qui vous aideront à comprendre le film, à en parler en classe et à écrire dans votre **Journal de bord,** tout en enrichissant votre lexique personnel. Avant de voir le film, lisez tout le vocabulaire. Soulignez les mots qui vous intéressent et cherchez à les entendre pendant le film. Vous pouvez entendre tous les mots sur le site qui accompagne ce livre.

Le monde du XXᵉ siècle

ahuri/e: *horrified*

un/e aïeul/e: *(literary) grandfather, grandmother; ancestor*

un/e amnésique: *person with amnesia*

un/e ancêtre: *ancestor*

un arbre généalogique: *family tree*

un/e aristocrate: *aristocrat*

une arme: *weapon*

des armes (fpl): *coat of arms*

une armure: *suit of armor*

un asile d'aliénés/un asile de fous: *lunatic asylum*

une autoroute: *highway*

une bague: *ring*

un/e cascadeur/euse: *stuntperson*

une chapelle: *chapel*

un château: *castle*

une cheminée: *chimney*

un clochard, un clodo: *(pejorative) homeless person*

un comte, une comtesse: *count, countess*

une cuvette de W.C.: *toilet bowl*

la diablerie: *mischief, devil's work*

dégoûté/e: *disgusted*

la descendance: *descendants, lineage*

ébahi/e: *dumbfounded, astounded*

enthousiasmé/e: *enthusiastic, excited*

un fillot, une fillotte (terme inventé pour les besoins du film): *(archaic) a (great) grandson/granddaughter*

un/e forcené/e: *maniac*

la foudre: *lightning*

une fripouille: *rogue, scoundrel*

la fumée: *smoke*

une hallucination: *hallucination*

hardi/e: *bold, daring*

un/e malade: *crazy*

une piqûre: *injection, shot*

un rallye: *auto rally*

un/e SDF (Sans Domicile Fixe): *homeless person*

un/e sorcier/ère: *witch/wizard*

un/e snob: *snob*

stupéfait/e: *stupefied, struck dumb with surprise*

tolérant/e: *tolerant*

une torche: *torch; flashlight*

Le monde du Moyen Âge

une arbalète: *crossbow*

un bouclier: *shield*

un chevalier: *knight*

un cri de guerre: *war cry*

une devise: *motto*

un donjon: *tower at the front of a castle*

un écuyer: *squire (male servant who takes care of his master and his master's horses)*

un enchanteur: *wizard*

une épée: *sword*

une flèche: *arrow*

une formule magique: *magic formula*

un/e gueux/euse: *(archaic) peasant*

un grimoire: *magic book, book of spells*

un mage = un enchanteur = un sorcier: *witch, warlock, wizard*

la magie: *magic (Note: magique is an adjective but not a noun in French.)*

un maraud: *(archaic) rascal, scoundrel*

messire, sire: *my lord, lord*

mie (ma mie): *mon amie: (archaic) my beloved (woman)*

une oubliette: *dungeon cell*

une potion: *potion*

ma promise: *(archaic) my intended, my fiancée*

un/e sarrasin/e: *Saracen (medieval term: non-Christian)*

un souterrain: *underground tunnel*

un trésor: *treasure*

Les actions et les réactions

s'adapter: *to adapt*
attaquer: *to attack*
avaler: *to swallow*
cracher: *to spit*
effrayer quelqu'un: *to scare someone*
faire semblant de + verbe: *to pretend to*
s'habituer à quelque chose: *to get used to something*
hurler: *to yell*
se mettre en colère: *to get mad*
mordre: *to bite*
s'occuper de: *to take care of*
prier: *to pray*
puer: *to stink*
rajeunir: *to make young, to give a younger appearance*
ressembler à: *to look like*
roter: *to burp*
tirer sur (avec une arbalète, un pistolet…): *to shoot at (with a crossbow, a pistol . . .)*
transformer (en): *to transform (into)*

Expressions

Ça sent les pieds. *It smells like feet.*
C'est dingue! = C'est dingo! = C'est zinzin! *(slang) That's crazy, freaky, nuts!*
Il est habillé en chevalier. *He's dressed like a knight.* (être habillé/e en + nom)
Il était habillé de manière excentrique. *He was dressed in an eccentric way.* (être habillé/e de + adjectif)
Que trépas si je faiblis! = Que je trépasse si je faiblis! (la devise de Godefroy) *Death rather than defeat!*
Qui ne risque rien n'a rien! *Nothing ventured, nothing gained!*
Vive la Révolution! *Long live the (French) Revolution!*

Pendant la projection

Mise au point

Pendant que vous regardez le film, prenez des notes sur tout ce qui vous intéresse. Faites surtout attention aux éléments suivants:

1. Le nom des personnages et les rapports qui existent entre eux.

2. Les moments dans le film où vous riez. Quel personnage trouvez-vous le plus comique?

3. Faites attention aux choses qui font peur ou qui attirent Godefroy et Jacquouille.

4. Les différences et les similarités entre ce film et d'autres films comiques que vous connaissez.

5. Les mots et les expressions que vous aimeriez apprendre.

6. Ce qui vous plaît et ce qui ne vous plaît pas dans le film.

> ## Le langage du cinéma: Le montage
>
> Le montage est l'assemblage des prises de vues d'un film, c'est-à-dire l'ordre et le rythme des plans.
>
> Parfois, les raccords font rire à cause de la juxtaposition de deux images, ou du dialogue et de l'image qui suit.
>
> Dans ce film, le montage est parfois très rapide. À quelles émotions et à quelles actions peut-on associer le montage rapide des *Visiteurs*? Dans quelles séquences ou entre quelles séquences y a-t-il un montage rapide? Pourquoi?

Après la projection

Réflexion: Journal de bord

Le **Journal de bord** vous permet de réfléchir aux thèmes et aux idées du film et d'exprimer vos réactions personnelles. Vous pouvez aussi répondre aux questions suggérées dans les instructions ci-dessous:

1. Dans votre journal de bord, écrivez vos réactions face à ce film, aussi bien que des questions et commentaires. Indiquez quelles questions ou quels commentaires vous voulez mentionner en classe.

2. Quelles actions du passé influencent le XXe siècle?

3. Qu'est-ce qui rend chaque personnage amusant? Faites attention à leurs gestes, leurs actions, leur façon de parler et leur aspect physique.

> **Liens culturels**
>
> Les changements sociaux apportés par la Révolution française sont à la base des événements du film *Les visiteurs*. Savez-vous pourquoi? L'acteur qui joue le rôle de Jacquouille est bien connu en France. Est-ce que c'est un acteur qui joue seulement dans des films comiques? Consultez le site web pour poursuivre vos recherches.

Compréhension et réactions

1. Avez-vous compris? Choisissez la réponse la plus logique pour chaque
question ci-dessous:

1. Godefroy voyage dans le temps

   a. parce qu'il a tué le père de sa fiancée.

   b. parce qu'il est curieux.

   c. parce qu'il s'est marié avec une sorcière.

2. Béatrice est tolérante et généreuse quand elle rencontre Godefroy
   parce qu'elle croit que c'est

   a. le fantôme de son père.

   b. son cousin.

   c. un SDF qui a besoin d'aide.

3. Béatrice n'habite plus le château familial

   a. parce qu'il n'est pas assez moderne.

   b. parce qu'elle ne s'intéresse pas à l'histoire de sa famille.

   c. parce qu'elle n'a pas assez d'argent.

4. Au XXe siècle, Jacquouille trouve que

   a. l'argent est plus important que la noblesse.

   b. sa descendance est pauvre.

   c. Dame Ginette est la descendante d'un chevalier.

5. Godefroy déteste son descendant Gonzague de Montmirail parce que
   pendant la Révolution française

   a. il s'est fait guillotiner.

   b. il a épousé une descendante de Jacquouille.

   c. il était pour l'idée de partager les terres avec les paysans.

6. À la fin, Jacquouille reste au XXe siècle et

   a. Godefroy tombe amoureux de Béatrice.

   b. Jacquart est envoyé au Moyen Âge.

   c. le mari de Béatrice comprend enfin tout ce qui s'est passé.

2. Les personnages. D'abord, associez chaque personnage médiéval avec son double moderne. Si un double n'existe pas, notez-le. Ensuite, trouvez deux adjectifs qui décrivent le mieux chaque personnage. Vous comparerez ensuite vos adjectifs avec ceux de vos camarades de classe.

	Personnages médiévaux	Deux adjectifs
Sire Godefroy le Hardi, le comte de Montmirail, d'Apremont, de Popincourt		
Dame Frénégonde de Pouille		
Jacquouille la Fripouille		
Le Mage (sorcier) Eusebius		
La Sorcière de Malcombe		
	Personnages modernes	**Deux adjectifs**
Dame Ginette		
Béatrice Goulard de Montmirail		
Jean-Pierre Goulard		
Jacques-Henri Jacquart		
Hubert (Hub)		
Le Président Bernay		

3. Votre scène préférée. En groupes de deux ou trois, choisissez une scène qui vous a fait rire. Décrivez cette scène de façon aussi détaillée que possible. Soyez prêt/e à expliquer ce que vous trouvez amusant dans cette scène.

Approfondissons

1. Qu'est-ce que Godefroy et Jacquouille trouvent fascinant au XXe siècle? Qu'est-ce qu'ils trouvent dégoûtant? De quoi ont-ils peur?

Suivez le modèle:

le train	*Ils ont peur du train.*
les sels de bain	*Ils trouvent les sels de bain fascinants.*

l'autoroute

une camionnette

la cuvette des W.C.

un avion

la radio

la pollution

une promenade en voiture

un téléphone

2. Quels personnages modernes sont choqués ou dégoûtés par les visiteurs du Moyen Âge? Lesquels sont charmés ou indifférents? Pourquoi?

3. Les actions du passé influencent les événements du XXe siècle. Expliquez le rapport qui existe entre les actions suivantes et l'action qui se déroule neuf siècles plus tard:

- Godefroy emprisonne une sorcière.
- Jacquouille cache les bijoux dans la chapelle.
- Le sorcier oublie les œufs de caille dans sa potion.
- Autre chose?

4. Les titres ou surnoms des personnages révèlent certaines de leurs caractéristiques et influencent les réactions des gens envers eux. En quoi est-ce que les titres Godefroy le Hardi et Jacquouille la Fripouille sont-ils appropriés?

Discussion

1. Qu'est-ce qui rend chaque personnage amusant? Consultez le vocabulaire de la section **Avant-scène** afin de dresser la liste des éléments comiques chez chacun des personnages suivants:

Béatrice   son mari   Jacquouille   Godefroy

Considérez:

- le dialogue (le vocabulaire; le ton utilisé par les personnages)
- l'humour physique
- les costumes
- les quiproquos
- les litotes
- les hyperboles

2. Avec un/e partenaire, décrivez le rapport qui existe entre Godefroy (le chevalier) et Jacquouille (l'écuyer) au XIIe siècle. Trouvez des exemples précis. Ensuite, décrivez comment ce rapport change au XXe siècle.

3. Qu'est-ce que Godefroy a appris pendant son séjour au XXe siècle? Et Jacquouille? Qui se débrouille (*handles it, manages*) le mieux? Pour quelles raisons précises?

4. Béatrice et son mari réagissent de manière très différente face aux actions des visiteurs. Est-ce que les réactions de Béa sont plus amusantes que celles de son mari, ou est-ce l'inverse? Pourquoi?

5. Béatrice n'est plus propriétaire du château des Montmirail. Mais qui est le plus respecté dans le village, Béatrice ou Jacquart? Trouvez des exemples pour soutenir votre argument.

6. Qui est le plus satisfait de la vie moderne, Godefroy ou Jacquouille? Pourquoi? Quels sont les avantages et les inconvénients que chacun y trouve?

7. Est-ce que vous trouvez Jacquart sympathique? Sa punition à la fin du film est-elle juste? Pourquoi ou pourquoi pas?

8. Quel avenir prévoyez-vous pour Jacquart? Et pour Jacquouille? Comparez votre réponse à celles des autres étudiants.

9. Qu'est-ce qui rend le dénouement de ce film heureux ou satisfaisant? Ou n'êtes-vous pas d'accord avec la fin?

Analyse

1. Jacquart veut oublier ses origines, tandis que Godefroy est très fier des siennes. Et malgré le fait que Jacquart a beaucoup de succès, il n'est pas respecté par les autres personnages. Pourquoi?

2. Dans quelle mesure est-ce que l'intrigue secondaire (M. Bernay et son assistante exigeante) ajoute à l'humour?

3. La représentation du Moyen Âge est exagérée et stéréotypée dans ce film comique. Est-ce que la représentation du monde moderne vous semble elle aussi exagérée? Quels éléments précis de chaque époque sont exagérés?

4. Un bon chevalier est vaillant, pieux et toujours fidèle à son roi et à sa dame. Quand est-ce que Godefroy fait preuve de ces qualités?

5. Pour Béatrice, le héros de la famille est Gonzague de Montmirail, ami du peuple pendant la Révolution. Pour Godefroy, Gonzague est une honte. En quoi est-ce que ces points de vue divergents révèlent-ils les changements dans la société française d'après la Révolution française?

6. **Un débat.** Les visiteurs du Moyen Âge apprécient beaucoup certains aspects de la vie moderne (la vie du XXe siècle) mais sont effrayés ou dégoûtés par d'autres aspects. Par exemple, la pollution de l'air les rend malades. Pensez-vous que le «progrès» technique améliore toujours la vie/la société?

   a. Dressez la liste des choses qui se sont, selon vous, améliorées depuis l'an 1100.

   b. Dressez une liste des problèmes actuels qui n'existaient pas en 1100. Existe-t-il des liens entre les améliorations et les problèmes?

   c. Votre professeur va diviser la classe en deux. Une moitié de la classe va soutenir le point de vue que la vie est meilleure au XXIe siècle, l'autre moitié va dire que la vie au XIIe siècle présentait plus d'avantages.

Mise en scène

1. En groupes de deux ou plus, imaginez que vous êtes des archéologues de l'an 3000. Le monde a beaucoup changé. Vous trouvez un objet

dans les ruines d'un campus. Vous savez que cet objet date de l'an _____ (aujourd'hui), mais vous ne savez pas ce que c'est. À vous d'étudier cet objet et de conclure ce que c'est, à quoi il sert, etc.

a. Choisissez un objet de tous les jours.

b. Faites par écrit la description de cet objet, qui sera exposé dans un musée.

- Nous avons trouvé cet objet… (ville, université, bâtiment).

- Une description de l'objet (deux ou trois phrases).

- Votre conclusion (deux ou trois phrases). Nous croyons que c'est une sorte de … (Qui se servait de cet objet? Pour quoi faire?)

2. En groupes de deux ou plus, imaginez qu'un/e nouvel/le étudiant/e ou qu'un nouveau professeur arrive en classe. Les autres étudiants découvrent petit à petit que cette personne voyage dans le temps. De quel siècle vient-il/elle? De quoi a-t-il/elle peur? Qu'est-ce qu'il/elle trouve amusant? Comment est-ce que les étudiants et le professeur réagissent? Écrivez un dialogue, puis jouez votre scène devant les autres groupes.

À l'écrit

Atelier. Imaginez que vous écrivez le scénario d'un remake de ce film. Comment est-ce que vous changez le contenu des *Visiteurs* pour votre public—un public américain? Écrivez le sommaire de votre scénario afin de convaincre un producteur hollywoodien de tourner votre film. N'oubliez pas de mentionner les éléments suivants: 1) Qui sont les «visiteurs»? D'où et de quelle époque viennent-ils? 2) Pourquoi voyagent-ils? 3) Où se trouvent-ils? À quelle époque et dans quelle ville (des États-Unis?)? 4) Qui est-ce qu'ils rencontrent? 5) Qu'est-ce qui se passe à la fin du film?

Exposition. Choisissez trois scènes du film dans lesquelles les scénaristes ont recours à l'hyperbole (l'exagération). Situez chaque scène brièvement (une phrase suffit: «au début du film», «dans la scène où», «juste après que», etc.). Ne racontez surtout pas l'histoire. Identifiez l'emploi de l'hyperbole dans chaque scène, et expliquez quels stéréotypes cet emploi de l'hyperbole renforce. Employez le présent.

Analyse. Le sous-texte de ce film est l'histoire de la Révolution française, vue comme le moment historique où (en théorie) l'héritage (noble, paysan…) d'une personne devient moins important que ses qualités personnelles. Jusqu'à la Révolution française, la naissance determinait presque tout dans la vie d'un Français: son éducation, sa carrière, son mariage, sa vie familiale. Ce que Jacquouille découvre avec joie, c'est que son descendant est devenu le riche propriétaire du château des Montmirail—il semble donc qu'au XXe siècle, on puisse changer de classe sociale. Examinez les vies de Jacquouille et de son descendant, et de Godefroy et de sa descendante. Qu'est-ce qui a vraiment changé du point de vue de la classe sociale, et qu'est-ce qui n'a pas beaucoup changé?

Salle 3: *Le dîner de cons.*
Francis Veber. France, 1998.

Imaginez cette conversation. Combien de personnes parlent? Qui semble à l'aise? Qui semble mal à l'aise?

Tous les mercredis, Pierre Brochant et ses amis invitent à dîner quelques «cons»—les personnes les plus idiotes qu'ils puissent trouver—pour se moquer d'eux pendant toute la soirée. Cette semaine, Pierre est tout content parce qu'il a trouvé François, un con «champion du monde». Pourtant, quand il invite François chez lui avant le dîner, les choses commencent à tourner mal pour Pierre. François est peut-être le roi des cons, mais il porte également malheur. Alors... qui est le vrai con?

Éclairages

Recherches préparatoires sur Internet

http://www **Avez-vous déjà vu un film original ou un remake américain du réalisateur Francis Veber? Est-ce que les Français ont le même sens du comique que les Américains et les Canadiens? Consultez le site web pour trouver des informations sur Veber et sur l'humour français.**

Remue-méninges

1. «Con» est un mot familier qui veut dire *ridicule, inepte* ou *bête* (encore un mot familier). Dans quels contextes est-ce qu'on éviterait d'employer

le mot «con»? Révisez les phrases suivantes pour parler de façon moins familière et plus soutenue. Attention: il vous faudra parfois reformuler toute la phrase!

- Un étudiant pense qu'il y a trop de devoirs. Il dit à son ami «C'est con!» Qu'est-ce qu'il dit au professeur?

- Vous faites la connaissance du nouveau copain de votre meilleure amie. Elle est amoureuse de lui. Une fois le copain parti, votre amie vous demande votre opinion. Vous pensez: *Qu'est-ce qu'il est con!* Mais pour ne pas blesser votre amie, vous dites plus gentiment: _____!

 2. Dans beaucoup de films comiques, il y a un personnage principal qui est inepte, stupide et ridicule. On rit de ce que ce personnage fait et dit. Est-ce méchant? Avec un/e partenaire, pensez à trois personnages de films ou programmes télévisés que vous connaissez qui sont comiques justement parce qu'ils sont stupides. Expliquez pourquoi on trouve ce personnage amusant. Puis décidez si cet humour est méchant ou pas.

Le nom du personnage	Pourquoi est-ce qu'on rit?	Est-ce méchant?

3. Comparez le titre original—*Le dîner de cons*—au titre employé en anglais: *The Dinner Game*. Quels genres filmiques est-ce que chaque titre suggère?

 4. Les personnages stéréotypés (la comédie de caractère). Imaginez que vous regardez un film comique dans lequel les personnages principaux sont stéréotypés. Avec un/e partenaire, dressez la liste des adjectifs que vous associez avec chaque personne (traits de caractère, aspect physique). Attention: vos réponses sont-elles différentes selon que le personnage est masculin ou féminin? Inspirez-vous du **Vocabulaire utile** à la page suivante. Ensuite, faites une phrase complète décrivant chaque personne et comparez vos réponses avec celles des autres étudiants de la classe.

- un comptable
- un/e avocat/e
- un homme ou une femme très riche
- une jeune femme ou un jeune homme beau/belle et bien fait/e
- un professeur ou un intellectuel

Vocabulaire utile

avare	bavard/e	orgueilleux/se	impatient/e
agressif/ve	paresseux/se	sportif/ve	calme
perfectionniste	idiot/e	charmant/e	intelligent/e
compréhensif/ve	bête	timide	tolérant/e
fêtard/e (qui aime un peu trop les fêtes)	ennuyeux/se	généreux/se	naïf/ve

Anticipation

Première projection (sans son ni sous-titres). Regardez la première séquence et prenez des notes, afin de raconter (en groupes de deux ou trois) ce qui se passe. Il y a trois scènes. Expliquez ce qui se passe dans chaque scène. Servez-vous du **Vocabulaire utile** ci-dessous.

1. Qui est le personnage principal dans chaque scène?

2. Quel est le rapport entre les personnages dans chaque scène? Est-ce qu'ils semblent être amis?

	Personnage principal	Rapport entre les personnages
Scène 1:		
Scène 2:		
Scène 3:		

Vocabulaire utile

un (ordinateur) portable	un boomerang	une louche
un porte-documents	un dossier	lancer
une maquette (de la Tour Eiffel) en allumettes	une photo	répondre
	un (téléphone) portable	(au téléphone)
		se moquer de

Deuxième projection (avec le son, sans sous-titres). Lisez les questions suivantes et devinez les réponses. Ensuite, regardez et écoutez le film afin de vérifier vos réponses. Attention: il n'est pas nécessaire de tout comprendre pour pouvoir répondre aux questions.

1. Pourquoi l'homme joue-t-il avec le boomerang?
   a. C'est idéal contre le stress.
   b. Il fait de la publicité pour une compagnie qui fabrique des boomerangs.
   c. Il déteste jouer au foot.

2. Qu'est-ce qu'il accepte de faire?
   a. Dîner avec son meilleur ami.
   b. Dîner avec sa femme.
   c. Dîner avec un homme qu'il ne connaît pas bien.

3. Dans le bar, les amis de l'homme sont surpris que son client apprécie ses idées et ses opinions parce que l'homme
   a. parle très peu.
   b. est con.
   c. est modeste.

4. Qui adore les louches?
   a. L'homme qui porte un complet.
   b. L'homme qui a joué au tennis.
   c. Le père de l'homme au complet.

5. Dans le club, qu'est-ce que les deux hommes collectionnent?
   a. Des boomerangs.
   b. Des idiots.
   c. Des louches.

6. Pourquoi l'homme au complet est-il si content de rencontrer l'homme qui fait des maquettes?
   a. Parce qu'il trouve les maquettes magnifiques.
   b. Parce que son ami cherche un idiot à inviter au dîner hebdomadaire.
   c. Parce que c'est un vieil ami.

GLOSSAIRE DU FILM

 Pour entendre les mots du glossaire, consultez le site web.

Voici quelques mots de vocabulaire qui vous aideront à comprendre le film, à en parler en classe et à écrire dans votre **Journal de bord**, tout en enrichissant votre lexique personnel. Avant de voir le film, lisez tout le vocabulaire. Soulignez les mots qui vous intéressent et cherchez à les entendre pendant le film.

Les personnages et leur quotidien

un abruti: *idiot; uncultured person*

une allumette: *match*

une astuce: *joke, wisecrack*

avoir mal au dos: *to have a backache*

une bêtise: *stupid or silly thing, as in* J'ai fait une bêtise.

brusque: *abrupt, rude*

un cocu: *cuckold (a man whose wife is cheating on him)*

un comptable au Ministère des Finances: *accountant for the Department of Finance*

un con = un abruti = un débile = un demeuré (all are vulgar slang): *idiot, moron, schmuck*

un contrôleur fiscal: *tax auditor*

crédule: *credulous, naïve*

cruel/le: *cruel*

dégoûté/e: *disgusted*

désagréable: *unpleasant*

un/e éditeur/trice: *editor, publisher*

égoïste: *egotistical*

le fou rire: *the giggles, uncontrollable laughter*

une garçonnière: *bachelor pad*

hilarant/e: *hilarious*

un/e kinésithérapeute: *physical therapist*

une maquette: *model (e.g., a model plane)*

méchant/e: *mean, nasty*

moche: *ugly (Cette maison est moche!); nasty (Tu as été vraiment moche avec lui!)*

nerveux/se: *tense, irritable, nervous*

perso = personnel/le: *personal (slang)*

un répondeur: *answering machine*

serviable: *obliging, willing to help*

un straightman: *(Anglicism often used in French as in English) the foil, the comic partner*

Les actions

aller de mal en pis: *to go from bad to worse*

causer: *to talk, chat*

se conduire mal/bien: *to act badly/well*

se donner un tour de reins: *To put one's back out.* J'ai un tour de reins.

décerner une palme: *to give out a prize (a palme is a French film prize, equivalent to an Oscar)*

décrocher le téléphone: *to pick up the phone*

draguer: *to try and pick up a man/woman*

contrôler: *to audit taxes (in this context)*

embêter: *to irritate, bother*

empirer: *to get worse*

s'énerver: *to get irritated, mad*

faire une boulette/une gaffe: *to make a blunder, put your foot in your mouth*

faire la gueule: *to look sulky, pouty*

joindre: *to reach (via phone, usually)*

mériter: *to deserve*

se mettre en colère: *to get angry*

se moquer de: *to make fun of*

piquer: *to steal*

plaindre quelqu'un: *to feel sorry for someone (Je le plains.)*

se plaindre: *to feel sorry for oneself, complain (Il se plaint.)*

pouffer de rire: *to crack up laughing*

raccrocher: *to hang up the phone*

régler un problème: *to take care of/solve a problem*

rendre service (à quelqu'un): *to do a favor (for someone)*

rigoler: *to laugh, have fun*

rire de: *to laugh at*

virer: *to fire (from a job)*

Expressions

Ça va mal tourner! *That will lead to trouble!*
C'est bien fait pour lui. *It serves him right.*
de la part de: *from* (J'ai un message pour vous de la part de votre mari. Ce cadeau est de la part de mon amie Anne...)
être tout meurtri/e: *to be covered in bruises, black and blue*

jouer assez fine: *to be very careful, act with shrewdness*
Le coq est lâché, gardez vos poules. *The rooster is loose, watch out for your hens. (A single man is around, keep your wife on a short leash.)*
Quel drôle de numéro! *What a nutty character!*
un con de classe mondiale: *a world-class idiot*

Pendant la projection

Mise au point

Pendant que vous regardez le film, prenez des notes sur tout ce qui vous intéresse. Faites surtout attention aux éléments suivants:

1. Le nom des personnages et les rapports qui existent entre eux, les rapports amicaux, les rapports amoureux.

2. Les moments dans le film où vous avez ri le plus ou étiez le plus mal à l'aise.

3. Notez les moments où l'on parle au téléphone; comptez le nombre de fois que François essaie de quitter l'appartement.

4. Les différences et les similarités entre ce film et d'autres films comiques que vous connaissez.

5. Les mots et les expressions que vous aimeriez apprendre.

6. Ce qui vous plaît et ce qui ne vous plaît pas dans le film.

Le langage du cinéma: La mise en scène

Ce film est basé sur la pièce de théâtre du même titre que Francis Veber, auteur du scénario de ce film, a également écrite. En quoi et à quels moments précis est-ce que le film ressemble à une pièce? Observez bien les scènes, le décor, le dialogue et les actions des personnages.

Après la projection

Réflexion: Journal de bord

Le **Journal de bord** vous permet de réfléchir aux thèmes et aux idées du film et d'exprimer vos réactions personnelles. Vous pouvez aussi répondre aux questions suggérées dans les instructions ci-dessous:

1. Dans votre journal de bord, écrivez vos réactions face à ce film, aussi bien que des questions et commentaires. Indiquez quelles questions ou quels commentaires vous voulez mentionner en classe.

2. Qui est un meilleur ami, Juste ou François, selon vous?

3. Qui semble aimer François? Pourquoi? Qu'est-ce qu'ils/elles voient d'attirant chez François?

4. Regardez attentivement les actions et réactions de Christine.

5. Quelle scène vous a fait rire le plus? Pourquoi?

Liens culturels

«Le temps ne fait rien à l'affaire», la chanson du générique, est de Georges Brassens, un chanteur français bien connu pour son sens de l'humour. Consultez le site web pour en savoir plus sur Brassens.

Compréhension et réactions

1. Complétez les phrases en utilisant le nom des personnages suivants.

François Pignon Pierre Brochant Juste Leblanc Christine Brochant
Marlène Sasseur Louisette Pascal Meneaux Lucien Cheval

   a. _____ est fâchée avec son mari parce qu'elle trouve qu'il est trop méchant.

   b. Pierre et _____ ont une chose en commun: leurs femmes les ont quittés.

   c. _____ est un bon ami de Pierre, mais il trouve la situation de Pierre si drôle qu'il ne fait que rire.

   d. Cet ami de François, _____, vient aider Pierre; ensuite, il rit des problèmes de Pierre; finalement, il découvre qu'il a autant de problèmes personnels que Pierre.

   e. Pierre n'a pas de sœur, mais il trompe sa femme avec _____.

   f. Très généreux, _____ veut toujours aider les autres, mais restez sur vos gardes s'il veut vous aider!

2. Pourquoi est-ce que Pierre a peur de Lucien Cheval?

3. Est-ce que vous plaignez François? Et Pierre? Expliquez.

4. Quel personnage vous fait rire le plus? Pourquoi?

 Approfondissons

1. Est-ce que vous avez un/e ami/e ou une connaissance qui ressemble à François? À Pierre? Quels sont ses qualités (traits de caractère positifs) ses défauts?

2. Il y aura un remake américain de ce film. Quels acteurs choisissez-vous pour les personnages principaux? Pourquoi?

3. Imaginez un titre différent pour ce film et expliquez pourquoi vous avez choisi ce titre.

Discussion

1. Quels traits de caractère associez-vous avec Pierre? Avec François? Avec Juste? Avec Lucien? Pour commencer: la compassion, la méchanceté, la générosité, la bonne volonté, la bonté.

2. Après avoir vu le film, quel titre préférez-vous: *Le dîner de cons* ou le titre anglais, *The Dinner Game?* Expliquez votre choix.

3. On pourrait dire que les deux personnages principaux sont aussi antipathiques l'un que l'autre, mais pour des raisons différentes. Êtes-vous d'accord? Sinon, pour qui éprouvez-vous de la compassion, et pourquoi?

 4. Au début du film, Pierre Brochart semble être comblé: il a la santé, de bons amis, une belle femme, beaucoup d'argent. Dans quelle mesure est-ce que son personnage évolue au cours du film? Avec un/e partenaire, choisissez les trois moments qui illustrent les changements les plus importants de la vie de Pierre. Soyez prêt/e à expliquer vos idées à la classe.

 5. Point de vue: autoportrait/autobiographie versus biographie. D'abord, imaginez que vous êtes François, puis Pierre, et écrivez un autoportrait (un paragraphe) de François Pignon et de Pierre Brochant. Parlez de leur aspect physique, leur caractère, leur travail, leur passe-temps, leur rapport avec leur famille et leurs amis. Comparez votre travail avec celui d'un/e camarade de classe. Sur quels points êtes-vous d'accord/pas d'accord?

- Je m'appelle François…
- Je m'appelle Pierre…

 6. Mettez-vous à la place de François et écrivez la biographie de Pierre dans un paragraphe. Ensuite, mettez-vous à la place de Pierre et faites de même. Dans chaque biographie parlez de son aspect physique, son caractère, son travail, son passe-temps, son rapport avec sa famille et ses amis. En quoi est-ce que la biographie diffère de l'auto-portrait pour chaque personne (numéro 5)? Comparez votre travail avec celui d'un/e camarade de classe. Sur quels points êtes-vous d'accord/pas d'accord?

- Il s'appelle François Pignon…
- Il s'appelle Pierre Brochant…

7. Finalement, François Pignon, est-il «con»? Quels éléments de sa personnalité sont attachants? Lesquels sont repoussants (*off-putting*)?

8. Le film commence avec l'image d'un boomerang, et l'on pourrait dire que pendant le film Pierre Brochant souffre de «l'effet boomerang» ou du mauvais karma. Êtes-vous d'accord avec ce commentaire?

 9. Quelles scènes vous mettent mal à l'aise? Pourquoi? Croyez-vous que ce film soit trop méchant? Est-ce que le dénouement vous satisfait?

Analyse

1. Au cours du film, Pierre Brochant voit son monde se détruire presque totalement: sa santé, sa morale, sa vie amoureuse (son mariage, sa liaison avec sa maîtresse), ses finances... tout semble tomber en ruine. Selon vous, est-ce qu'il méritait une telle punition? Pourquoi ou pourquoi pas?

 2. Pierre Brochant dit, «J'ai compris beaucoup de choses ce soir». Mais pensez-vous que Pignon ou Brochant veuille/puisse changer après cette soirée? Quelles actions ou réactions indiquent qu'ils veulent/ne veulent pas changer leurs habitudes?

 3. Quels personnages sont solidaires pendant le film? À quel(s) moment(s)? Pourquoi? Dans quelles situations la rivalité existe-t-elle entre les personnages? Est-ce que les hommes sont solidaires des femmes?

Lucien Cheval	Pascal Meneaux	François Pignon
Pierre Brochant	Juste Leblanc	Marlène Sasseur
Christine Brochant		

4. Pignon dit à Christine: «Je ne sais pas si c'est l'homme le plus méchant que j'aie rencontré mais je sais que c'est le plus malheureux». Selon vous, est-ce que Pierre est plutôt méchant ou malheureux?

5. Il y a un manque de communication radical entre les personnages, et ce manque provoque chez eux la frustration, le rire, l'angoisse. Qu'est-ce qui est à l'origine de ces problèmes de communication? Quels personnages semblent communiquer le mieux?

 6. *Le dîner de cons* exploite la comédie de situation aussi bien que celle des personnages stéréotypés. Expliquez comment le suspense et la claustrophobie fonctionnent comme des éléments comiques dans ce film.

 7. Les femmes sont les personnages secondaires de ce film et apparaissent très peu à l'écran. Pourtant, la situation de Pierre, de François et de Lucien est définie par leur rapport avec une ou plusieurs femmes. Quelle est l'importance des femmes dans ce film, selon vous?

 8. À la fin du film, Pierre Brochant dit, «Une belle morale: Le méchant Brochant abandonné de tous se soule tout seul dans son grand appartement vide et le gentil Pignon rentre chez lui avec ses maquettes en pensant, 'C'est bien fait pour ce salaud!'». Est-ce la (seule) morale de cette histoire, selon vous? Pouvez-vous trouver et expliquer une autre morale moins traditionnelle/simpliste?

 **Mise en scène**

1. Faites le doublage d'une séquence que vous aimeriez récrire.

- Mettez-vous en groupes. D'abord, regardez la séquence que vous avez choisie (ou que votre professeur a choisie).

- Maintenant, choisissez les phrases que vous voulez récrire.

- Enfin, écrivez votre dialogue.

- Passez la séquence pour vos camarades de classe en remplaçant la bande sonore par votre propre voix.

2. On pourrait dire que ce film est comme une fable avec une morale. Pierre Brochant pense que la morale de son histoire est que «les méchants sont punis». Avec un ou deux partenaires:

- Choisissez une morale et créez une nouvelle fable qui illustre cette morale—mais utilisez des animaux au lieu d'êtres humains. Ne dévoilez pas votre morale aux autres étudiants.

- Jouez votre fable devant la classe; les autres étudiants vont deviner quelle morale vous avez choisie.

À l'écrit

Atelier. Imaginez que Christine raconte cette histoire à une amie. Quelle serait son attitude envers son mari? Envers François? Écrivez l'histoire du point de vue de Christine.

Exposition. Pierre et François ont tous les deux beaucoup de défauts. D'abord, Pierre semble tout à fait antipathique tandis que François semble sympathique. Dans quelle mesure est-ce que l'attitude des spectateurs change au cours du film, et pourquoi?

Analyse. Pouvez-vous imaginer une nouvelle version (un remake) américaine du *Le dîner de cons*? Quelles seraient les difficultés de cette adaptation? Avant d'écrire, lisez l'interview (ci-dessous) avec Veber dans laquelle il parle des difficultés d'adaptation. Ensuite, écrivez un essai en cinq parties:
1) Une introduction: Croyez-vous qu'un remake américain de ce film puisse devenir un succès? 2) Faites un résumé des commentaires de Veber à propos de l'adaptation des films français pour le public américain. 3) Pourquoi les Américains s'intéresseraient-ils à un remake de ce film? À votre avis, qu'est-ce qui plairait ou qu'est-ce qui ne plairait pas au public américain? Pensez à l'humour, à l'action et aux conversations. 4) Selon vous, qu'est-ce qui rendrait ce remake difficile? 5) Une conclusion.

Interview avec Francis Veber

Comment écrit-on un remake?

Francis Veber: C'est un exercice difficile. Il faut d'abord passer d'une sensibilité à l'autre, en l'occurrence de la sensibilité française à la sensibilité américaine. Contrairement à ce qu'on pense, elles sont très éloignées l'une de l'autre. On imagine qu'on est proche des Américains parce qu'on a adopté leur musique, leurs fast-foods et leurs casquettes à l'envers. Mais, en fait, on est très loin, surtout pour la comédie. Donc, pour passer d'un pays à l'autre, il faut une véritable adaptation. Une autre difficulté est que quand vous travaillez sur un film, ce qui vous a fait rire au départ se fane. Si vous êtes un auteur américain, vous avez tendance à essayer de changer les plaisanteries qui, petit à petit, perdent leur sel, ou à essayer de les enrichir, ce qui conduit à les abîmer. Un peu comme si vous mettiez une couche de chantilly sur du foie gras… La plupart des remakes américains sont trop nourrissants car trop de choses ont été ajoutées.

La première étape n'est-elle pas d'américaniser la ville, les personnages, leur métier?

Oui, mais pas seulement ça. Car il y a des choses qui ne passent pas en Amérique. Par exemple, un personnage qui ne passe pas du tout, c'est l'anti-héros, que les Américains appellent un «wimp», une mauviette. Ils n'aiment pas ça, ou alors il faut qu'il y ait ce qu'ils appellent un «arc», c'est-à-dire qu'à la fin, il devienne un héros.

Comment se déroule l'écriture du remake du *Dîner de cons*?

Je vais commencer à travailler avec un écrivain américain. Dans l'écriture d'un remake, si la structure est bonne, vous gardez les piquets de slalom mais vous changez la neige! Ce n'est plus une neige française, c'est une neige américaine. Une des difficultés d'adaptation vient des rapports avec le fisc. Aux États-Unis, il n'y a pas d'impôt sur la fortune, et on ne juge pas les gens sur leurs biens. Un Américain n'aura pas peur de voir rentrer un contrôleur chez lui, même s'il a de beaux tableaux aux murs. Ici, si vous avez un contrôle, vous envoyez votre comptable, qui va discuter avec les gens de l'IRS, le fisc américain. Il n'y a pas ce rapport passionnel du contrôleur qui vient chez vous et fouille dans vos caleçons. Je veux rester au plus près de l'entreprise et réaliser moi-même le remake, parce que je sais que c'est un film fragile. C'est un film facile à rater puisque, d'une certaine manière, c'est du théâtre filmé. Si vous n'avez pas le tempo, si vous ne prenez pas les précautions que j'ai

prises moi-même sur le film français, cela peut devenir très mauvais. C'est pour cela que je veux surveiller le bébé. Ce n'est pas pour ça que je vais le réussir, car je passe dans un autre
45 pays, dans une autre langue et il est très possible que je me prenne les pieds dedans, mais j'en serai responsable. Je veux garder la spécificité du film français. Ainsi, je n'ai pas eu peur de ne pas faire d'extérieur et surtout de ne pas faire un «sub-plot», c'est-à-dire une action parallèle. Le film est assez court,
50 une heure vingt-cinq, justement parce que je n'ai pas rajouté l'éternelle action parallèle, que j'avais dans «Les Compères» par exemple, une histoire de gangsters dont personne ne se souvient. J'ai voulu rester sur le propos, ce qui est plus difficile.

Quelles sont les difficultés auxquelles sont confrontés les
55 ### scénaristes américains quand ils écrivent le remake des
vieux classiques de Hollywood?

Il y a aussi des problèmes d'adaptation, car ce qui a beaucoup changé, c'est le rythme dans les films. Un film, c'est un sac de voyage. Avant, le sac était beaucoup moins bourré que main-
60 tenant. Aujourd'hui, il faut vraiment mettre des scènes plus courtes, plus rapides et fatalement plus nombreuses. Le prob-lème du *Psycho* de Hitchcock, c'est que les jeunes qui le voient aujourd'hui s'ennuient. Du temps d'Hitchcock, c'était le bon rythme. Mais maintenant, le charme du réalisateur, du noir et
65 blanc et de Perkins ne suffisent plus. Les jeunes—qui étaient la cible à l'époque pour un film, en quelque sorte, d'épou-vante—ont l'impression, comparé à *Scream* et à ces films gores, de voir une œuvre incroyablement lente et s'ennuient. Faire le remake d'un film ancien consiste avant tout à agiter tout ça,
70 pour que ça bouge plus. Il y a des remakes de films américains que j'aurais adorer faire en France, malheureusement, les remakes, pour des raisons de coût, ne marchent pas dans ce sens-là. Mais, si j'avais eu la possibilité, j'aurais vraiment adoré faire *L'Inconnu du Nord-Express*. Je l'aurais refait infini-
75 ment moins bien qu'Hitchcock… Mais deux inconnus qui se rencontrent dans un train et échangent leurs crimes également dépourvus de mobile, c'est une idée formidable.

À votre avis, pourquoi les remakes sont-ils surtout inspirés
de films français?

80 La France n'a vraiment pas à rougir de son cinéma. Moi qui le vois de loin, je sais qu'il y a des choses formidables en France. Le cinéma français est très riche et les sujets français sont très gonflés. J'ai été épaté par l'imagination de plusieurs films, ces dernières années, comme *Didier* ou *Gazon maudit*.

Propos recueillis par Laurent Daniélou

LECTURES

Lecture 1: «2ème canonnier conducteur».
Guillaume Apollinaire. France, 1925.

«Comptine pour les enfants insomniaques».
Jacques Meunier. France, 1997.

«Les dents, la bouche».
Jean-Pierre Brisset. France, 1900.

La cravate et la montre

Voici un poème concret. Quel est le rapport entre la forme et le contenu de ce poème?

Voici des poèmes de Guillaume Apollinaire (1880–1918), Jacques Meunier (1941–), Jean-Pierre Brisset (1837–1919). Trois poèmes de trois poètes français uniques. Trois poèmes dont le contenu et la forme diffèrent radicalement. Qu'est-ce qu'ils ont en commun? La capacité de faire rire avec des vers économiquement mais créativement composés.

Stratégies de lecture

Activez vos connaissances

1. Une comptine est un poème ou une petite chanson pour enfants (comme un *nursery rhyme*), ou bien une formule chantée ou parlée

qu'emploient les enfants pour désigner qui sera le prochain à jouer, à être éliminé, etc. Le rythme et les rimes rendent les comptines faciles à apprendre par cœur. Vous souvenez-vous d'une comptine de votre enfance, dans votre langue maternelle? Récitez-la à votre partenaire; est-ce qu'il/elle connaît la même comptine?

2. Un calligramme est un poème dont les vers forment un dessin sur la page. Par exemple, si vous écrivez un poème sur l'amour, les mots du poème peuvent prendre la forme d'un cœur, d'une fleur, du visage de votre bien-aimé/e. Faites de votre adresse (numéro, rue, ville, état ou province, code postal, pays) un calligramme. Quelle forme choisirez-vous? Une maison? Une clé?

3. «Homonymes» se dit des mots qui ont un sens différent mais la même prononciation (par exemple, en anglais: *some/sum; I saw a saw sawing*). Pensez à trois homonymes français. Pouvez-vous imaginer un rapport entre ces mots dont le sens est différent? Composez un poème absurde en écrivant trois phrases, chacune contenant l'un des homonymes.

4. Toutes ces techniques pour écrire un poème font partie d'une écriture ludique (*playful*). Est-ce que les poèmes que vous avez écrits ou entendus vous font sourire? Est-ce qu'on peut communiquer une idée sérieuse sous une forme drôle ou ludique? Quelles formes poétiques sont surtout utilisées en anglais pour des poèmes amusants?

Anticipez le contenu

1. Jetez un coup d'œil sur les trois poèmes, sans les lire attentivement. Identifiez la comptine, le calligramme et le poème basé sur des homonymes.

2. Lesquels des trois poèmes riment?

3. Lisez les trois poèmes à voix haute, sans chercher les mots que vous ne comprenez pas. Dans quelle mesure est-ce que le son contribue au caractère comique de ces poèmes?

Pour mieux lire

Regardez attentivement les mots suivants, que vous allez retrouver dans les poèmes ci-dessous. Il est difficile de les comprendre sans contexte. Mais ne les cherchez pas tout de suite dans un dictionnaire. Essayez plutôt d'en deviner le sens quand vous les rencontrerez dans le contexte de votre lecture.

- mode d'emploi
- découpez-le
- tirer la langue (à quelqu'un)

Lecture attentive

1. Lisez les poèmes une première fois, silencieusement, sans vous servir du dictionnaire. Ensuite, relisez chaque poème à haute voix, toujours sans dictionnaire. Est-ce que la lecture à haute voix vous aide à comprendre le sens général du poème?

2. Relisez le poème attentivement. Quand on lit un roman, il n'est pas nécessaire de comprendre chaque mot du texte. Cependant, quand on lit un poème, il est essentiel de saisir le sens et les nuances de tous les mots.

Avant de chercher dans le dictionnaire les mots que vous ne comprenez pas, regardez la section **Pour mieux lire.** Pouvez-vous deviner le sens de quelques-uns de ces mots?

2ème canonnier conducteur

```
                S
                A
              LUT
                M
5             O N
              D E
            DONT
          JE SUIS
          LA L'AN
10        QUE É
          LOQUEN
          TE QUESA
        BOUCHE  E
      O  PARIS
15    TIRE ET TIRERA
        T O U      JOURS
      AUX        A L
    LEM        ANDS
```

Guillaume Apollinaire

Comptine pour les enfants insomniaques

Mode d'emploi:
Comptez ce mouton°   *sheep*
autant de fois qu'il faudra
ajoutez-le à lui-même
5 divisez-le par trois
photocopiez-le
découpez-le
mettez-le en puzzle ou en méchoui°   *barbecue of a whole roast sheep*
faites-le mijoter° longtemps   *to simmer*
10 longtemps
avant de le faire revenir° dans la prairie   *to brown/to bring back*
où sont ses petits frères endormis

Jacques Meunier

Les plus beaux poèmes pour les enfants (Jean Orizet): ©le cherche midi éditeur 1997.

Les dents, la bouche

Les dents, la bouche.
Les dents la bouchent,
l'aidant la bouche.
L'aide en la bouche.
5 Laides en la bouche.
Laid dans la bouche.
Lait dans la bouche.
L'est dam le à bouche°
Les dents-là bouche.

dommage; «au dam» veut dire à son détriment

Jean-Pierre Brisset

Après la lecture

Compréhension et réactions

1. Lequel des trois poèmes vous plaît le plus? Pourquoi?

2. Qu'est-ce que vous trouvez comique dans ces poèmes? Quels vers, groupes de mots ou mots? Pourquoi?

3. Est-ce que ces poèmes communiquent un message sérieux?

Discussion

1. Qu'est-ce qui rend ces poèmes comiques: l'inattendu (l'incongruité, la surprise, le non-sens)? Un sentiment de supériorité? Un sentiment de soulagement? La juxtaposition du familier (la forme, le contenu) avec le non-familier? Expliquez.

2. On pourrait dire que les trois poèmes n'ont aucun sens. Peut-on trouver un sens à ces poèmes? Peut-on faire l'analyse de ces poèmes?

3. Apollinaire composa ses calligrammes entre 1913 et 1918. En quoi est-ce que le contexte historique rend l'interprétation de ce poème plus claire?

 4. Comment est-ce que l'image de la Tour Eiffel renforce le message de ce calligramme? En quoi est-ce que le message serait différent si l'image était le Louvre, l'Arc de Triomphe, la Bibliothèque nationale?

Forme et fond

1. Quel temps (présent, passé composé, futur) et quelle voix (indicative, subjonctive, impérative) domine dans «Comptine pour les enfants insomniaques»? Pourquoi?

2. Quels sont les deux sens du mot «langue» dans le calligramme d'Apollinaire? Et les deux sens de «faire revenir» dans «Comptine pour les enfants insomniaques»? Qu'est-ce que ces sens doubles ajoutent á chaque poème?

3. Traduisez «Les dents, la bouche» en anglais. Est-ce que le poème est plus amusant en anglais ou en français? Pourquoi? Pourquoi est-ce que la traduction d'un poème est souvent difficile ou incomplète?

Expansion

1. Les surréalistes (un groupe d'artistes et de poètes des années 20) explorèrent les mystères du hasard en créant «le cadavre exquis», la composition «inconsciente» d'un poème, dont le sens se crée par hasard. Le terme «cadavre exquis» est le résultat d'une de leurs propres «compositions aveugles»: «Le cadavre exquis boira le vin nouveau.» Pour écrire un poème de ce genre, il faut plusieurs personnes. La première écrit un bout de phrase (nominale: qui contient un substantif) sur une feuille de papier. Puis elle plie la feuille pour que la deuxième personne ne voie pas la phrase. La deuxième personne écrit un bout de phrase (verbale: qui contient un verbe) et plie la feuille, et ainsi de suite. À la fin, on déplie la feuille et on découvre le poème que l'on a écrit.

- Avec l'aide des autres étudiants, créez un «cadavre exquis».

- Ensuite, lisez ce poème et corrigez les fautes d'orthographe, etc.

- Que veut dire le poème? Proposez une interprétation possible de ce poème.

2. Transformez «Les dents, la bouche» ou «Comptine pour les enfants insomniaques» en calligramme. Quelle forme est-ce que vous choisissez?

3. Écrivez une comptine pour les enfants trop énergiques, les étudiants stressés ou un groupe de votre choix en complétant les vers suivants. N'oubliez pas le rythme et les rimes!

Un, deux, trois,

_____.

Quatre, cinq, six,

_____.

Sept, huit, neuf,

_____.

Dix, onze, douze,

_____!

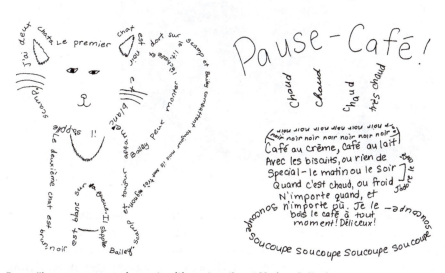

Des calligrammes composés par des élèves, Annelise et Marissa Pollard.

4. Calligramme. Avec deux ou trois étudiants, écrivez une à trois phrases en français, et donnez ces phrases à un autre groupe. Cet autre groupe en fera un calligramme à partir des phrases que l'autre groupe vous donnera.

Lecture 2: «Estula». Anonyme. France, XIIIᵉ siècle.

Un fabliau ou «conte à faire rire» est une forme poétique médiévale. Il s'agit d'un bref récit en vers (ce fabliau a été traduit de l'ancien français et mis en prose). Les sujets et les personnages des fabliaux s'opposent à ceux de la littérature courtoise de l'époque, qui favorise les personnages nobles (rois, princesses, chevaliers). Le fabliau met en scène des paysans, des marchands, des personnages plus ou moins réalistes, même s'ils sont souvent exagérés. La littérature courtoise parle de l'amour, tandis que dans les fabliaux, il est souvent question de jouer un mauvais tour à quelqu'un dans le but de faire rire.

Stratégies de lecture

Activez vos connaissances

1. Dans la tradition folklorique, les personnages sont souvent stéréotypés. Par exemple, dans les fabliaux les personnages n'ont souvent pas de nom mais sont identifiés en fonction de leur statut social. Au Moyen Âge, voici quelques associations que l'on faisait avec les personnages suivants:

- les bourgeois (les gens assez riches): avares (aiment l'argent)
- les vilains (les paysans, les gens qui travaillent la terre à la campagne): stupides, naïfs, grossiers, rustres

- les femmes: infidèles, bavardes
- les maris: jaloux, trompés par leur femmes
- les prêtres: gloutons et libidineux

Lesquels de ces personnages sont toujours utilisés dans le comique contemporain? Donnez, pour chaque personnage ci-dessus, un exemple tiré d'un livre, d'un film ou d'un programme télévisé.

2. De nos jours, le héros ou l'héroïne est normalement quelqu'un d'honnête plutôt que quelqu'un de rusé. Pourtant, il existe des exceptions à cette règle. D'abord, pensez à un héros qui commet un délit (un crime) mais qui reste sympathique aux yeux du spectateur/lecteur. Précisez son crime: un meurtre, un vol, un acte violent ou autre chose. Ensuite, expliquez pourquoi le public éprouve de la sympathie pour ce personnage même après son délit. Enfin, décidez dans quel genre de texte, de film ou de programme télévisé on voit le plus souvent un héros qui réussit en se servant de moyens plus ou moins honnêtes.

3. Rire est un plaisir: on rit dans les moments où l'on ressent de la joie, du triomphe, de la satisfaction. Imaginez donc des situations qui interdisent (rendent impossible) le rire. Ajoutez deux exemples à la liste ci-dessous. Ensuite, imaginez en quoi deux de ces situations peuvent être amusantes et non pas tristes.

- Mon chien est perdu.
- J'ai mal à la gorge.
- Il est neuf heures du soir et je n'ai rien mangé aujourd'hui.
- Je n'ai pas assez d'argent pour payer le loyer.

4. Racontez à votre partenaire un moment de votre vie où vous n'aviez aucune envie de rire. Ensuite, votre partenaire imaginera un événement qui aurait pu vous faire rire dans la situation précédente. Est-ce que cela aurait marché?

Anticipez le contenu

1. Parcourez le texte pour identifier au moins trois personnages. Combien de personnages ont des noms/prénoms dans ce fabliau?

2. Qui sont les personnages principaux? Comment le savez-vous?

3. Lisez la dernière phrase. Essayez de reformuler et de simplifier cette phrase en français.

4. Prononcez à haute voix le titre du fabliau. Notez que le «s» ne se prononce pas. Quel quiproquo/double énonciation pouvez-vous entendre?

Pour mieux lire

Regardez attentivement les mots suivants, que vous allez retrouver dans le fabliau ci-dessous. Il est difficile de les comprendre sans contexte. Mais ne les cherchez pas tout de suite dans un dictionnaire. Essayez plutôt d'en deviner le sens quand vous les rencontrerez dans le contexte de votre lecture.

1. les maux: Ce sont **les maux** qui s'attachent à ceux que Pauvreté tient en son pouvoir.

2. étable: Il a des choux dans son potager° et des brebis° dans son **étable**.

3. aiguiser: … Mon couteau est bien tranchant, je l'ai fait **aiguiser** hier à la forge: nous allons lui couper la gorge.

4. l'eau bénite: Va vite conter ces miracles au curé°, ramène-le avec toi et dis-lui qu'il apporte son étole° et de **l'eau bénite**.

Lecture attentive

1. De qui est-ce qu'on se moque? Pour chaque personnage, expliquez pourquoi.

2. Pourquoi est-ce que le bourgeois appelle le curé plutôt que la police?

3. Qui gagne à la fin, les bons ou les méchants? Êtes-vous surpris/e par la fin? Pourquoi ou pourquoi pas?

4. Pourquoi est-ce que le rire était «interdit» aux frères au début de l'histoire? Pour quelle(s) raison(s) rient-ils à la fin?

5. «Estula» est destiné à faire rire, mais pensez-vous qu'il y ait un message politique caché dans le texte?

Estula

Il y avait jadis deux frères, qui n'avaient plus ni père ni mère pour les conseiller, ni aucun autre parent. Pauvreté était leur seule amie, car elle était souvent avec eux. C'est la chose qui fait le plus souffrir ceux qu'elle hante. Il n'est pas de pire maladie.

5   Les deux frères dont je vous parle habitaient ensemble. Une nuit ils furent poussés à bout par la faim, la soif et le froid. Ce sont les maux qui s'attachent à ceux que Pauvreté tient en son pouvoir. Ils se mirent à réfléchir comment ils pourraient se défendre contre Pauvreté qui les oppressait, et les faisait vivre avec ses privations.

10   Un homme renommé pour sa richesse habitait près de leur maison. Ils sont pauvres, et le riche est sot.° Il a des choux dans son potager° et des brebis° dans son étable. Les deux frères tournent donc leurs pas de ce côté. Pauvreté rend fou bien des gens! L'un jette un sac sur son cou, l'autre prend un couteau à la main, et les voilà en route. L'un entre

15 directement dans le jardin, et sans plus tarder se met à couper les choux. L'autre se dirige vers l'étable pour ouvrir la porte, et fait si bien qu'il

stupide, jardin de légumes, moutons (femelles)

l'ouvre. Il lui semble que l'affaire va bien, et il se met à tâter les moutons
pour trouver le plus gras.

20 Mais on était encore sur pied° dans la maison, et l'on entendit le bruit
de la porte de l'étable lorsqu'elle s'ouvrit. Le bourgeois appela son fils et
lui dit:

«Va voir au jardin si tout est bien en ordre, et appelle le chien de garde».

Le chien s'appelait Estula. Heureusement pour les deux frères, le
chien n'était pas cette nuit-là dans la cour. Le fils était aux écoutes; il
25 ouvrit la porte donnant sur la cour, et cria:

«Estula! Estula!» Celui des deux frères qui était dans l'étable répondit: «Oui, certainement, je suis ici». Il faisait très obscur et noir, de sorte
que le jeune homme ne pouvait pas voir celui qui lui avait répondu. Il crut
bien réellement que c'était le chien qui lui avait répondu, et, sans perdre
30 de temps, il rentra précipitamment dans la maison, tremblant de peur.

«Qu'as-tu, beau fils? lui dit son père.

—Père, je vous jure sur la tête de ma mère, Estula vient de me parler.

—Qui? notre chien?

—Parfaitement, je le jure; et si vous ne voulez pas m'en croire,
35 appelez-le et vous l'entendrez aussitôt parler».

Le bourgeois sort aussitôt pour voir la merveille, entre dans la cour et
appelle son chien Estula. Et le voleur, qui ne se doute de rien, répond:
«Mais oui, je suis là».

Le bourgeois en est stupéfait: «Par tous les saints et par toutes les
40 saintes! Fils, j'ai entendu bien des choses surprenantes: jamais je n'en ai
entendu de pareilles. Va vite conter ces miracles au curé,° ramène-le avec
toi et dis-lui qu'il apporte son étole° et de l'eau bénite».

Le jeune homme, au plus vite qu'il peut, court jusqu'au presbytère,°
et sans perdre de temps, s'adressant aussitôt au prêtre, il lui dit:

45 «Sire, venez chez nous entendre des choses merveilleuses: jamais
vous n'avez entendu les pareilles. Prenez l'étole à votre cou».

Le prêtre lui dit:

«Tu es complètement fou de vouloir me faire aller dehors à cette
heure. Je suis nu-pieds, je ne peux pas y aller».

50 Et le garçon lui répond aussitôt:

«Si, vous viendrez: je vous porterai».

Le prêtre prend l'étole et, sans plus de paroles, monte sur les épaules
du jeune homme, qui se remet en route. Comme il voulait aller plus vite, il
coupait court et arrivait directement par le sentier par où étaient descen-
55 dus les maraudeurs.°

Celui qui était en train de cueillir les choux vit une forme blanche—le
prêtre—et pensant que c'était son frère qui rapportait quelque butin,° il
lui demanda tout joyeux: «Apportes-tu quelque chose?»

—Par ma foi oui, répondit le jeune homme, croyant que c'était son
60 père qui avait parlé.

—Vite! dit l'autre, jette-le à terre, mon couteau est bien tranchant, je
l'ai fait aiguiser hier à la forge: nous allons lui couper la gorge».

Quand le prêtre entendit cela, il crut qu'on l'avait attiré dans un
piège.° Il sauta à terre et s'enfuit, tout éperdu. Mais son surplis°

*on ne s'était pas encore
couché/endormi*

prêtre
*vêtement comme une écharpe
porté par un prêtre quand il
exorcise des démons*
la maison du prêtre

voleurs

produit d'un vol

ambush, trap
*vêtement long et blanc porté par un
prêtre*

stake

65 s'accrocha à un pieu° et y resta, car le prêtre n'osa pas s'arrêter pour le décrocher. Celui qui avait cueilli les choux n'était pas moins surpris que celui qui s'enfuyait à cause de lui, car il n'avait pas la moindre idée de ce qui se passait.

Toutefois, il alla prendre l'objet blanc qu'il voyait suspendu au pieu, et 70 il vit que c'était un surplis. À ce moment, son frère sortit de la bergerie avec un mouton et appela son compagnon, qui avait son sac plein de choux. Tous deux avaient les épaules bien chargées; ils ne firent pas là plus long conte. Ils reprirent le chemin de leur maison, qui n'était pas loin.

Arrivés chez eux, celui qui avait pris le surplis fit voir son butin, et 75 tous deux rirent et plaisantèrent de bon cœur. Le rire, qui avant leur était interdit, leur était maintenant rendu.

He who

En peu de temps Dieu fait de l'ouvrage. Tel° rit le matin qui pleure le soir, et tel est triste le soir qui est joyeux le matin.

Après la lecture

Compréhension et réactions

1. **Avez-vous compris?** Indiquez si chacune des phrases suivantes est vraie ou fausse:

   _____ Les deux frères étaient très pauvres.

   _____ Leur voisin était généreux et donnait à manger aux frères.

   _____ Le chien du bourgeois peut parler.

   _____ Le curé pense que l'on va lui couper la gorge.

   _____ Il y a un miracle.

   _____ Les voleurs rient parce qu'ils n'ont plus faim.

   _____ Le bourgeois sera déçu et en colère demain matin.

2. **La tradition orale.** À l'origine, les fabliaux étaient des contes oraux. Imaginez que vous racontez cette histoire à un/e ami/e. Choisissez les cinq moments les plus importants/amusants.

   D'abord, _____

   Ensuite, _____

   Puis, _____

   Alors, _____

   Enfin, _____

Discussion

1. Qu'est-ce qui fait rire dans cette histoire? Dressez la liste des procédés comiques utilisés dans ce fabliau. Inspirez-vous de la liste dans **Avant-scène**.

2. Imaginez que vous écrivez un fabliau aujourd'hui. Serait-il nécessaire de changer quelques éléments de l'intrigue pour la rendre plus «moderne»? Si oui, lesquels?

3. Est-ce que vous trouvez l'humour de ce fabliau méchant? Avez-vous vu un film dans ce livre qui utilise le même type d'humour?

4. Selon vous, est-ce que le dernier paragraphe du texte est une morale spécifique pour ce fabliau ou un commentaire sur la vie en général?

5. **La mise en scène!** Le fabliau fait partie des traditions orales et folkloriques. Ces textes étaient destinés à l'origine à être récités publiquement par un jongleur (un artiste [*performer*]). Ils se prêtent donc facilement à une transcription dans le discours théâtral. Vous allez créer une saynète: une courte pièce théâtrale.

   a. D'abord, avec un/e partenaire, découpez le texte en actes.

   b. Ensuite, découpez chaque acte en tableaux ou scènes.

   c. Choisissez un acte ou une scène (selon les instructions de votre professeur) et écrivez-le/la sous forme de dialogue. Ajoutez la didascalie (les instructions du dramaturge à propos des personnages et des lieux), le ton du discours, les gestes, le décor et les costumes.

Forme et fond

1. Notez l'emploi du pronom démonstratif «celui» dans le texte (26, 28, 60, 70, 71, 78), et du pluriel «ceux» (3).

   a. Quelles sont les équivalents féminin et féminin pluriel de «celui»?

   b. Pourquoi est-ce que ce pronom démonstratif est particulièrement efficace dans ce texte?

2. Notez le «P» majuscule dans le mot Pauvreté. Que signifie-t-il?

 Expansion

Créez votre propre dialogue comique basé sur le quiproquo. N'oubliez pas que l'un des aspects du quiproquo est que les spectateurs en savent plus que les personnages et que le quiproquo cause de la détresse chez l'un des personnages. Choisissez de créer l'un des dialogues ci-dessous:

   a. Écrivez un dialogue entre un médecin et son patient. Celui-ci téléphone au médecin pour avoir des résultats d'examens sanguins, et le médecin attend un coup de fil de sa femme, qui attend un bébé. Rédigez le quiproquo.

   b. Créez un dialogue entre une femme qui parle de son ami Ki et son père qui parle de son ami Kwa.

JE EST UN AUTRE

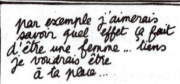

moi ce qui me tue c'est d'être coincé comme ça dans ma peau ... je voudrais tellement en sortir ! quelle angoisse !

exactement comme moi

par exemple j'aimerais savoir quel effet ça fait d'être une femme ... tiens je voudrais être à ta place ...

tu te rends pas compte !

moi je ne peux pas me supporter ! Peux même plus me voir dans une glace ! j'ai envie que d'une chose Etre quelqu'un d'autre

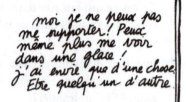

Ben oui, ce qui est affreux c'est d'être seulement soi, quoi ! c'est tellement limité ... tiens je voudrais être Lucien Lemercier, lui il a une vie extra ou peut-être un sage hindou ...

oui, moi je voudrais être Gisèle Halimi, je me vois très bien en Gisèle Halimi, ou alors fermière ...

ouais pas mal ... moi j'aimerais être Picasso, remarque ce n'est plus possible, il est mort.

et toi tu aimerais être à la place de qui ?

de personne ... moi je suis bien comme je suis

ce que je voudrais être à ta place !

BRETÉCHER

Lecture 3: «Je est un autre».

Claire Bretécher. France, 1973, 2005.

L'un des genres comiques les plus appréciés par les Français est la bande dessinée ou BD, souvent appelé «le neuvième art» (tout comme on appelle le film le septième art). Claire Bretécher est une artiste innovatrice qui présente sa vision du monde dans des BD individuelles aussi bien que dans des albums BD. Découvrez ses commentaires sur le rapport amoureux à la page 238 et faites plus ample connaissance de l'artiste sur le site web.

SYNTHÈSE

Pour les technophiles

Une bande dessinée

Lisez-vous quotidiennement les bandes dessinées dans le journal ou sur Internet? La bande dessinée est un genre très varié: elle peut faire rire, faire réfléchir, et même faire peur. C'est un genre littéraire aussi bien qu'artistique. Chaque bande (ou strip) contient plusieurs petites scènes, appelées vignettes. Les paroles des personnages sont inscrites dans des bulles. Inspirez-vous des bandes dessinées américaines, canadiennes ou francophones que vous connaissez.

Première étape

- Choisissez le genre de bande dessinée que vous voulez créer: comique, livre BD (*graphic novel*); BD éditoriale; BD jeunesse (pour enfants); BD fantastique, de science-fiction, d'aventure, etc.

- Est-ce que votre bande racontera une blague? Est-ce qu'elle sera le début d'une histoire plus longue (à suivre)? Commentera-t-elle un événement actuel?

- Écrivez le texte que vous mettrez dans les bulles.

Deuxième étape

- Décidez si vous allez dessiner les images vous-même ou les trouver dans un magazine ou sur Internet.

- Est-ce que vos personnages seront des êtres humains (réalistes?), des animaux, des êtres imaginaires?

Troisième étape

- Faites le lettrage (écrivez les monologues ou dialogues des personnages dans les bulles).
- Mettez les images dans l'ordre voulu.
- Publiez votre bande dessinée sur Internet, sur un transparent ou en faisant des photocopies.

Sujets de discussion et de composition

1. Qu'est-ce qui nous fait rire? Quelle est votre théorie du comique? Servez-vous de citations dans **Avant-scène** (p. 191) et d'exemples tirés des films, de livres et de la vie.

2. Comment rendre le sérieux comique? Choisissez une scène ou un passage «neutre» (ni tragique, ni comique) d'un des films ou des lectures de ce chapitre. Transformez-la/le en scène ou passage comique. S'il s'agit d'un film, récrivez le scénario (le dialogue, avec des indications sur la mise en scène).

Comparaisons

1. Dans les films et les lectures de ce chapitre, vous avez vu des juxtapositions (d'images, de mots et de textes) qui font rire. C'est à vous maintenant de faire un montage d'images pour raconter une histoire comique. Choisissez l'un des films ou l'une des lectures du chapitre, gardez-en le titre, et racontez cette histoire en images. Vous pouvez insérer des cartons (*intertitles*) ou des sous-titres, mais faites surtout attention aux images.

2. Est-ce que le comique est un genre masculin? Justifiez votre argument en donnant des exemples précis tirés de films, de livres et de la vie.

EMPLOIS DU TEMPS

6

Portez-vous une montre tous les jours? Pourquoi ou pourquoi pas? Est-ce que vous utilisez un agenda? Dans notre société, est-ce qu'on fait trop attention au temps qui passe—ou pas assez? Est-ce qu'on consacre trop de temps à travailler?

Séances

SALLE 1: ***Être et avoir.*** Nicolas Philibert. France, 2002.

SALLE 2: ***La vie sur terre.*** Abderrahmane Sissako. France, Mali, Mauritania, 1998.

SALLE 3: ***Les glaneurs et la glaneuse.*** Agnès Varda. France, 2000.

Lectures

LECTURE 1: **«Coursier à vélo, le plus beau métier du monde?»**
Heather Allen. Canada, 2002.

LECTURE 2: **«L'homme qui ne dépense rien».** Nicolas-Edme Rétif de la Bretonne. France, 1788.

LECTURE 3: ***La Belle et la Bête. Journal d'un film.***
Jean Cocteau. France, 1946.

Comment est-ce qu'on passe son temps? Combien de temps est-ce qu'on consacre au travail? Et est-ce qu'on travaille pour vivre, ou prend-on plaisir à exercer sa profession? Les films et textes de ce chapitre explorent plusieurs façons d'organiser et de vivre le temps et le travail.

AVANT SCÈNE

On utilise le terme «emploi du temps» pour parler de l'horaire quotidien ou hebdomadaire. Normalement, nous établissons, organisons et consultons notre emploi du temps sans penser au sens littéral de ces mots. Il s'agit de la façon dont nous *employons* notre temps. D'ailleurs, c'est notre *emploi* qui occupe une grande partie de notre temps. Peut-on accorder trop de valeur au travail? Ou existe-t-il des personnes dont le travail enrichit la vie?

1. **Temps perdu, temps retrouvé.** Parfois, il semble que le temps passe vite. À d'autres moments, le temps traîne. Posez les questions suivantes à votre partenaire, puis changez de rôle:

   a. Quand est-ce que tu as l'impression de perdre *(waste)* ton temps?

   b. Quand est-ce que le temps passe vite?

   c. Quand est-ce que le temps traîne?

   d. Quand est-ce que tu as l'impression de savourer le temps qui passe?

2. **Un lundi idéal.** Avec un partenaire, formulez un emploi du temps idéal pour le lundi. Ensuite, comparez cet emploi idéal avec votre emploi du temps réel.

3. **Un emploi du temps idéal.** Maintenant, imaginez l'emploi du temps hebdomadaire idéal d'une personne qui travaille à plein temps. Combien d'heures est-ce qu'elle consacre au travail? Aux loisirs (passe-temps, sports, télévision, jeux vidéos…)? À sa famille ou à ses amis?

4. **Une interview.** Répondez aux questions suivantes avec un partenaire, puis partagez vos réponses avec les autres:

   a. Connaissez-vous des films dans lesquels le temps qui passe est important pour l'action ou pour un personnage?

   b. Connaissez-vous des films dans lesquels le réalisateur manipule le temps? Par exemple, le récit n'est pas raconté chronologiquement; il y a des ralentis; des séquences accélérées; on voit plusieurs actions et scènes à l'écran en même temps, etc.

   c. Dans quels films et émissions de télé est-ce que l'action se situe pour la plupart dans un bureau ou un autre lieu de travail? Pourquoi le lieu de travail est-il un bon endroit pour une comédie aussi bien que pour un drame ou pour un film/une émission de télé à suspense?

5. Lisez les citations suivantes sur le temps. Laquelle préférez-vous? Pourquoi?

   • Qui gagne du temps gagne tout. *Proverbe*

   • L'enfer serait du temps pur. *Simone Weil*

   • Le temps ne fait rien à l'affaire. *Molière, «Le Misanthrope»*

   • Le temps guérit toutes les blessures. *Proverbe*

   • L'homme ne fait pas avancer le temps, le temps fait avancer l'homme. *Proverbe*

- Le temps est le meilleur des médecins. *Proverbe*

- Le temps révèle toute chose. *Tertullien*

- Le temps perdu ne se rattrape jamais. Alors, continuons à ne rien faire. *Jules Renard*

6. Inspirez-vous des proverbes ci-dessus et de vos propres idées et théories sur le temps qui passe: écrivez un proverbe et comparez-le à celui de votre partenaire. Qui est le/la plus optimiste? Cynique? Nostalgique?

SÉANCES

Salle 1. *Être et avoir.* Nicolas Philibert. France, 2002.

Ces élèves habitent dans une zone rurale. Imaginez leur emploi du temps. À quelle heure se lèvent-ils? Comment est-ce qu'ils vont à l'école? Est-ce qu'ils ont du travail à faire avant d'aller à l'école? Après l'école?

Ce documentaire, tourné dans le village de Saint-Étienne-sur-Usson en Auvergne, représente la vie de tous les jours d'une «classe unique», c'est-à-dire, une classe qui regroupe tous les enfants d'un même village. Bien que ce soit un documentaire, ce film raconte des histoires individuelles aussi bien que l'histoire collective de cette classe unique. Tout commence au début de l'année scolaire, et se termine juste avant les vacances d'été. Les «personnages» (un instituteur de 55 ans, ses treize élèves et certains des membres de leurs familles) apprennent à travailler ensemble en classe et à la maison. Au fil de leur collaboration, ils rencontrent des difficultés et font l'expérience de réussites.

Éclairages

Recherches préparatoires sur Internet

http://www **Connaissez-vous l'Auvergne, la région dans laquelle se trouve le village de Saint-Étienne-sur-Usson? Y a-t-il toujours des «classes uniques»** (*one-room schoolhouses*) **en France? Visitez le site web pour en savoir plus.**

Remue-méninges

1. Dans ce film, il s'agit d'une école primaire qui n'a qu'une salle de classe et un seul maître pour les treize élèves. Avec un partenaire, imaginez l'emploi du temps de ce maître. À quelle heure est-ce qu'il commence à travailler? Quand est-ce qu'il termine sa journée? Quand est-ce qu'il déjeune et dîne? Est-ce qu'il continue à travailler chez lui le soir et le week-end? Quels sont ses passe-temps?

2. Regardez la liste d'activités et de leçons suivantes et indiquez quels élèves les feraient dans une classe unique: les plus âgés, les plus jeunes, ou tout le monde.

_____ Ils font une dictée.

_____ Ils ont une leçon d'orthographe.

_____ Ils apprennent à compter.

_____ Ils jouent pendant la récréation.

_____ Ils apprennent à faire des omelettes.

_____ Ils font des maths.

_____ Ils apprennent à former des lettres.

_____ Ils aident les autres élèves.

3. Un élève qui fréquente une petite école a une expérience assez différente de celle d'un élève qui fait sa scolarité dans une école classique (avec beaucoup d'élèves dans des classes séparées). Pensez-vous que les aspects suivants, caractéristiques de la classe unique, soient des avantages (A) ou des inconvénients (I)? Soyez prêt/e à justifier votre opinion.

_____ Les petits enfants peuvent aller à l'école avec leurs grands frères et sœurs.

_____ Les enfants ne changent pas de maître tous les ans; ils gardent le même maître ou la même maîtresse pendant six ou sept ans.

_____ Un groupe d'élèves travaille indépendamment pendant que l'instituteur s'occupe d'un autre groupe.

_____ Le maître ou la maîtresse connaît très bien chaque élève et chaque parent.

_____ Les élèves les plus âgés doivent aider les élèves les plus jeunes.

Anticipation

Première projection (avec le son, sans sous-titres). Lisez les questions suivantes. Ensuite, regardez la première séquence du film sans sous-titres et prenez des notes, afin de pouvoir répondre aux questions. Il n'est pas nécessaire de tout comprendre pour répondre aux questions suivantes. Servez-vous du **Glossaire du film**.

1. L'action de cette séquence se passe

    a. la nuit.

    b. tôt le matin.

    c. très tard l'après-midi, après l'école.

2. L'école se trouve

    a. dans une zone rurale.

    b. dans une zone urbaine.

    c. en banlieue.

Deuxième projection (avec le son, sans sous-titres). Maintenant, regardez la même séquence, toujours sans sous-titres. Vérifiez vos réponses aux questions de la première projection et répondez aux questions suivantes:

1. Faites attention au contenu des images. Selon vous, pourquoi est-ce que plusieurs images montrent les arbres, les vaches, la tempête de neige plutôt que les actions des personnes?

2. Le rythme de cette première séquence est très lent. Pourquoi le réalisateur a-t-il choisi de commencer si lentement? Quel rapport voyez-vous entre le rythme de la séquence et le rythme de la vie rurale représentée?

GLOSSAIRE DU FILM

Pour entendre les mots du glossaire, consultez le site web.

Voici quelques mots de vocabulaire qui vous aideront à comprendre le film, à en parler en classe et à écrire dans votre **Journal de bord,** tout en enrichissant votre lexique personnel. Avant de voir le film, lisez tout le vocabulaire. Soulignez les mots qui vous intéressent et cherchez à les entendre pendant le film.

Les personnages et leur personnalité

agité/e: *upset*
attentif/ve: *attentive*
autoritaire: *authoritarian*
calme: *calm*
en colère: *angry*
démotivé/e: *unmotivated, frustrated*

doux/douce: *gentle, sweet*
drôle: *funny, amusing, or odd*
énervé/e: *irritated, annoyed*
être de bonne/de mauvaise humeur: *to be in a good/bad mood*
inattentif/ve: *distracted, not paying attention*
malin/gne: *clever*
patient/e: *patient*

sage: *good (for children, animals, as in «Sois sage!»: "Be good!")*
sensible: *sensitive*
timide: *shy*

À l'école

une année scolaire: *school year*
un cauchemar: *nightmare*
une classe unique: *one-room schoolhouse*
un collège: *middle school, junior high*
une dictée: *dictation*
une école primaire: *grammar/elementary school*
l'écriture: *handwriting*
l'écriture cursive/écrire en lettres attachées: *cursive writing/to write in cursive*
une instituteur/trice; *elementary school teacher; children and parents in this film more often refer to a given teacher as le maître/la maîtresse.*
un maître, une maîtresse: *elementary school teacher; see also:* instituteur
l'orthographe: *spelling*
la récréation (la récré): *recess*
le respect: *respect*
les résultats: *results*
la retraite, prendre sa retraite: *retirement, to retire*
une réunion parents-professeurs: *parent/teacher conference*
une sortie scolaire; faire une sortie scolaire: *field trip; to go on a field trip*
traditionnel/le: *traditional*
une visite: *visit, tour*

À la maison

une ferme: *farm*
travailler dans une ferme: *to work on a farm*
faire ses devoirs: *to do homework*
réviser: *to study, to do homework*
un troupeau (de vaches, de moutons): *a herd (of cows, of sheep)*
une vache: *cow*
une zone rurale: *rural area*

Les actions

aider quelqu'un à faire quelque chose: *to help someone to do something*
améliorer: *to improve*
blesser: *to hurt, wound (either physically or mentally)*

chuchoter: *to whisper*
colorier: *to color (with crayons)*
compter: *to count*
corriger: *to correct*
élever la voix: *to raise one's voice (in irritation, anger)*
embêter: *to bother, annoy*
enseigner (quelque chose à quelqu'un): *to teach (something to someone)*
s'épanouir: *to blossom (a person)*
expliquer quelque chose à quelqu'un: *to explain something to someone*
faire de la luge: *to go sledding*
faire des progrès: *to make progress, improve*
faire ses devoirs: *to do (one's homework)*
faire une dictée: *to do a dictation*
fondre en larmes: *to burst into tears*
hausser la voix: *to speak more loudly*
insulter: *to insult*
lâcher: *to let go*
lire à haute voix: *to read aloud*
mener un troupeau (de vaches): *to herd (cows)*
pleurer: *to cry*
poser une question: *to ask a question*
régler un problème: *to take care of, solve, a problem*
rendre + adjectif: *to make (sad, happy, upset…);* L'annonce de sa retraite rend les étudiants tristes.
respecter: *to respect*
sangloter: *to sob*
supporter: *to be able to stand; often used negatively, as in «Je ne supporte pas cette fille». I can't stand that girl.*
traire une vache: *to milk a cow*

Expressions

apprendre à + infinitif: *to learn to do something* (apprendre à lire)
apprendre quelque chose à quelqu'un: *to teach someone something* (apprendre à lire à un ami)
Ça va aller. *It will all work out. It will be fine.*
Il faut bien qu'on se sépare un jour. *We'll have to leave, go our separate ways one day.*
Il faut faire des efforts. *You've got to make an effort, try.*
Qu'est-ce que tu supportes mal chez Julien? *What is it that you can't stand about Julien?*
Qu'est-ce que tu n'aimes pas chez ton ami? *What don't you like about your friend?*
Tu as fait beaucoup de progrès. *You've made a lot of progress.*

Pendant la projection

Mise au point

Pendant que vous regardez le film, prenez des notes sur tout ce qui vous intéresse. Faites surtout attention aux éléments suivants:

1. Le nom des personnages et leurs rapports les uns avec les autres.
2. Les changements de scène (dans la salle de classe, à la maison, au collège, etc.).
3. Les différences et les similarités entre l'école et le maître de ce film et les écoles et maîtres que vous connaissez.
4. Les mots et les expressions que vous aimeriez apprendre.
5. Ce qui vous plaît et ce qui ne vous plaît pas dans le film.

Le langage du cinéma: Reprise des techniques filmiques

Souvent, dans les documentaires et dans les films de fiction, les lieux et les dates sont indiqués par les sous-titres: *Paris, 1944*, etc.

Dans ce film, il n'y a pas d'indication explicite. Pourtant, les notions de lieu et de temps sont très importantes dans *Être et Avoir*. Comment est-ce que le cinéaste représente le temps qui passe? Comment est-ce que les images et les techniques filmiques soulignent l'importance du passage du temps?

Après la projection

Réflexion: Journal de bord

Le **Journal de bord** vous permet de réfléchir aux thèmes et aux idées du film et d'exprimer vos réactions personnelles. Vous pouvez aussi répondre aux questions suggérées dans les instructions.

1. Dans votre journal de bord, écrivez vos réactions face à ce film, aussi bien que des questions et commentaires. Indiquez quelles questions ou quels commentaires vous voulez mentionner en classe.
2. En quelques mots, dites pourquoi ce film vous a plu ou déplu.
3. Quelle scène vous intéresse le plus? Pourquoi?
4. Dressez la liste des avantages et des inconvénients d'une école primaire à classe unique. Est-ce que le film a influencé votre opinion? Comment?

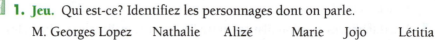
Liens culturels

Qu'est-ce que les élèves et leurs parents pensent de ce film? Visitez le site web pour en savoir plus.

Compréhension et réactions

1. Jeu. Qui est-ce? Identifiez les personnages dont on parle.

M. Georges Lopez	Nathalie	Alizé	Marie	Jojo	Létitia
Olivier		Jonathan	Valentin	Jessie	Julien	Johann

a. _____ Il dit: «Je n'ai pas pu faire d'autre métier que ça».

b. _____ Il ne sait pas les noms de tous les doigts (pouce, index, majeur, annulaire, auriculaire…).

c. _____ Elle s'est perdue pendant la sortie scolaire.

d. _____ Il y en a deux, et l'un d'eux pleure beaucoup.

e. _____ Elle est timide, et elle est très triste de quitter le maître.

f. _____ Selon le maître, il est vital qu'il change de comportement.

g. _____ Il dit qu'il supporte mal Julien parce que Julien l'insulte.

h. _____ Elle aide Jojo à faire des photocopies.

2. Les élèves. Quel/le élève vous intéresse le plus? Qu'est-ce qui vous intéresse chez il/elle: sa personnalité; son rapport avec les autres élèves ou M. Lopez; sa famille?

3. La fin de l'année scolaire. Que pensez-vous de la dernière séquence du film où l'instituteur dit au revoir à ses élèves? Est-ce un dénouement triste ou heureux? Pourquoi?

Approfondissons

1. Faites la description de l'un des élèves, de l'un des parents, ou du maître. Ensuite, présentez votre description à la classe, sans identifier la personne dont vous parlez. C'est aux autres de deviner qui vous décrivez.

2. Si vous pouviez interviewer aujourd'hui l'un/e des élèves, ou bien le maître, lequel choisiriez vous? Pourquoi? Formulez trois questions que vous lui poseriez.

3. Voudriez-vous envoyer votre enfant dans cette école avec Georges Lopez pour maître? Pourquoi ou pourquoi pas?

Discussion

1. Comparez la journée typique des élèves de cette école à votre journée typique quand vous étiez à l'école primaire. Pensez à: l'arrivée à l'école, les leçons, la récréation et les devoirs, vos relations avec les autres élèves et avec le maître/la maîtresse.

2. Comment est-ce que les familles aident leurs enfants à apprendre? Comment est-ce que la famille peut rendre difficile la réussite à l'école? Donnez un exemple (personnel ou du film) pour chaque possibilité.

 3. Que pensez-vous du style pédagogique et de la personnalité du maître? Est-ce qu'il crée une bonne atmosphère dans la salle de classe? Si oui, comment? Si non, pourquoi pas?

4. À votre avis, quel est le sujet principal de ce film: le maître et son métier? les enfants de cette école? une école qui consiste en une seule classe? Autres idées?

5. Les étudiants ont visité un collège. D'après ce que vous avez vu, dans quelle mesure la routine quotidienne des élèves sera-t-elle différente au collège? Qu'est-ce qui changera, qu'est-ce qui ne changera pas?

 6. Le documentaire se déroule de façon linéaire: l'année scolaire, de l'automne à la fin des classes. Comment est-ce que le documentaire aurait été différent s'il avait suivi la vie du maître ou celle de l'un des élèves de façon plus approfondie?

Analyse

 1. À votre avis, pourquoi est-ce qu'il y a tant de problèmes entre Julien et Olivier?

2. Quelle est la signification du titre? Quelles idées et expériences sont évoquées par le titre?

 3. Est-ce que le réalisateur émet des jugements (positifs ou négatifs) sur le maître, les étudiants, la vie rurale, la classe unique? Si oui, qu'est-ce qui révèle le point de vue du réalisateur? Comment est-ce qu'il exprime ses opinions? Trouvez des exemples.

4. Comment est-ce que la musique (ou l'absence de musique) influence la façon dont le public comprend ce qui se passe dans ce documentaire? Choisissez une scène et commentez le son ou l'absence de son qui l'accompagne.

 5. Si l'on considère ce film comme un commentaire sur la vie scolaire, la vie de famille, et la façon dont on arrive à concilier les deux, quel en est le message?

6. Si l'on considère ce film comme un regard sur le temps qui passe et sur notre façon de passer le temps, quel en est le message?

Mise en scène

1. En groupes de trois, imaginez une conférence avec le maître, l'un/e des élèves, et l'un de ses parents (mère ou père).

2. En groupes de deux, créez un dialogue entre Nathalie et le maître; elle revient lui parler de sa vie et de ses expériences au collège.

3. Dix ans plus tard, quelques élèves rendent visite à M. Lopez. Quelles réussites est-ce que les élèves vont lui raconter? Choisissez un/e ou deux élèves et imaginez leur vie dans dix ans; ensuite, écrivez le dialogue qu'ils pourraient avoir avec M. Lopez.

À l'écrit

Atelier. Imaginez que dans 20 ans, l'un ou l'une des élèves du film écrit une lettre à son ancien maître. Choisissez un/e élève et écrivez de son point de vue. Parlez de: 1) ce que vous faites maintenant; 2) vos souvenirs d'école; 3) la raison pour laquelle vous voulez contacter M. Lopez maintenant.

Exposition. Quels sont les avantages et les inconvénients d'une école primaire à classe unique?

Analyse. Est-ce que le réalisateur d'un documentaire doit rester neutre envers son sujet? Pour répondre à cette question, appuyez-vous sur des exemples précis du film de Philibert.

Salle 2: *La vie sur terre.*
Abderrahmane Sissako. France, Mali, Mauritania, 1998.

Pensez-vous que cet homme et cette femme se connaissent? Imaginez cette rencontre: vont-ils dans la même direction? Pourquoi s'arrêtent-ils?

La chaîne de télévision française ARTE a invité dix jeunes réalisateurs à exprimer leur vision du passage du second au troisième millénaire, dans le cadre d'une collection intitulée «2000 vu par…» C'est pour cette raison que le réalisateur mauritanien Abderrahmane Sissako a tourné *La vie sur terre*, une réflexion sur le temps qui passe et sur le rapport entre l'Europe et ses anciennes colonies. Le personnage principal, Dramane (joué par Sissako lui-même) rentre de Paris au Mali, où il rejoint son père dans le petit village de Sokolo. Pendant son séjour, Dramane rencontre Nana, une jeune femme d'un autre village. Des épisodes parfois drôles, parfois sérieux, nous permettent d'observer la vie quotidienne à Sokolo. Les images lentes et douces, la musique et les vers du poète francophone Aimé Césaire (lus en voix-off tout au long du film) contribuent à la force poétique et politique de ce film.

Éclairages

Recherches préparatoires sur Internet

http://www Où se trouve le Mali? Qu'est-ce que ce pays produit? Quel était son rapport avec la France autrefois? Et aujourd'hui? Pourquoi est-ce qu'on écoute RFI (Radio France Internationale) au Mali? Visitez le site web pour en savoir plus.

Remue-méninges

1. Qu'est-ce que vous attendez d'un film qui a pour titre *La vie sur terre?*

2. En décembre 1999, on a célébré partout dans le monde le passage du deuxième au troisième millénaire. Quels sont vos souvenirs de ce moment? Avez-vous fait la fête? Comment? Avec qui?

3. Est-ce que vous avez vu les festivités télévisées d'autres villes (New York City, Miami, Los Angeles), ou d'autres pays? Quels étaient les commentaires des uns et des autres sur ce grand moment et sur son importance? Imaginez les différences entre les fêtes d'un petit village et celles d'une grande ville comme Tokyo, Paris, Montréal.

4. Quels sont les endroits publics où l'on rencontre d'autres personnes et discute avec elles:
   a. dans une grande ville?
   b. dans un village?
   c. à la fac?
   d. dans votre ville?

5. Quelles sont les cinq choses sans lesquelles vous ne pensez pas pouvoir vivre (ou être heureux/se)? Dressez la liste de ces cinq choses et expliquez pourquoi chaque chose vous est essentielle. Ensuite, comparez votre liste à celles de la classe. Enfin, imaginez comment vous vous amuseriez/distrairiez sans ces choses; trouvez une activité pour remplacer chacune de ces choses.

6. À travers le film, on entend une partie du long poème *Cahier d'un retour au pays natal* du poète martiniquais Aimé Césaire. Lisez la citation suivante avec un/e partenaire, et répondez aux questions ensemble:

Et venant je me dirais à moi-même:

Et surtout mon corps aussi bien que mon âme, gardez-vous de vous croiser les bras en l'attitude stérile du spectateur, car la vie n'est pas un spectacle, [...] car un homme qui crie n'est pas un ours qui danse...

a. À qui le poète parle-t-il, littéralement?

b. Pouvez-vous reformuler cette longue phrase en utilisant votre propre vocabulaire?

c. Ces vers sont cités dans le film. Est-ce que ces vers sont un message qui s'adresse directement à l'auditoire (aux spectateurs) pour l'appeler à réagir?

Anticipation

Première projection (avec le son, sans sous-titres). Lisez les questions suivantes. Ensuite, regardez la première séquence du film et prenez des notes, afin de pouvoir répondre aux questions. Il n'est pas nécessaire de tout comprendre pour répondre aux questions suivantes. Servez-vous du **Glossaire du film**.

1. Où se passe l'action de la première partie de cette séquence?

2. Quelle est la saison? Comment le savez-vous? Quel temps fait-il dans la première partie de la séquence? Et dans la deuxième partie?

3. Dressez la liste de tous les objets que vous voyez dans la première partie de cette séquence. Celle ou celui dont la liste sera la plus longue gagnera. Par exemple: un arbre (un baobab), un ours blanc en peluche…

4. Dans la deuxième partie de la séquence, quel est le rapport entre l'homme qui lit une lettre et l'homme qui voyage en autobus, en pirogue?

Deuxième projection (avec le son, sans sous-titres). Maintenant, regardez la même séquence une deuxième fois. Vérifiez vos réponses aux questions de la première projection et répondez aux questions suivantes:

1. Décrivez les deux parties de cette séquence: quelles différences remarquez-vous dans les images et les bruits?

2. Pourquoi est-ce que l'homme au chapeau fait du shopping?

3. Il y plusieurs hommes et femmes dans la première partie de cette séquence. Est-ce qu'on voit leur visage? Est-ce qu'ils se parlent? Semblent-ils heureux? Et les personnes de la seconde partie?

4. Quelle est la signification du baobab (le grand arbre) qui est la dernière image de la première partie?

5. Qui narre la deuxième partie?

GLOSSAIRE DU FILM

Pour entendre les mots du glossaire, consultez le site web.

Voici quelques mots de vocabulaire qui vous aideront à comprendre le film, à en parler en classe et à écrire dans votre **Journal de bord,** tout en enrichissant votre lexique personnel. Avant de voir le film, lisez tout le vocabulaire. Soulignez les mots qui vous intéressent et cherchez à les entendre pendant le film.

Les personnages et leurs occupations

les actualités: *news (radio, television news)*
un âne: *donkey*
un appareil-photo: *camera*
le bambara: *Bambara, a language spoken in Mali*
une béquille: *crutch*
un/e client/e: *client*
un/e coiffeur/euse: *hairdresser*
un colon: *colonist*
l'exil (m): *exile*
un fauteuil roulant: *wheelchair*
handicapé/e: *handicapped*
une hutte (ou maison) de terre: *hut or house made of mud*
un invité radio: *guest on a radio show*
un journaliste radio: *radio journalist*
un métier: *job, trade, craft*
un motard: *biker*
un opérateur de Poste: *postal employee who receives and makes phone calls for customers who don't have a phone; customers pay*
patient/e: *patient*
le pays natal: *one's native land*
un photographe: *photographer*
un poste de radio: *radio*
le receveur de Poste: *Post Master, postal employee who takes in money from customers (a kind of accountant)*
la sonnerie: *telephone ring, as in «La sonnerie m'a réveillé».*
un taileur: *tailor*
la tonalité: *dial tone*
un troupeau de vaches, de moutons, de chèvres, de buffles: *flock of cows, sheep, goats, water buffalo*
un/e villageois/e: *villager*

L'environnement, le temps qui passe

l'an deux mille: *the year 2000*
la brousse: *bush*
la météo: *weather report*
un millénaire: *millennium*
un oiseau/des oiseaux: *bird/birds*
pile: *exactly, on the dot;* À minuit pile. *Exactly at midnight.*
la récolte: *harvest*
le réveillon de la Saint-Sylvestre/du nouvel an: *New Year's Eve party, celebration, dinner*
le riz: *rice*
le Sahel: *the Sahel, Arabic for "shore"; southern boundary of the Sahara desert, which was likened to a sea; separates the desert from the savannah; Mali is one of the countries in this region*
la Saint-Sylvestre: *New Year's Eve*
un siècle: *century*
un supermarché: *supermarket*
la veille de: *eve of, night before*

Les actions

avoir quelqu'un au téléphone: *to talk to someone on the phone*
cultiver le riz: *to grow rice*
demander de l'aide: *to ask for help*
se déplacer à vélo, à pied, à moto: *to get around on a bike, on foot, on motorbike*
dicter: *to dictate*
entendre mal: *to have trouble hearing;* Je vous entends mal. *I can't hear you well.*
se faire couper les cheveux: *to get one's hair cut*
se faire prendre en photo/se faire photographier: *to have a photo taken of oneself*
fêter: *to celebrate*

flâner: *to stroll*

passer du temps avec quelqu'un: *to hang out with someone*

passer un coup de fil: *to make a phone call*

patienter: *to wait*

raccrocher: *to hang up*

rappeler: *to call back (in this context)*

répondre au téléphone: *to answer the phone*

saluer: *to greet*

sonner: *to ring;* Le téléphone sonne.

Expressions

Je compose le numéro. *I'm dialing the number.*

Je vous parle depuis Sokolo. *I'm calling from Sokolo.*

L'horloge égrène le compte à rebours de l'an deux mille. *The clock is counting down to the year 2000.*

Parlez plus fort ! *Speak louder!*

Ne quittez pas. *Don't hang up.*

Pendant la projection

Mise au point

Pendant que vous regardez le film, prenez des notes sur tout ce qui vous intéresse. Faites surtout attention aux éléments suivants:

1. Le nom (ou l'anonymité) des personnages et leurs rapports les uns avec les autres.

2. Les moyens de communication et de transport: quels types, lesquels sont les plus efficaces?

3. Comment et où les gens (les adultes, les enfants) s'amusent-ils?

4. Dans ce film, vous entendrez de la musique africaine (de Salif Keïta, Anouar Brahem, Sababougnouma, Sidi Dramé, par exemple), et de la musique européenne («Quintette en ut majeur» de Schubert; un garçon qui fredonne *(hums)* «Frère Jacques», les premières mesures de «La Marseillaise» à la radio). À quelles images et actions correspond la musique africaine? Auxquelles correspond la musique européenne?

5. Notez toutes les paroles écrites que vous voyez (sur des panneaux publicitaires, des affiches, etc).

Le langage du cinéma: Reprise des techniques filmiques

La vie sur terre est une réflexion sur le temps, et l'idée du temps qui passe est très présente partout dans le film. Combien de temps passe à Sokolo pendant le film? Y a-t-il un rapport entre la durée du film et le temps de l'histoire? En quoi est-ce que le son (la musique, la voix-off, les bruits naturels, le silence), les images (la durée du plan, les angles de prise de vue, etc.), le mouvement de la caméra (le rythme, le ralenti), et la mise en scène (les scènes, les mouvements des personnages, etc.) renforcent cette idée du temps qui passe?

Après la projection

Réflexion: Journal de bord

Le **Journal de bord** vous permet de réfléchir aux thèmes et aux idées du film et d'exprimer vos réactions personnelles. Vous pouvez aussi répondre aux questions suggérées dans les instructions.

1. Dans votre journal de bord, écrivez vos réactions face à ce film, aussi bien que des questions et commentaires. Indiquez quelles questions ou quels commentaires vous voulez mentionner en classe.

2. Faites la liste de toutes les actions dans *La vie sur terre*. Voyez-vous une intrigue linéaire?

3. Qu'est-ce que les parisiens font pour fêter l'arrivée du troisième millénaire (écoutez les informations à la radio !)? Et les villageois de Sokolo?

4. Est-ce que ce film vous donne envie d'aller faire un voyage au Mali?

Liens culturels

http://www 🌐 **Que savez-vous sur la vie urbaine et la vie rurale en Afrique? Connaissez-vous les grandes villes d'Afrique? Et la culture rurale? Consultez le site web pour obtenir plus d'informations sur Bamako, Abdijan, et la signification du baobab.**

Compréhension et réactions

1. Les emplois. Quels métiers sont représentés dans le film? Y a-t-il…? Répondez «*Oui il y en a (un, deux…)*» ou «*Non, il n'y en a pas*».

_____ un chef cuisinier

_____ un instituteur

_____ un photographe

_____ un coiffeur

_____ un opérateur Poste

_____ un chauffeur de taxi

_____ un tailleur

_____ un vacher, un cow-boy (*a cowherd*)

_____ un animateur radio

2. Avez-vous compris?

a. D'où vient Nana, et à qui est-ce qu'elle rend visite à Sokolo?

b. D'où vient Dramane, et pourquoi vient-il à Sokolo?

c. Où se trouvent les deux stations de radio qu'écoutent les habitants de Sokolo?

d. Quel produit est très important pour l'économie du village, et comment le savez-vous? Quel est le problème avec ce produit?

e. Quels personnages écrivent (ou dictent) des lettres dans ce film? Pourquoi les dictent-ils au lieu de les écrire eux-mêmes? À qui écrivent-ils? En quoi est-ce que leurs lettres sont différentes?

 3. Réactions personnelles. Indiquez les émotions que vous ressentez en regardant le film, et expliquez-les en faisant référence à des exemples précis du film. Choisissez trois des phrases suivantes qui peuvent exprimer votre propre réaction et finissez-le:

a. Je me suis senti/e triste quand….

b. Je trouve amusante la séquence où….

c. La partie où … m'a ennuyé/e. J'ai trouvé ennuyeuse la partie où...

d. Je me suis senti/e ému/e quand….

e. La musique était….

f. Ce qui rend la vie agréable à Sokolo, c'est…; pourtant, la vie est dure parce que….

 ## Approfondissons

1. Dans un récit conventionnel, il y a une exposition (ce qu'il faut savoir pour comprendre l'histoire), un développement de l'intrigue, une complication (un catalyseur qui déclenche un conflit), un paroxysme (un tournant, un moment décisif) et un dénouement. Souvent, une ou plusieurs des personnes sont transformées psychologiquement à cause de tout ce qui se passe. Essayez de faire la liste de toutes les actions dans *La vie sur terre*, tout ce que les personnages font. Est-ce un récit conventionnel? Pourquoi ou pourquoi pas?

2. Décrivez l'emploi du temps de la journée d'un des personnages. Imaginez l'heure à laquelle il/elle fait chaque activité, et mentionnez tout ce qui se passe.

3. Où est-ce que les gens peuvent se rencontrer à Sokolo?

4. On n'explique pas tout dans ce film. Par exemple, à la fin, des hommes arrivent au village et Nana s'en va. Pouvez-vous imaginer pourquoi? Quelles autres questions aimeriez-vous poser sur les personnages, les actions et leur vie?

 5. Quel grand événement n'est pas représenté dans le film? Pourquoi à votre avis?

Discussion

1. Y a-t-il des similarités entre Nana et le personnage principal, Dramane? Lesquelles?

 2. Il n'y a ni horloge ni montre dans le film. Quelles sont les indications du temps qui passe? Qu'est-ce que cela révèle sur le rapport des villageois avec la nature? Avec l'Europe?

3. Dans une interview, le réalisateur, Abderrahmane Sissako a dit que l'intention de communiquer est aussi importante que la communication même, parce que cette intention est un geste d'amour. Dressez la liste de tous les moyens de communication (de la conversation à la communication téléphonique) représentés dans le film. Qui essaie de communiquer avec qui? Qui réussit? Est-ce qu'on sait toujours qui va écouter, répondre?

4. À quelles images et actions correspond la musique de ce film? Quand est-ce qu'on entend Schubert?

5. Sissako a choisi de tourner son film sur l'arrivée du troisième millénaire dans le village de Sokolo. Pourquoi, à votre avis, n'a-t-il pas tourné le film dans une ville africaine plus grande et plus moderne?

6. L'homme qui dicte une lettre explique sa vie à Sokolo. Pourquoi est-ce qu'il écrit? À qui est-ce qu'il va envoyer cette lettre? Où habite le destinataire de la lettre?

7. Quels bruits naturels entendez-vous? Est-ce qu'il y a des moments où il n'y a aucun bruit? Quand? Pourquoi, selon vous, est-ce que le metteur en scène a mis tant d'emphase sur les bruits naturels?

8. Pour vous, est-ce que le message du film est plutôt optimiste sur l'avenir du petit village de Sokolo? Expliquez votre réponse en donnant des exemples précis tirés du film.

9. Sissako a dit dans une interview: «Je souhaite que ce film soit un hymne à la justice, à l'amour, au partage, au respect, compris comme philosophie de la vie, pas spécialement africaine, *une vie sur terre* possible même en un lieu où l'on touche difficilement la terre». Est-ce qu'il a réussi, selon vous?

Analyse

1. À votre avis, que signifie le titre du film?

2. En quoi est-ce que ce film est un commentaire sur l'émigration et l'échange culturel?

3. Après avoir vu tout le film, est-ce que le plan à longue durée du baobab semble avoir plus d'importance? Si le baobab est notre premier aperçu de l'Afrique, quelle image représente l'Europe? Expliquez.

4. Le film insiste sur quelques phrases écrites: Le panneau, «Radio colon: la voix du riz»; l'affiche France télécom, «Le téléphone pour tous, c'est notre priorité»; une citation d'Aimé Césaire, «L'oreille collée au sol, j'entendis passer Demain»; le titre d'un scénario que Dramane est en train d'écrire, «L'homme de Sokolo». Qu'est-ce que chaque message écrit semble exprimer sur Sokolo? Pour tout le monde?

5. Les critiques et spectateurs ont fait remarquer que les images de ce film sont douces, tandis que les paroles sont violentes. Êtes-vous d'accord avec ce commentaire? Cherchez des exemples.

6. Imaginez la signification du défilé des hommes qui passe et repasse dans le village. Selon vous, est-ce quelque chose de politique? de religieux? d'autre?

7. Trouvez sur Internet la traduction française de la chanson «Folon» (de Setif Keïta, un musicien malien), la chanson en bambara, qui est répétée plusieurs fois pendant le film. Maintenant que vous connaissez le sens de la chanson, en quoi est-ce que votre compréhension du film change?

Mise en scène

1. Vous êtes journaliste pour RFI (Radio France Internationale), et travaillez à Sokolo, le premier janvier 2000. Interviewez Dramane, Nana, Bina, et d'autres personnages qui vous intéressent. Posez-leur trois questions sur la façon dont ils ont passé ou célébré la veille du nouvel an. Chaque personnage interviewé expliquera pourquoi il/elle a choisi de célébrer de cette façon.

2. Vous êtes animateur radio dans votre université ou dans votre ville. La veille d'une date importante (le nouvel an; la fête nationale; les élections, etc), vous choisissez deux invités pour commenter l'événement à la radio avec vous.

- Quel événement choisissez-vous?
- Qui choisissez-vous comme invités? Pourquoi?
- Avec vos invités, préparez les questions et les réponses.
- Présentez votre émission devant la classe.

À l'écrit

Atelier. Voici le début de la lettre que Dramane envoie à son père, annonçant son retour au pays natal. «Cher Père, tu seras un peu surpris, peut-être même inquiet de recevoir une lettre de moi. Je me presse donc de te dire que tout va bien et j'espère qu'il en est de même pour toi. Contrairement au message que je t'ai fait parvenir par Jiddou, un changement important fait que je serai bientôt avec toi, à Sokolo: le désir de filmer Sokolo, la vie, la vie sur terre, le désir aussi de partir. D'autant que d'ici peu, nous serons à l'an 2000 et que rien n'aura changé pour le meilleur, tu le sais mieux que moi.»

Imaginez que c'est la fin de l'année et que vous allez rentrer chez vous, dans votre pays ou ville natal. Écrivez votre propre lettre à quelqu'un qui est resté là-bas ou qui vit là-bas depuis longtemps.

Exposition. Selon le réalisateur, est-ce que *La vie sur terre* est un film sur Sokolo, sur l'Afrique, sur la vie en général, ou sur tous ces sujets? Lisez l'entretien à la page suivante afin de répondre à cette question. Divisez votre composition en trois parties générales: **Introduction** (où vous répondez à cette question); **Corps** (où vous justifiez votre réponse en parlant de trois aspects du film; **Conclusion** (où vous offrez votre opinion sur ce message et sur le fait qu'il a été ou n'a pas été bien transmis).

Analyse. Le texte du *Cahier du retour à un pays natal* enrichit et quelquefois remplace le dialogue. Les personnages s'expriment assez peu, et on apprend très peu de choses sur leur vie personnelle. Imaginez le film sans ce poème. En quoi le film serait-il différent? En quoi est-ce que l'atmosphère du film changerait?

Entretien avec Abderrahmane Sissako, Cannes, mai 1998: À propos de *La vie sur terre*

Ce que tu exprimes à la fin du film: l'attente d'une solidarité dans le monde qui serait à la fois reconnaître quelque chose de soi chez l'Autre et quelque chose de l'Autre chez soi.

Complètement. C'est pourquoi je souhaite que ce film soit un
5 hymne à la justice, à l'amour, au partage, au respect, compris comme philosophie de la vie, pas spécialement africaine, *une vie sur terre* possible même en un lieu où l'on touche difficilement la terre.

**Douceur du regard sur les gens et violence du texte de
10 Césaire font un couple se répondant sans cesse.**

Absolument, car il fallait coûte que coûte éviter de donner l'image magnifique d'un village tranquille! Sokolo, c'est la douleur! C'est aussi le rejet de ceux qui l'ont abandonné. Et Sokolo est sensible à l'indifférence des Autres! *Cette mort qui
15 clopine*, comme le dit Césaire. Il fallait construire une harmonie entre les deux termes.

D'où l'importance donnée à la communication notamment téléphonique avec l'extérieur?

L'intention de communiquer est plus importante que la com-
20 munication elle-même. Quand on a décidé de parler à l'Autre, le geste d'amour est fait. Si quelqu'un cherche à me parler, j'existe pour lui. À aucun moment on entend la réponse de l'Autre. Pour la radio c'est pareil: il ne faudrait pas que RFI croie qu'on les comprend toujours; c'est le geste d'écoute qui
25 importe. Et cela montre à quel point la culture africaine est universelle et le prouve à tout moment.

Tu cites Césaire en début de film: «la vie n'est pas un spectacle». N'est-ce pas contradictoire avec le cinéma?

J'essaie de ne pas faire un spectacle. L'Afrique a si souvent
30 été filmée de façon spectaculaire. La douleur de l'Autre ne peut être un spectacle.

Tu le cites encore: «L'Europe se surestime»...

Mon cinéma n'est pas révolutionnaire mais il faut dire les choses, dans l'amour de l'Autre mais sans les taire! Le par-
35 don symbolique n'a pas eu lieu. L'Europe glorifie maintenant ceux qui ont aboli la traite négrière [*slave trade*]. Elle n'arrête pas de se surestimer...

«La force n'est pas en nous mais au-dessus de nous», dit encore Césaire...

40 Je ne sais pas si c'était ce que voulait exprimer Césaire... Je comprends que nous n'avons pas la force aujourd'hui mais que nous la voyons et tendons vers elle. Ce que j'essaie par ce film qui est parfois un cri mais surtout un chuchotement, d'autres le font tous les jours dans leur quotidien. Je ne suis
45 pas au devant des combats. Ma forme est visible mais d'autres ont plus de mérite.

Tu disais dans Rostov-Luanda que tu fais partie d'une génération qui croit encore en l'avenir. On a l'impression que tu le répètes dans ce film...

50 Je disais à Raymond Depardon, à propos de son film *Afrique, comment ça va avec la douleur?* qu'on ne peut pas souffrir plus que ceux qui souffrent vraiment. J'ai vu à Sokolo des gens qui souffraient mais ne se plaignaient pas. Chaque rencontre est une leçon. C'est ça l'espoir.

55 ### Et tu mets une autre phrase de Césaire en encart: «l'oreille collée au sol, j'entendis passer demain».

L'An 2000 est déjà là. L'avenir est déjà présent. Mon oncle souhaite moins souffrir que l'année précédente. Je voudrais que mon film aiguise un sentiment de responsabilité et de partage.

60 ### Tu as tenu à exprimer cette demande d'aide dans le film.

Elle est demandée dans l'intimité d'une lettre à son frère. L'aide, c'est le partage. Je peux aider car quelqu'un, hier, m'a aidé. C'est une chaîne de partage.

Salle 3: *Les glaneurs et la glaneuse.*
Agnès Varda. France, 2000.

Regardez bien cette photo: l'horloge sans aiguilles, la femme et les chats. Qui regarde qui? Qu'est-ce que la composition de cette image suggère sur le temps et sur le rôle du spectateur? Trouvez un titre pour cette photo.

Dans ce documentaire et autoportrait, Agnès Varda révèle les différentes significations du verbe «glaner». À travers ses rencontres avec divers glaneurs contemporains, elle explore le plaisir, la nécessité, et tout l'art du glanage. Elle s'interroge aussi sur la question du passage du temps, de perdre son temps, de récupérer son temps.

Éclairages

Recherches préparatoires sur Internet

Agnès Varda se présente dans ce documentaire, mais elle ne dit pas tout. Vous pouvez en savoir plus sur sa carrière, sur les réactions critiques face à son œuvre, et sur les tableaux des glaneuses sur le site web.

Remue-méninges

1. Cherchez les mots «glaneur» et «glaner» dans un dictionnaire français. Quel est le sens littéral de ces mots? Et le sens figuratif?

2. Une trouvaille est une heureuse (*unexpected*) découverte ou un objet que l'on a trouvé et qui nous fait plaisir— une pièce de monnaie sur le trottoir, par exemple. Pensez aux trouvailles que vous avez faites. Racontez l'histoire de l'une de vos trouvailles.

3. Les protagonistes de ce film parlent de «gaspillage» et de «surconsommation». Est-ce qu'on parle de ces problèmes dans votre ville? Donnez des exemples de ces deux phénomènes dans votre ville et/ou dans votre expérience personnelle.

Une benne de recyclage à Paris.

4. Le recyclage est une solution au gaspillage des ressources naturelles. Est-ce que vous recyclez? Si oui, quoi et pourquoi? Sinon, pourquoi pas?

5. Beaucoup de gens s'ennuient au travail et s'amusent seulement pendant leur temps libre. Pourtant, il existe aussi des gens qui ont la chance d'aimer leur travail. Pouvez-vous trouver deux professions où il vous serait possible de vous amuser tout en travaillant assez dur?

Anticipation

Première projection (avec le son, sans sous-titres). Lisez les questions suivantes. Ensuite, regardez la première séquence du film sans sous-titres et prenez des notes, afin de pouvoir répondre aux questions. Il n'est pas nécessaire de tout comprendre pour répondre aux questions suivantes. Servez-vous du **Glossaire du film**.

1. La deuxième séquence a lieu

    a. en ville.

    b. à côté d'un champ.

    c. près d'un lac.

2. Dans quel musée se trouve le tableau «Les Glaneuses»?

    a. Le Louvre

    b. Le musée d'Orsay

    c. Le musée Marmottan

3. La femme qui est avec son chien parle

    a. de ses souvenirs d'enfance.

    b. d'un film qu'elle a vu.

    c. d'une fable.

Deuxième projection (avec le son, sans sous-titres). Maintenant regardez la même séquence, toujours sans sous-titres. Vérifiez vos réponses aux questions de la première projection et répondez aux questions suivantes:

1. Dans cette séquence, les glaneurs sont

    a. des hommes.

    b. des femmes.

    c. des hommes et des femmes.

2. Selon la femme, pourquoi est-ce que le glanage du blé ne se fait plus?

    a. Les machines sont trop performantes.

    b. Le blé n'est plus consommé.

    c. Ce n'est plus légal.

3. Est-ce que cette interview semble avoir été arrangée à l'avance?

4. Selon vous, qui est la narratrice qui parle en voix-off?

5. Quelle est la définition du glanage dont la narratrice parle?

GLOSSAIRE DU FILM

 Pour entendre les mots du glossaire, consultez le site web.

Voici quelques mots de vocabulaire qui vous aideront à comprendre le film, à en parler en classe et à écrire dans votre **Journal de bord,** tout en enrichissant votre lexique personnel. Avant de voir le film, lisez tout le vocabulaire. Soulignez les mots qui vous intéressent et cherchez à les entendre pendant le film.

Les personnes, le monde rural, le monde urbain

abîmé/e: *spoiled, ruined*

une activité bénévole: *unpaid, volunteer work*

un amateur de: *connaisseur, lover of (music, art)*

un autoportrait: *self-portrait*

une benne de recyclage: *large recycling bin found in cities*

le blé: *wheat*

une boîte de recyclage: *recycling bin (small, for curbside recycling)*

le bouchon de l'objectif: *lens (l'objectif) cap, cover*

une caméra: *movie camera*

une caméra mini-DV: *digital video camera*

un camion: *truck*

un camionneur: *truck driver*

une caravane: *trailer*

un champ: *field*

le chômage: *unemployment*

la culture: *farming, in this context*

la date de péremption: *«buy by» date on food*

la décharge (publique): *place where the trash collectors put trash*

un déchet/les déchets: *trash*

défavorisé/e: *disadvantaged*

un éboueur: *trash collector (garbage man/woman)*

un épi (de blé, de maïs): *ear of wheat, corn*

une figue: *fig*

un foyer: *in this context, a home (for certain residents: the elderly, the unemployed, for rehabilitation, etc.)*

un/e gitan/e: *gypsy*

un grain de raisin: *grape*

une grande surface: *hypermarket (store like Target, K-Mart, including a supermarket)*

une grappe: *bunch (as in une grappe des raisins)*

une huître: *oyster*

le maïs: *corn*

un objet de récupération: *recycled or salvaged item*

une patate/pomme de terre: *potato*

une pendule (sans aiguilles): *clock (without hands)*

une poubelle: *trashcan*

la récolte: *harvest*

une remorque: *trailer*

un reste/les restes: *leftovers, remains*

le riz: *rice*

le R.M.I.: le Revenu minimum d'insertion: *a kind of welfare*

un/e routard/e: *backpacker*

un/e sans-abri: *homeless person*

un santon: *ornamental figure in a Christmas nativity scene*

un/e SDF (sans domicile fixe): *homeless person*

une serre: *greenhouse*

la surconsommation: *overconsumption*

un tablier: *apron*

un traiteur: *caterer*

une trouvaille: *a find*

la vendange: *grape crop; grape harvest*

un verger: *orchard*

une vigne: *vine; vineyard*

un/e vigneron/ne: *wine grower*

un vignoble: *vineyard*

un/e viticulteur/trice: *wine grower*

Les actions

autoriser: *to authorize, allow*

se baisser: *to bend over, lean over*

bricoler: *to putter, to tinker around*

dénicher: *to unearth, discover*

faire la manche: *to beg*

gâcher/le gâchis: *to waste/wastefulness*

gaspiller: *to waste*

glaner: *to glean (things that grow up, like wheat, corn, potatoes)*

grappiller: *to glean (things that hang down, grapes or other hanging fruits)*
mendier: *to beg*
profiter de: *to profit from, take advantage of*
ramasser: *to pick up*
récupérer: *to salvage, save*
recycler: *to recycle*
trier: *to sort*

Expressions

C'est lamentable. *It's appalling, awful, dreadful, pathetic.*
Ça ne me regarde pas. *It's none of my business.*
Les gens sont chiches. *People are cheap.*
Promis, juré. *Cross my heart. Literally, I promise, I swear.*
C'est un dialogue de sourds. *Literally, a dialogue of the deaf; phrase used to indicate two people or parties (a union and management, for example) who are not listening to one another.*
Il y en a plein. *There's lots, there's plenty.*

Pendant la projection

Mise au point

Pendant que vous regardez le film, prenez des notes sur tout ce qui vous intéresse. Faites surtout attention aux éléments suivants:

1. Qui glane, qu'est-ce qu'il/elle glane, et pourquoi (pour le plaisir, par nécessité, pour l'art, l'idéologie, etc.)?

2. Les références au métier de réalisatrice.

3. Les différentes trouvailles que fait Varda.

4. Les différences et les similarités entre ce film et d'autres documentaires que vous connaissez.

5. Le film se compose d'une vingtaine d'épisodes. Notez et nommez ces épisodes pendant que vous regardez le film. Par exemple: Le générique, Les origines du glanage, Les patates, Claude, Manger dans la poubelle, Poubelle, Ma belle, etc.

6. Les mots et les expressions que vous aimeriez apprendre.

Le langage du cinéma: Reprise des techniques filmiques

Les raccords de ce film sont souvent abrupts. Il y a aussi beaucoup de digressions, et même des accidents qui sont récupérés comme trouvailles (images sans son, par exemple). Comment est-ce que les techniques, les images et le son du film renforcent l'idée et l'acte de glaner?

Après la projection

Réflexion: Journal de bord

Le **Journal de bord** vous permet de réfléchir aux thèmes et aux idées du film et d'exprimer vos réactions personnelles. Vous pouvez aussi répondre aux questions suggérées dans les instructions.

1. Dans votre journal de bord, écrivez vos réactions face à ce film, aussi bien que des questions et commentaires. Indiquez quelles questions ou quels commentaires vous voulez mentionner en classe.

2. Quel glaneur/quelle glaneuse vous intéresse le plus? Pourquoi?

3. Quels tableaux, sculptures, et objets d'art figurent dans le film? Quel est leur rôle?

4. Quelles sortes de gâchis voit-on dans le film? Quelle est votre réaction?

---

http://www **Liens culturels**

 Visitez le site web pour continuer votre exploration du glanage et du recyclage en France et ailleurs.

Compréhension et réactions

1. **Le glanage.** Choisissez trois «épisodes» du film qui vous intéressent. Pour chaque épisode, identifiez:
   - celui/celle qui glane
   - ce qui est glané
   - la raison pour laquelle on glane: pour le plaisir, par nécessité, etc.

 2. **Les glaneurs.** Quel glaneur ou glaneuse vous impressionne le plus et pourquoi?

3. **Critiques glanées.** Relisez le résumé, l'anecdote ou la critique que vous avez lu(e) avant de voir le film (**Recherches préparatoires sur Internet**). Est-ce que cet article reflète votre opinion du film? Qu'est-ce que vous changeriez dans cet article?

 4. Dans le film, y a-t-il des situations ou des personnes qui vous surprennent? Lesquelles? Expliquez.

Approfondissons

1. Dressez la liste des trouvailles dans le film. Quelle trouvaille vous semble-t-elle la plus importante? Pourquoi?

2. Qu'est-ce que vous avez glané dans ce film? Quelles trouvailles linguistiques et culturelles avez-vous faites?

3. Êtes-vous du genre glaneur? Expliquez.

Discussion

1. Agnès Varda appelle son film un «road-documentary». D'autres ont vu dans ce film un autoportrait, un commentaire social, un documentaire, un road-movie, et un film poétique ou artistique. Faites le résumé d'une seule de ces facettes du film et comparez votre résumé avec ceux des autres étudiants. Suivez la formule suivante:

- Titre: *Les glaneurs et la glaneuse*: (commentaire social)
- Faites le résumé du contenu (uniquement sous la rubrique que vous traitez) en trois à quatre phrases.
- Exprimez votre opinion sur le film en tant que (commentaire social, etc.), sans considérer les autres facettes du film.
- Présentez et comparez vos résultats.

2. Maintenant, comparez ce film à un autre film ou texte d'un des genres suivants: un road-movie, un documentaire, un autoportrait/une autobiographie/une biographie, un commentaire social, ou un film poétique/artistique.

3. Quelle impression ce film donne-t-il du métier de réalisateur? Est-elle différente de l'impression que donnent d'autres films, interviews, etc. que vous connaissez? Expliquez.

4. Choisissez deux interviews: quel est le rapport entre la personne interviewée et la personne qui fait l'interview?

5. Quel est le rôle des œuvres d'art dans ce film? Choisissez l'un/e des tableaux, collages, ou sculptures qui figurent dans le film et qui illustre le mieux, à votre avis, le sujet/thème du film. Justifiez votre choix en parlant de la place de cette œuvre dans la structure narrative et symbolique du film.

6. Quel exemple de gâchis, de gaspillage vous impressionne ou vous choque le plus? Pourquoi?

7. Quelle méthode de glanage ou de récup vous surprend ou vous plaît le plus? Pourquoi?

Analyse

1. Ce film ne présente aucune des caractéristiques du film à grand succès: il n'y a pas beaucoup d'action, pas de vedettes, et ce n'est pas un film narratif (qui raconte une histoire). Pourtant, ce documentaire a reçu beaucoup de prix, et il a attiré un public mondial. Avec un partenaire, discutez des questions suivantes, puis comparez vos réponses avec celles des autres groupes.

- Pour quelles raisons précises ce film aurait-il reçu des prix et de bonnes critiques?
- Connaissez-vous un film plus récent qui est relativement populaire, bien qu'il ne suive pas la formule du succès? Décrivez le film et indiquez les raisons de son succès.

2. Peut-on dire que le tournage même de ce film sert non seulement de documentaire sur le glanage, mais aussi d'exemple de non gaspillage (du temps, des mots, des images, etc.)? Expliquez.

3. Quels éléments du film (sujets traités, images, techniques, etc.) contribuent au thème de la contemplation du temps, du passage du temps? Y a-t-il un message définitif sur le temps?

4. L'une des raisons pour lesquelles il y a du gaspillage est la surconsommation. Pensez à deux exemples de surconsommation dans votre société, soit au niveau national, soit au niveau de votre ville ou université, soit dans votre maison ou votre vie quotidienne. Pouvez-vous imaginer des projets de recyclage ou de récupération qui pourraient reduire cette surconcommation ou ce gaspillage?

5. Ce film traite de sujets sérieux avec humour et même avec tendresse. Y a-t-il des épisodes ou des interviews qui seraient difficiles à supporter (trop triste, trop bizarre, etc.) sans le «filtre» du regard d'Agnès Varda?

6. Regardez de nouveau la photo de l'horloge sans aiguilles, du miroir, d'Agnès Varda au début de cette section sur *Les glaneurs et la glaneuse*. Est-ce que vous interprétez la photo de façon différente après avoir vu le film?

7. Que signifie le titre du film? Combien d'idées sont insérées dans ce titre?

8. Quels aspects de la vie et du passage du temps intéressent Varda à cette période de sa propre vie, et pourquoi? Et vous?

Mise en scène

Un story-board. Avec deux ou trois camarades de classe, imaginez un film sur le glanage que vous aimeriez tourner. Pensez surtout à ces trois aspects du film: 1) le portrait du cinéaste et son rapport avec le sujet, le glanage; 2) le voyage, l'aspect «road-movie»; 3) les gens qui seront interviewés.

Ensuite, préparez et présentez devant la classe:

- le titre du film
- un résumé de cinq à dix épisodes (lieu; sujet; gens interviewés)

À l'écrit

Atelier. Imaginez qu'un/e des glaneurs/euses du film parle de l'expérience qu'il/elle a eu pendant le filmage par Varda et son équipe, et fait des commentaires sur le film après l'avoir vu. Écrivez un monologue du point de vue de cette personne, sans l'identifier ouvertement. Le lecteur doit reconnaître cette personne d'après ses actions, son point de vue, et sa façon de parler.

Exposition. Quel est le rôle des œuvres d'art dans ce film? Choisissez trois tableaux, collages, sculptures qui figurent dans le film, et qui illustrent le mieux, à votre avis, le sujet/thème du film. Justifiez votre choix en parlant de la place de chacune de ces œuvres dans la structure narrative et symbolique du film.

Analyse. Est-ce que notre société souffre de la surconsommation? Justifiez votre opinion en donnant des exemples tirés de votre vie et des actualités.

LECTURES

Lecture 1: «Coursier à vélo, le plus beau métier du monde?»

Heather Allen. Canada, 2002.

Thierry Scherrer, chef cuisinier et propriétaire du restaurant Baroque en Bouche, Lyon, France.

Bertrand Tavernier, cinéaste.

Une directrice financière.

Quand on choisit un métier, on décide comment et où on veut passer son temps: dans un restaurant, dans un bureau, dans un magasin de vêtements, dans un garage, dans un hôpital, dans un jardin… On décide aussi avec qui on veut passer la plupart de sons temps—voulez-vous travailler avec beaucoup de gens? Préférez-vous travailler seul/e? Parfois la profession qui vous attire quand vous êtes jeune est diverse de celle que vous choisiriez à l'âge de 30 ou 50 ans.

Avez-vous jamais pensé à consacrer votre vie à faire du vélo? Cyclic.info (**www.cyclic.info**) est un site suisse qui se consacre à la promotion du vélo comme loisir et moyen de transport. Sur le site, vous trouverez des renseigne-ments sur la promotion du vélo, sur les balades organisées, sur la revendica-tion du vélo comme moyen de transport, sur la politique vélo, et sur l'esprit vélo. Il y a aussi beaucoup de liens et d'articles sur la vie des cyclistes, y com-pris le suivant, sur le métier de coursier. Dans «Coursier à vélo, le plus beau métier du monde?» les personnes interviewées parlent des avantages et des inconvenients de la vie à vélo.

Stratégies de lecture

Activez vos connaissances

1. À votre avis, quel est le plus beau métier du monde? Expliquez quels aspects de ce travail vous attirent.

2. Selon vous, à qui est-ce que l'article «Coursier à vélo, le plus beau méti-er du monde?» est destiné? Aux jeunes? Aux personnes qui aiment faire du vélo mais qui ne veulent pas être coursières? Aux personnes qui veulent être coursières? Décrivez le lecteur idéal.

3. Voici une liste de conditions de travail possibles. Pour chaque condi-tion, notez si elle vous plaît beaucoup (3) un peu (2) pas du tout (1). Est-ce que vous avez les mêmes réponses que votre partenaire?

_____ le danger et l'aventure

_____ un énorme salaire

_____ le travail physique

_____ le travail sédentaire (assis/au bureau)

_____ travailler avec des collègues qui partagent les mêmes goûts et valeurs

_____ ne pas être constamment surveillé

_____ travailler en équipe

_____ travailler de 9 heures du matin à 5 heures du soir

_____ porter un complet ou un tailleur (des vêtements très professionnels)

_____ travailler la nuit

Anticipez le contenu

1. Numérotez les paragraphes et indiquez:

a. les paragraphes dans lesquels il y a des citations des interviewés

b. le paragraphe qui dépeint une vignette de la vie d'un coursier

2. Parcourez (*skim*) l'article afin de trouver les informations suivantes:

a. Dans quelle ville travaillent les coursiers interviewés?

b. Combien de coursiers sont interviewés?

Pour mieux lire

Regardez attentivement les mots suivants, que vous allez retrouver dans le texte ci-dessous. Il est difficile de les comprendre sans contexte. Mais ne les cherchez pas tout de suite dans le dictionnaire. Essayez plutôt d'en deviner le sens quand vous les rencontrerez dans le contexte de votre lecture.

1. **tendre:** L'architecte lui **tend** le document.
2. **le bulletin de livraison:** Elle signe **le bulletin de livraison**.
3. **le pouls:** Nous faisons partie du **pouls** de la ville.

Lecture attentive

1. Cherchez les réponses au numéro 1 de la section **Compréhension et réactions** pendant que vous lisez le texte.
2. Avant de chercher les mots que vous ne comprenez pas, regardez la section **Pour mieux lire.** Pouvez-vous deviner le sens de ces mots?
3. En lisant, prenez des notes sur les avantages et les inconvénients du travail de coursier.

Coursier à vélo, le plus beau métier du monde?

Un architecte arrive en courant au bas des escaliers avec les plans qui doivent arriver à la mairie avant l'heure de la fermeture. La coursière regarde sa montre au moment même où l'architecte lui tend le document. Il reste exactement 15 minutes pour arriver à destination. Enfourchant° son vélo, elle pédale furieusement à travers le trafic, fonce et arrive juste avant que les portes de verre ne se ferment. Elle reprend son souffle, puis remercie la réceptionniste après qu'elle a signé le bulletin de livraison. Un autre document livré, un autre jour qui s'achève.° Maintenant, tous les coursiers rentrent à la maison.

    Sadie Urbach est coursière à Toronto. Aider les autres à tenir leurs délais° est très excitant, dit-elle. «Nous faisons partie du pouls de la ville, c'est comme faire partie d'une grosse machine qui fait tourner les affaires».

    «C'est beaucoup de vélo», dit Julien Lormier. Il est coursier à vélo. Il roule environ 80 kms par jour. Ça a l'air de beaucoup de vélo en une journée, mais Lormier, il adore ça! «L'idée de pouvoir gagner sa vie en faisant du vélo, c'est très excitant. Beaucoup d'entre nous ont toujours adoré faire du vélo. Être coursier c'est donc un développement naturel». Urbach dit qu'il faut vraiment aimer le vélo car il faut aussi savoir réparer son engin,° surtout en hiver.

    Être coursier dans une ville peut être dangereux. «Les piétons et les voitures ne font pas très attention et il en résulte souvent des accidents»,

Glosses (right margin):

mounting (a bicycle)

finit

a deadline, time limit (faux ami! délai≠delay)

une machine, un véhicule (faux ami! engin≠engine)

raconte Lormier. Il connaît très peu de coursiers qui n'ont pas eu d'accident, «tôt ou tard, les coursiers qui n'ont pas encore eu d'accident vont connaître cette expérience, c'est normal, il faut l'accepter».

25 Si vous allez au centre ville, il n'est pas rare de voir quelques coursiers prendre leur repas ensemble ou se retrouver après le travail. «C'est réellement une sous-culture urbaine». Lormier apprécie l'aspect social de ce travail: «C'est cool de rencontrer, de traîner° et de travailler avec des coursiers qui viennent du monde entier. C'est vraiment une communauté. J'ai des
30 amis partout et grâce à ce boulot, j'ai pu travailler dans d'autres pays».

Pas mal de coursiers aiment ce travail aussi parce qu'ils ne sont pas plantés derrière un bureau toute la journée. «La liberté de ne pas avoir un patron dans son dos qui nous surveille, ne pas être scotché à un bureau, c'est ce qui plaît aux gens», dit Lormier.

35 Bien qu'il y ait une grande liberté d'action, ce travail n'est pas toujours très facile. Urbach explique: «Le travail est sous évalué en termes de salaire et de reconnaissance sociale».

«C'est pas toujours drôle, pour ceux qui veulent en faire leur métier, ils doivent réaliser que c'est un travail difficile et dangereux», raconte Lormier.
40 Quelques coursiers pensent que le travail s'apprend facilement. Mais la plupart savent que l'expérience les rend plus performants. «Prendre un paquet et l'amener de A à B c'est facile, mais c'est toutes les nuances entre les deux points qui font la différence entre un vrai pro et les rookies».

Les jeunes arrivent et pensent que ce travail va être cool et amusant
45 et qu'ils vont pouvoir rouler comme des fous à travers la ville sans personne sur leur dos pour leur donner des ordres, mais c'est pas ça. Ce travail est sérieux et il peut être autant sans merci que gratifiant, aussi amusant que difficile.

Bien que pour beaucoup de personnes le job de coursier ne soit
50 qu'une étape avant de bifurquer vers d'autres activités, Lormier ne changerait de métier pour rien au monde: «J'adore mon travail et ces temps-ci, c'est rare de trouver un travail qui nous plaise autant».

Après la lecture

Compréhension et réactions

1. Indiquez si les déclarations suivantes sont vraies (V) ou fausses (F):

   a. _____ Selon Julien Lormier, un coursier peut gagner sa vie en faisant une activité qui lui plaît.

   b. _____ Selon Sadie Urbach, un coursier se trouve au centre de l'action urbaine.

   c. _____ Les coursiers sont des professionnels qui ont très peu d'accidents.

d. _____ Selon Lormier, être coursier semble facile mais ne l'est pas.

e. _____ Les rookies sont attirés par le métier de coursier à cause du salaire

f. _____ Pour la plupart des coursiers, ce n'est pas un travail permanent.

2. Quelle technique emploie l'auteur pour attirer l'attention du lecteur dans le premier paragraphe? Que pensez-vous de cette stratégie?

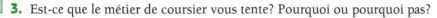 **3.** Est-ce que le métier de coursier vous tente? Pourquoi ou pourquoi pas?

Discussion

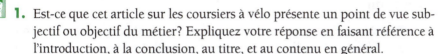 **1.** Est-ce que cet article sur les coursiers à vélo présente un point de vue subjectif ou objectif du métier? Expliquez votre réponse en faisant référence à l'introduction, à la conclusion, au titre, et au contenu en général.

2. L'âge moyen des coursiers n'est pas précisé dans l'article; à peu près quel âge ont la plupart des coursiers, selon vous? Et quel nouveau travail choisissent-ils quand ils prennent leur retraite, à votre avis?

3. Lormier dit: «Prendre un paquet et l'amener de A à B c'est facile, mais c'est toutes les nuances entre les deux points qui font la différence entre un vrai pro et les rookies».

De quelles «nuances» parle-t-il? Expliquez ce qu'il veut dire en utilisant votre propre vocabulaire.

 4. Les coursiers forment «une sous-culture urbaine», un groupe qui partage les mêmes idées, s'habille de la même façon, écoute la même musique. Connaissez-vous d'autres sous-cultures dans votre région?

5. Pour les coursiers et les coursières, pédaler très vite pour livrer un paquet à temps est stimulant. Mais pour d'autres personnes, cette course contre la montre pourrait sembler stressante. Selon vous, quel type de personne réussirait le mieux dans ce métier?

6. Étant donné qu'il y a des dangers et des inconvénients dans le métier de coursier, quel avantage de ce travail vous semble le plus attirant? Quel inconvénient vous décourage le plus?

Forme et fond

1. On emploie le mot *métier* dans le titre de l'article. Trouvez trois autres mots (dont deux familiers) que l'on peut utiliser pour parler de son emploi.

2. Il y a un mélange de registres linguistiques dans cet article: un bel emploi du subjonctif, l'emploi de mots familiers et des anglicismes. Trouvez deux exemples de français soutenu et deux exemples de français familier. Pouvez-vous trouver un anglicisme?

3. L'infinitif est le sujet des phrases suivantes. À quelle personne conjugue-t-on le verbe de la phrase dont le sujet est un infinitif?

   • «[...] *ne pas être* scotché à un bureau, c'est ce qui plaît aux gens».

   • «*Prendre* un paquet et l'amener de A à B c'est facile, mais c'est toutes les nuances entre les deux points qui font la différence entre un vrai pro et les rookies».

   • *Être* coursier dans une ville peut être dangereux».

 4. Écrivez trois phrases sur un métier différent en vous servant de l'infinitif comme sujet.

Expansion

1. Pensez à un métier qui vous intéresse et dont vous connaissez (ou pouvez imaginer) l'emploi du temps approximatif. Écrivez une vignette qui évoque un moment de la journée de quelqu'un qui pratique ce métier. Ne révélez pas le métier aux autres étudiants—ils vont le deviner quand vous ferez votre rapport devant la classe.

2. Avec deux autres étudiants, vous allez récrire cet article d'un point de vue négatif. Donnez à votre article le titre «Coursier à vélo, le moins beau métier/le métier le plus désagréable/le pire métier du monde».

Lecture 2: «L'homme qui ne dépense rien».
Nicolas-Edme Rétif de la Bretonne. France, 1788.

Qu'est-ce que cet homme fait? Pourquoi, selon vous?

Rétif de la Bretonne (1734–1806) a écrit plus de 200 livres sur des sujets très divers. Dans les quatorze volumes des *Nuits de Paris ou Le Spectateur Nocturne*, dont «L'homme qui ne dépense rien» fait partie, Rétif raconte tout ce qu'il voit et entend pendant qu'il se promène chaque nuit dans Paris, entre 1786 et 1788. Il note tout ce qui se passe dans une grande ville alors que presque tout le monde dort: l'emploi du temps des gens de la nuit. Ce recueil de «nuits» est donc un document historique, un témoignage qui nous permet d'écouter, à deux siècles de distance, les voix des gens qui travaillent, qui s'amusent, qui errent la nuit, tout comme l'homme qui raconte son histoire dans cet extrait.

Stratégies de lecture

Activez vos connaissances

1. **Le journal intime.** Est-ce que vous tenez ou lisez un journal intime ou un blog sur Internet? Si vous lisez parfois des blogs (ou d'autres formes de journaux intimes), expliquez ce qui vous attire dans cette forme d'écriture.

   _____ l'auteur révèle ses pensées secrètes

   _____ j'ai quelque chose en commun avec l'auteur (mêmes intérêts, mêmes rêves, mêmes phobies…, etc)

   _____ l'auteur est célèbre

   _____ l'auteur parle d'une ville ou d'un quartier que je connais bien

   _____ c'est vrai, authentique et non pas fictif

   _____ autres raisons?

2. En général, qu'est-ce qu'on note dans son journal intime? Pourquoi? Comparez vos réponses avec celles des autres étudiants.

   _____ ses sentiments

   _____ ses opinions

   _____ ses désirs

   _____ ses rencontres

   _____ ses pensées philosophiques

   _____ ses espoirs et ses rêves pour l'avenir

   _____ ses souvenirs

   _____ ses rapports avec ses amis et sa famille

   _____ autre chose?

3. Regardez vos réponses au numéro 2. L'auteur d'un journal intime écrirait-il les mêmes choses s'il savait que le journal sera publié (ou mis sur Internet)? Pourquoi ou pourquoi pas?

4. Un genre similaire au journal intime est l'article quotidien ou hebdomadaire d'un chroniqueur (*columnist*). Quelles sont les similarités et les différences entre une entrée dans un journal intime et un article de chroniqueur? Inspirez-vous des catégories dans numéro 2 et ajoutez d'autres catégories pertinentes.

5. Imaginez que vous faites un reportage sur la vie nocturne de votre ville. Dressez la liste de tous les types d'activités qui ont lieu la nuit dans votre ville. Quelles activités sont positives? Lesquelles sont négatives?

- qui travaille la nuit?
- qui s'amuse la nuit?
- qui est dans la rue la nuit?
- autres idées?

6. Imaginez les différences entre la vie d'une personne sans abri (un/e S.D.F.) aujourd'hui, et au dix-huitième siècle En quoi est-ce que leur emploi du temps se ressemble? En quoi est-il différent?

7. Imaginez que vous devez vivre un mois dans votre ville sans dépenser d'argent. Décrivez votre emploi du temps quotidien. Qu'est-ce que vous feriez si vous aviez besoin de nourriture, de livres, de vêtements, d'amis, etc.? En quoi votre vie serait-elle difficile? En quoi serait-elle agréable?

Anticipez le contenu

1. Lisez le sous-titre du texte. D'après ce titre, pensez-vous que l'homme mentionné soit: riche, chiche (*cheap*), ou pauvre? Expliquez votre réponse.

2. Maintenant, parcourez le texte sans le lire en profondeur.

a. Dans quels paragraphes est-ce que l'homme qui ne dépense rien raconte son histoire au narrateur?

b. Est-ce que votre prédiction sur la situation économique de l'homme du titre était juste? Dressez la liste de trois ou quatre mots clés qui vous ont aidé/e à comprendre la situation de l'homme.

Pour mieux lire

Regardez attentivement les mots suivants, que vous allez retrouver dans le texte. Il est difficile de les comprendre sans contexte. Mais ne les cherchez pas tout de suite dans le dictionnaire. Essayez plutôt d'en deviner le sens quand vous les rencontrerez dans le contexte de votre lecture.

1. un habit: Êtes-vous dans l'état qu'annonce votre **habit**?

2. graver: Il a bien **gravé** dans sa tête l'heure à laquelle les cuisinières jettent leurs lavures.

3. autant: Il faut en faire **autant**.

4. ôter: J'ôtais au chien tout ce qui était viande…

Lecture attentive

1. Avant de chercher les mots que vous ne comprenez pas, regardez la section **Pour mieux lire**. Pouvez-vous deviner le sens de ces mots?

2. Ensuite, relisez le récit en consultant un dictionnaire. Est-ce qu'il vous faut chercher tous les mots que vous avez soulignés? Pourquoi ou pourquoi pas?

3. Pendant que vous lisez, faites attention aux emplois du temps de Pataut
(le chien) et de son ami. Dressez la liste de ce qu'ils font. Comment
s'entraident-ils?

Des bennes de recyclage à Rennes, France.

L'homme qui ne dépense rien.

En sortant au bout de la rue du Fouarre, que j'habitais alors, tout à côté
de l'égout de l'Hôtel-Dieu,° je trouvai un homme, vêtu d'une espèce de
blode de toile cirée.° Il avait une longue barbe, des savates,° un vieux chapeau, un bas noir et un gris. Sa figure extraordinaire me frappa d'autant
5 plus que cet homme, d'environ 40 ans, ne me paraissait pas infirme. Je
l'abordai: —Monsieur, (lui dis-je), pardon! Êtes-vous dans l'état qu'annonce votre habit? —Oui et non (me répondit-il). Je suis dans une pro-
fonde misère,° parce que je ne possède rien. Et cependant, comme je vis
sans manquer, que je vis content, je ne suis pas misérable. —Oserais-je
10 vous demander, monsieur, quel est votre genre de vie? (Je répétais le mot
de monsieur, à cause de la grande révérence qu'on doit à l'homme pauvre). —Vous me paraissez un bon enfant; car vous vous intéressez à moi,
et il ne m'était pas encore arrivé de rencontrer un être compatissant.

Depuis que je suis tombé dans une indigence° absolue, par l'injustice
15 des hommes, il m'est venu dans l'idée de subsister sans rien avoir, sans
rien prendre, sans rien dépenser. J'en ai fait le serment,° que je tiendrai.
C'est un gros chien de mon voisinage, dont le maître est mort, et dont personne ne voulait, qui m'a donné l'exemple. Ce chien n'ayant plus d'ordinaire réglé, s'est mis à étudier les lavoirs des cuisines, et surtout il a bien
20 gravé dans sa tête l'heure à laquelle les cuisinières jettent leurs lavures.°
Il y allait d'avance, faisant sentinelle, pour écarter les chiens parasites. Il

the hospital sewer

a shirt made from rough cloth; worn-out old shoes

l'extrême pauvreté

la pauvreté

vow

old broth

half-eaten
parsnips
to fast

foresight

to grind
a pestle

crust, rind
bone with marrow; to sniff, smell

dung heap

kindling (twigs, bits of coal to light a fire)

to pull
ancienne monnaie française de très peu de valeur; a nest egg

un type de four

mend your rags

s'emparait alors de tout ce qui était jeté, peaux, os demi-rongés° ou dégarnis, carottes, panais,° et le reste; il faisait ventre de tout, et se portait bien, quoiqu'il jeûnait° un peu rigoureusement les vendredis et les
25 samedis. — C'est un être vivant (pensai-je); tout lui profite, parce qu'il n'a de dégoût pour rien; il faut en faire autant.

Ce chien, Pataut, peut m'être utile; la prévoyance° du lendemain lui manque; je lui prêterai la mienne. Je me liai donc d'amitié avec le gros chien, et nous allâmes ensemble. Je ramassais tout ce que je trouvais,
30 herbes, fruits demi-gâtés, mais bons encore. J'ôtais au chien tout ce qui était viande, je lui broyais° les os dans une pierre creusée, au moyen d'une autre façonnée en pilon,° et je parvins à l'accoustumer (*forme ancienne d'accoutumer*) à se contenter de chasser les parasites. Nous étions partout les plus forts et les plus raisonnables. J'allais dans les ateliers, et
35 montrant mon chien, je recevais pour lui les vieilles croûtes,° et le pain durci. Les os à mœlle° ne nous manquaient guère; je les flairais,° et s'ils étaient frais, nous en mettions dans le pot au feu, en y joignant les feuilles jetées, de laitue ou de chou, suivant la saison, et nous en faisions deux soupes copieuses; la mienne était du pain le meilleur et le plus pro-
40 pre; tout le contour et les os broyés était mis dans celle du chien.

Après un repas sinon délicat au moins nourrissant, nous nous couchions ensemble, l'hiver, dans un dessous d'escalier appartenant au chien, car il en était en possession avant moi [...]. Dans l'été, nous avions souvent pour asile un fumier° de jardinier, où nous avions creusé une
45 cabane. Pour faire notre cuisine, nous nous étions arrangés avec une marchande de crêpes du Port-au-blé, moyennant un sachet de broutilles° tous les jours; car je ramassais les petits brins de bois et de charbon que je voyais: surtout aux maisons où l'on déchargeait du bois. Mon camarade, lui, traînait° une heure ou deux sur le port le chariot des enfants du
50 quartier, à six liards un sou° par tête, ce qui nous composait un petit pécule.°

[...]

Je trouve dans les rues des fourneaux° cassés, que je rajuste un peu, et je les vends: j'arrange les assiettes et les gobelets invalides. Je connais
55 trente vendeuses de restes, et mon pauvre chien me sert encore: je vais ramasser, comme pour lui, ce qu'elles ne peuvent plus vendre; on le met à part. Rien ne me répugne. La gelée de bouillon jetée au coin des rues, ni les restes des haricots ne sont plus perdus. Je les mange. J'ai même de ce qu'il y a de meilleur en fruits, comme des fraises. Je suis les marchands et
60 je ramasse ce qu'ils laissent tomber jusqu'à ce que j'en aie un plat. Enfin, depuis dix ans, je n'ai pas dépensé un sou.

[...]

—Mais, que ne faites-vous quelque travail? (lui dis-je). Votre conduite est étonnante, extraordinaire! vous ne vous faites point raser, vous rac-
65 commodez vos haillons;° vous ne dépensez rien; vous vivez de ce qui serait perdu. C'est un mal de moins que certaines gens: mais vous n'êtes d'aucune utilité pour la société.

Après la lecture

Compréhension et réactions

1. L'homme qui ne dépense rien

    a. est adolescent.   b. a la quarantaine.   c. est infirme.

2. Il décide de parler de sa vie parce que

    a. il pense que l'auteur est gentil.

    b. l'auteur lui donne de l'argent.

    c. son chien aime l'auteur.

3. L'homme

    a. n'a pas d'amis.   b. est marié.   c. a un très bon ami.

4. Le chien

    a. a enseigné beaucoup de choses à l'homme.

    b. attaque l'auteur.   c. n'aime pas la viande.

5. L'homme passe son temps à

    a. mendier.

    b. ramasser et réparer des choses.   c. chasser son chien.

Discussion

 1. L'attitude de l'homme envers sa propre vie vous semble-t-elle optimiste? pessimiste? pragmatique? autre? Expliquez votre réponse.

2. Dressez la liste de toutes les personnes et tous les animaux qui aident l'homme. Pour quelle raison est-ce que chaque personne/animal aide l'homme?

 3. Décrivez le rapport entre l'homme et son ami Pataut. Comment est-ce que Pataut aide l'homme? Comment est-ce que l'homme aide Pataut?

 4. Quels aspects de la vie de l'homme vous semblent les plus intéressants ou même plaisants? Lesquels vous semblent les plus difficiles? Quel aspect vous surprend le plus?

5. L'homme dit qu'il a amassé un peu d'argent, mais il a fait le serment de ne rien dépenser: il préfère troquer (échanger une chose contre une autre). Quels sont les avantages du troc (échange)?

 6. L'auteur dit que l'homme qui ne dépense rien n'est d'aucune utilité pour la société. Êtes-vous d'accord?

  7. L'homme qui ne dépense rien vivait au XVIIIième siècle. À part le vocabulaire parfois un peu archaïque, quels éléments du récit de sa vie vous semblent contemporains?

Forme et fond

1. Les mots apparentés: Regardez les mots «misère» et «misérable» dans le texte. L'homme qui ne dépense rien utilise ces deux mots à double sens. Qu'est-ce que «misérable» veut dire dans ce contexte?

2. «Depuis que je suis tombé dans une indigence absolue, par l'injustice des hommes, il m'est venu dans l'idée de subsister *sans rien avoir, sans rien prendre, sans rien dépenser*». Complétez les phrases en utilisant la formule: sans rien + infinitif.

   a. J'ai décidé de vivre…

   b. J'ai passé les vacances…

   c. Autres phrases de votre choix

3. Que signifie le nom du chien, Pataut? Cherchez sur Internet pour trouver la réponse.

 Expansion

1. **Un reportage.** Vous êtes chroniqueur et vous allez interviewer un/e étudiant/e de votre université.

   Première étape: Choisissez l'un des sujets ci-dessous et préparez trois questions à poser sur ce sujet:

- Vos passe-temps, vos hobbies.
- Vos opinions sur les sports (les équipes de votre université ou de votre ville).
- Vos goûts musicaux.
- Vos idées sur le gouvernement de votre université, ville, état/province, pays.

   Deuxième étape. Interviewez l'un/e de vos camarades de classe. Prenez en note ses réponses. Décidez: Est-ce que vous allez exprimer votre opinion personnelle en écrivant votre article?

   Troisième étape. Donnez un titre à votre reportage (par exemple: L'homme qui écoute seulement de la musique classique; La femme qui n'est jamais allée à McDonald). Enfin, présentez votre reportage devant la classe.

2. Écrivez trois entrées dans un blog que vous allez ensuite «publier» dans votre classe.

- Pendant trois jours, prenez des notes chaque soir: écrivez un ou deux paragraphes relatant votre journée. N'oubliez pas que les autres étudiants vont lire votre blog: exprimez-vous de manière amusante et ne révélez pas vos secrets!
- Publiez votre blog (faites-en des photocopies ou envoyez-le sous forme d'attachement par e-mail à tous les étudiants de la classe).
- Lisez les blogs de trois autres étudiants. En quoi est-ce que leur emploi du temps pour ces trois jours diffère du vôtre? Avez-vous quelque chose en commun avec les opinions, les rêves et les hobbies dont ils parlent?

 3. Regardez la photo ou le tableau d'une personne et imaginez son histoire. Imaginez que vous flânez dans les rues de Paris et que vous rencontrez cette personne. Plus tard, vous écrivez dans votre journal intime.

Première étape. Dressez la liste de toutes les questions que vous pourriez poser à cette personne. Par exemple, pourquoi portez-vous ces vêtements? Qu'est-ce que vous faites? Qu'est-ce que vous venez de faire? Pourquoi?

Deuxième étape. Imaginez son histoire et ses réponses à vos questions.

Troisième étape. Écrivez l'histoire de cette rencontre dans votre journal intime.

Lecture 3: La Belle et la Bête: Journal d'un film (Extraits).
Jean Cocteau. France, 1946.

Voulez-vous en savoir plus sur le métier de réalisateur? Lisez des pages du journal intime du cinéaste Jean Cocteau sur le site web.

SYNTHÈSE

Pour les technophiles

En groupes de trois, écrivez un article (*entry*) pour l'*Encyclopédie des films* de votre classe.

Première étape. D'abord, choisissez l'un des personnages que vous avez rencontrés dans ce chapitre. Avant d'écrire votre article, dressez la liste des cinq caractéristiques que vous trouvez les plus importantes chez ce personnage, et écrivez une phrase complète pour chacune de ces caractéristiques. Ensuite, arrangez les caractéristiques par ordre d'importance, et finalement, transformez votre liste en deux beaux paragraphes.

Deuxième étape. Choisissez l'image qui accompagnera votre article.

Troisième étape. Situez le texte et l'image sur la page et «publiez» votre article.

Quatrième etape. Arrangez les articles de tous les groupes par ordre alphabétique et consultez-les. Êtes-vous d'accord avec les cinq caractéristiques que les autres étudiants ont choisies pour chaque personnage?

Sujets de discussion et de composition

1. De tous les personnages et personnes que vous avez rencontrés dans ce chapitre, qui a le plus beau métier? Expliquez.

2. Imaginez que vous abordez votre propre réflexion sur le temps, et surtout sur la façon dont on passe son temps. Votre projet aura pour titre «Emplois du temps». À l'aide de quels moyens et quel genre vous exprimerez-vous? Dressez la liste des possibilités (un film documentaire, un journal intime, un article journalistique, une bande dessinée, un poème, etc.) et choisissez votre genre/moyen. Justifiez votre choix afin de l'expliquer aux autres étudiants de la classe.

Comparaisons

1. Imaginez un dialogue entre deux ou trois des réalisateurs de ce chapitre. La question est la suivante: Quel est le meilleur film des chapitres 1 à 6, et pourquoi? Écrivez votre dialogue et présentez votre débat.

2. Chaque film et texte du chapitre représente une réflexion sur la façon d'employer le temps humain, c'est à dire, notre vie. Par conséquent, le spectateur et le lecteur sont impliqués dans chacune de ces contemplations sur le temps, parfois explicitement, quelquefois plus subtilement.

Pour comparer le rôle du lecteur/spectateur dans chaque film et texte que vous avez étudié dans ce chapitre: 1) Dressez la liste de tous les titres; 2) Sans trop réfléchir, mettez ces titres en ordre: quel film ou texte s'adresse le plus directement au spectateur/ou au lecteur? Et le moins? 3) Analysez votre choix en identifiant la façon dont chaque film ou texte semble impliquer le spectateur ou le lecteur (en l'amusant, en le faisant réfléchir, en le convaincant, en l'incitant à passer à l'action, etc.); 4) Trouvez des exemples précis tirés des textes et des films pour justifier votre choix.

Comparez vos résultats avec ceux des autres groupes. Soyez prêt/e à défendre les titres qui ont la première et la dernière place.

LE LANGAGE DU CINÉMA

APPENDICE

Les éléments constitutifs du film

Généralement, un film commence et se termine par **le générique**, où on peut lire le titre du film, la distribution (le nom des acteurs) et le nom des autres membres de l'équipe du film.

Le plan est la portion du film impressionnée par la caméra entre le début et la fin d'**une prise.** Un film se compose d'une suite de plans (environ 500) relativement courts (entre deux et cinq secondes), montés dans un ordre déterminé par le metteur en scène. On peut mélanger des **plans courts** et des **plans longs** pour obtenir le rythme voulu. Il est possible, mais rare, de tourner un film d'un seul plan. On peut étudier la composition du plan et la proportion du sujet filmé par rapport au cadre (voir **l'échelle du plan).**

Une scène est une partie du film (ou d'une pièce de théâtre) définie par l'espace. L'action d'une scène se passe dans un lieu donné: à la gare, dans la cuisine, etc, tandis qu'**une séquence** est définie par son unité narrative ou esthétique, et se déroule dans des lieux différents: la séquence d'un cambriolage; la séquence d'un rêve. Quand on parle d'un film, le terme **séquence** est adéquat. Les mots **scène** et **séquence** sont souvent employés de façon interchangeable, mais ils ne veulent pas dire exactement la même chose.

Exercices

1. **Étude d'une séquence.** En groupes de deux ou trois, choisissez une séquence d'un film que vous étudiez/avez étudié:

   a. Comptez les plans.

   b. Est-ce que les plans sont courts ou longs? Si un plan est plus court ou plus long que les autres, y a-t-il un rapport entre la durée du plan et l'action, l'idée, ou le sujet de la séquence?

   c. Passez la séquence en classe pour que les autres étudiants puissent en déterminer le nombre de plans. Vérifiez si leur réponse est correcte.

   d. Partagez vos commentaires sur la durée du plan.

2. **Étude d'un générique.** Le générique fait souvent partie de l'histoire. Même s'il n'y pas d'action, la musique et la composition du plan/des plans du générique peuvent renforcer une idée, un thème ou le ton du film. Trouvez un générique qui, tout en affichant le nom des acteurs et des membres de l'équipe, sert à raconter une histoire, à renforcer les idées du film, ou à amuser le spectateur.

La mise en scène

Les termes **mise en scène** et **metteur en scène** viennent du domaine du théâtre. Au cinéma, **la mise en scène** est tout ce que le réalisateur (**le metteur en scène**) met devant la caméra pour être filmé. Autrement dit, tout ce qui compose la mise en scène est présent sans l'intervention de la caméra ou du laboratoire. **La mise en scène** théâtrale et **la mise en scène** cinématographique partagent certains éléments techniques:

le décor

l'éclairage

les costumes

les accessoires

le jeu des acteurs

Dans les années 50, on commence à parler de **la mise en scène** pour désigner le style ou la vision personnelle d'un cinéaste (dit «auteur») donné.

Exercices

1. **La mise en scène et les films que vous connaissez.** Pensez à des exemples de films dans lesquels:

   a. le décor joue un rôle important

   b. les costumes sont importants

   c. l'éclairage contribue au suspense

   d. presque tout le film est tourné en plein air

2. Analyse des photos. Regardez les photos 1 et 2. Qu'est-ce que la mise en scène révèle sur les personnages, leur vie, et leur rapport?

Photo 1. *Les parapluies de Cherbourg*, 1964.

Photo 2. *Betty Fisher et autres histoires*, 2001.

3. Analyse d'une séquence. Regardez une séquence (choisie par votre professeur) et prenez des notes sur la mise en scène. Ensuite, discutez du rapport entre la mise en scène et le contenu, le ton et les personnages représentés dans cette séquence.

La composition du cadre

On peut analyser **la composition** d'un **plan** ou d'un **cadre** de la même façon que l'on étudie la composition d'un tableau (*painting)* ou d'une photographie. Il s'agit de l'agencement de tous les objets dans le cadre. Comme pour les tableaux et les photos, on peut étudier **la perspective** et ce qui se trouve à **l'avant-plan** (ou **premier plan)**, et à **l'arrière-plan**.

Le champ (ou le champ de vue) désigne la partie de l'espace filmée par la caméra. **La profondeur de champ** est la distance entre l'avant-plan et l'arrière-plan. Une **grande profondeur de champ** (très populaire dans les années 40 et 50) est une technique qui rend les objets des plans très proches aussi nets que ceux des plans éloignés (Photo 3).

Photo 3. *Citizen Kane*, 1941.

Quand **la profondeur de champ** n'est pas grande, **la mise au point** favorise l'un des plans, le rendant plus net que les autres (Photo 4).

Photo 4. *Harry, un ami qui vous veut du bien,* 2000.

Exercices

1. La composition et l'interprétation d'une image. Décrivez en détail l'une des photos suivantes: Photo 5 ou Photo 6. Quelles idées sont transmises par la composition de l'image?

Photo 5. *Les glaneurs et la glaneuse,* 1999.

Photo 6. *Les parapluies de Cherbourg,* 1964.

 2. «Dicter» une image. En groupes de trois (minimum), choisissez une personne qui veut bien décrire une image pendant que les autres la dessinent. Votre professeur donnera une photo de film au membre de votre groupe qui sera chargé de vous la décrire. Ne regardez surtout pas la photo! Au lieu de cela, écoutez la description et dessinez les images que vous entendez (sans regarder les dessins des autres). Une fois que vous aurez fini de dessiner, votre professeur affichera ses photos, et les membres des différents groupes afficheront leur version des photos. Vous devrez associer les dessins aux photos affichées.

L'échelle du plan

Le plan est la portion du film impressionnée par la caméra entre le début et la fin d'une prise (*a take*).

L'**échelle** (ou **la grosseur du plan, la taille du plan, le cadrage, la largeur/hauteur du plan**) est déterminée par la distance entre la caméra et le **sujet** encadré.

le plan général: Cadrage où les objets sont relativement petits, où on a du mal à distinguer les individus; normalement des paysages ou des vues aériennes.

le plan d'ensemble: Cadrage où le décor domine les figures humaines. On peut souvent distinguer les individus, mais pas toujours.

le plan moyen: On voit tout le corps du personnage qui se tient debout, des pieds à la tête.

le plan américain: Cadrage qui coupe le personnage à mi-cuisse.

le plan rapproché: Personnages cadrés à la hauteur de la poitrine (plan rapproché poitrine, ou plan poitrine) ou de la taille (plan rapproché taille, ou plan taille).

le gros plan: Objet vu de très près, qui remplit l'écran. Souvent un visage.

le très gros plan: Objet (souvent une personne) vu d'encore plus près. L'œil d'un visage, par exemple.

un plan serré: Souvent (mais pas nécessairement) un gros plan, le plan serré donne une sensation de claustrophobie parce que le sujet (ou les sujets) remplit le cadre.

Exercices

1. Identifications. Lisez les définitions ci-dessus des plans que l'on voit souvent dans les films. Ensuite, indiquez les plans représentés dans les exemples de photos de films suivants:

Photo 7. *Kirikou et la sorcière,* 1998.

Photo 8. *Mon oncle,* 1958.

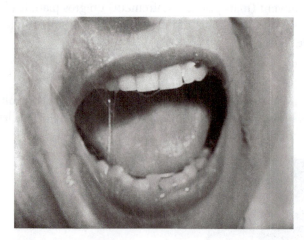

Photo 9. *Psycho,* 1960.

Photo 10. *Être et avoir*, 2002.

Photo 11. *L'année dernière à Marienbad*, 1961.

Photo 12. *Kirikou et la sorcière,* 1998.

2. **Le langage du cinéma.** Quel est le rapport entre la taille du plan et le récit? Comment la taille du plan donne-t-elle des informations sur les personnages et leur état d'âme Si vous étiez cinéaste, quels plans choisiriez-vous dans les situations suivantes?

a. Pour exprimer la solitude d'un personnage, je le représente en plan _____ .

b. Quand un personnage vient juste de voir quelque chose qui lui fait très peur, je montre son/sa _____ en _____ .

c. Au début du film, pour situer les personnages, les objets et leur décor, je les représente en _____ .

d. Avant de représenter un retour en arrière (*a flashback*), on voit le visage du personnage qui est réfléchi en _____ .

L'éclairage, la couleur et le noir et blanc

Avant 1932, il existe des films en couleur, c'est à dire, des images peintes sur la pellicule. C'est en 1932 que Technicolor propose une caméra qui enregistre des images en couleur—procédé complexe et très cher. La pellicule couleur apparaît vers les années 60.

La lumière. La direction et l'intensité de la lumière sur les objets et sur les acteurs, et la distribution des zones claires (éclairées, lumineuses) et des zones sombres contribuent à ce langage du cinéma qui nous parle à travers l'image. Même quand on tourne un film en plein air, on se sert souvent d'éclairage synthétique pour obtenir l'effet désiré.

L'éclairage diffus rend la scène plate. Il n'y a pas d'ombres et il y a peu de contrastes.

L'éclairage direct rend les couleurs plus vives, et crée des contrastes, surtout en noir et blanc.

La direction de la lumière

Bien sûr, on peut mélanger des directions et manipuler l'angle de la source de lumière pour rendre l'effet plus nuancé.

La lumière frontale élimine souvent les ombres, rendant l'image assez plate.

Le contre-jour (ou **décrochage**) vient de derrière le sujet filmé, produisant une silhouette.

La lumière latérale vient du côté de l'objet ou du personnage, faisant ressortir les reliefs d'une surface et créant une impression de volume.

La lumière low key crée un contraste exagéré entre les zones claires et les zones sombres.

La lumière verticale venant du dessous d'un personnage déforme ses traits; technique souvent utilisée dans les films d'horreur.

La lumière zénithale vient du dessus du sujet filmé et met en relief le visage des acteurs, produisant souvent un effet «glamour».

Les sources de lumière

La lumière naturelle (lumière du jour, lumière du soleil) s'emploie à l'extérieur et à l'intérieur (quand elle entre par les fenêtres, par exemple). Il est difficile pour le spectateur non initié d'identifier la source de la lumière dans les films, car même quand on tourne un film dans la nature, on se sert souvent d'éclairage additionnel pour équilibrer l'éclairage. À l'intérieur, on donne l'impression d'employer des lumières que l'on voit sur scène (des bougies sur une table, une lampe près d'un lit) mais cette lumière est souvent adoucie ou intensifiée par l'éclairage additionnel dont la source n'est pas visible à l'écran.

Exercices

1. **L'effet de la lumière.** Décrivez l'effet de la lumière sur les photos suivantes (Photos 13 et 14).

Photo 13. Orson Welles.

Photo 14. Josephine Baker.

2. La lumière et les genres filmiques. Avec quels genres filmiques associez-vous les effets de couleur et de lumière suivants?

_____ le noir et blanc

_____ la couleur très intense

_____ la lumière douce et un peu diffuse

_____ les contrastes frappants entre la lumière et les ombres

a. les films noirs, les films à suspense

b. les comédies musicales

c. les scènes d'amour

d. les documentaires

e. les films artistiques

f. les films muets

3. La lumière et les films que vous étudiez. Dans les films que vous avez étudiés, quels effets de lumière et/ou quelles sources de lumière sont représentés?

_____ le soleil, la lumière naturelle (en plein air)

_____ la lumière naturelle qui entre par une fenêtre

_____ les lampes, les lustres

_____ les candélabres = chandeliers

_____ une torche électrique ou naturelle (avec une flamme)

_____ la lumière douce, les bougies

_____ le feu d'une allumette ou d'un briquet (*lighter*)

_____ le feu d'une cheminée

_____ un feu d'artifice

_____ un feu (de camp)

_____ le contraste entre les ombres et la lumière contre un mur ou un bâtiment

_____ un éclairage intense et direct

_____ un éclairage diffus

Les angles de prise de vues

L'angle de prise de vues (ou l'angle du cadrage) est déterminé par la position de **l'objectif** (*lens*) par rapport au champ. L'angle de prise de vues peut renforcer/mettre en évidence le point de vue d'un personnage.

un angle vertical normal: Les verticales cadrées sont parallèles à l'écran.

un angle horizontal normal: Les horizontales du cadre sont parallèles à l'horizon/à l'écran.

un angle horizontal incliné: Suggère un manque de stabilité.

une plongée: La caméra est placée au-dessus (dirigée vers le bas) de l'objet ou du personnage cadré.

une contre-plongée: La caméra est placée au-dessous (dirigée vers le haut) de l'objet ou du personnage.

une grue/un plan à la grue: La grue (crane) permet le déplacement de la caméra, et par conséquent, les plans semblent vus d'avion.

un plan aérien: Un plan pris dans les airs par un hélicoptère ou un avion, par exemple.

Exercices

1. Identification. Identifiez les angles de prise de vues dans ces photos. Quel est l'effet de la taille du plan, du cadrage, et des angles choisis?

Photo 15. *La passion de Jeanne d'Arc,* 1928.

Photo 16. *La passion de Jeanne d'Arc,* 1928.

Photo 17. Montréal, Québec.

Photo 18. *Vertigo*, 1958.

2. **Vous êtes cinéaste.** Dans quelles situations employeriez-vous les angles de prise de vues suivants? Soyez aussi précis/e que possible.

- une grue
- une plongée
- une contre-plongée
- un angle horizontal incliné

Le son

Même le cinéma muet n'était pas «silencieux»: les spectateurs entendaient l'accompagnement (parfois très élaboré) des musiciens situés dans la salle de cinéma. Depuis le premier film parlant (ou film sonore), *Chanteur de jazz (The Jazz Singer)* (1926), le son est devenu un élément fondamental du langage du cinéma.

Techniques sonores

un effet sonore/les sons: Une superposition de bruits créée artificiellement.

le silence: Le jeu du bruit et du silence peut renforcer l'importance d'une action: le suspense, le danger, la tristesse, et bien d'autres sensations et émotions.

le son (d'un film)/la trame sonore: Le contenu de l'enregistrement final d'un film.

le son diégétique: Tout son (voix, musique, bruits d'ambiance) venant du «monde» de l'histoire racontée, et donc que les personnages entendent (ou pourraient entendre). Par exemple: la musique d'un CD qu'un personnage écoute; les voix des personnages qui se parlent; le bruit des pas d'un personnage sur un parquet.

le son extra-diégétique: Tout son (voix, musique, bruits) que les spectateurs entendent, mais qui ne vient pas du monde de l'histoire racontée. Par exemple: la voix off d'un personnage adulte (jamais représenté à l'écran) qui raconte et fait des commentaires à travers le film sur son enfance; la musique d'un orchestre symphonique que le spectateur entend en regardant une scène de bataille.

la voix off: Les paroles d'un commentateur qui n'appartient pas à l'action du film (extradiégétique), ou celles d'un personnage qui fait partie de l'action mais qui n'est pas visible à l'écran (diégétique). On dit qu'on entend ces paroles **en voix off.**

Exercices

1. **Identifications.** Lisez les descriptions suivantes et indiquez s'il s'agit de son diégétique (D) ou extradiégétique (E).

   a. _____ Deux personnages dansent dans un bar sur la musique d'un combo de jazz, situé près d'eux.

   b. _____ Le spectateur entend jouer des violons pendant qu'un couple s'embrasse sur une île isolée.

   c. _____ Le personnage de Dorothée et ses copains se mettent à chanter «We're off to see the wizard...».

   d. _____ Une fille qui est dans la cuisine entend les voix (off) de ses parents qui sont dans le salon.

   e. _____ On entend la voix d'un homme non-identifié qui fait des commentaires sur ce qui se passe à l'écran.

2. **Vous êtes cinéaste.** Comment est-ce que vous vous servez du son dans les situations suivantes ?

   a. Dans un film comique, un homme descend un escalier. Comment rendre amusant le bruit de ses pas sur les marches?

   b. Dans une histoire d'amour dans un drame, vous voulez faire savoir aux spectateurs que le personnage principal était un excellent étudiant. Pourtant, vous ne voulez pas tourner de scènes sur la période qu'il a passée au lycée.

   c. Dans une histoire d'amour, vous voulez exprimer le fait qu'un personnage manque à un autre personnage qui est très loin.

3. **Les effets sonores dans le cinéma muet.** Comment pourrait-on représenter visuellement l'existence et la perception du son dans un film muet? Avec deux ou trois étudiants, essayez de résoudre les problèmes suivants:

   a. Dans un film dramatique, un père entend la voix de son enfant qui crie. Comment représenter *la perception* de ce son?

b. Dans un film comique, les personnages entendent une trompette, jouée très fort et très mal. Comment représenter *l'intensité* de ce bruit?

c. Dans un film à suspense, une femme qui se cache dans un placard tousse. Comment exprimer *le danger* de ce bruit?

4. Discussion

a. Décrivez la scène d'un film dans laquelle vous trouvez l'emploi du son ou du silence très impressionnant. Pensez aux films que vous avez vus dans ce cours, et aux autres films que vous connaissez.

b. Sur l'avènement du cinéma parlant/sonore, Charlie Chaplin dit: «Les *talkies*? Vous pouvez dire que je les déteste! Ils viennent gâcher (*spoil*) l'art le plus ancien du monde, l'art de la pantomime. Ils anéantissent (*destroy*) la grande beauté du silence». À votre avis, est-il possible de gâcher un film en se servant trop du son, des effets sonores, et des techniques en général?

Les mouvements de la caméra et de l'objectif

Le panoramique (plan-panoramique, ou **balayage)** consiste à faire pivoter la caméra sur son axe horizontal **(un panoramique horizontal** ou **un balayage horizontal)** ou vertical **(un panoramique vertical** ou **un balayage vertical).**

À la différence du **panoramique, le travelling** est produit par un déplacement de la caméra (à l'aide d'une plate-forme sur roues, de rails, d'un chariot, etc.) **Le travelling** peut être à la main (*hand held*).

Le plan à l'épaule (la caméra sur l'épaule) est souvent employé dans les films documentaires, et ajoute au sens de l'action et de la spontanéité dans un film. L'emploi d'une caméra portable crée un tremblement léger (ou profond), et dans les travelings, et dans les plans qui seraient fixes si la caméra était montée sur un trépied (*tripod*).

Le zoom est un mouvment de l'objectif (*lens*), pas de la caméra, qui permet de modifier la distance focale. **Le zoom avant** donne l'impression qu'on se rapproche du sujet, tandis que **le zoom arrière** donne l'impression qu'on s'éloigne du sujet.

Exercices

1. Vous êtes cinéaste. Quel mouvement de caméra employez-vous pour les plans suivants?

a. Au bal: Les belles sœurs regardent Cendrillon qui entre dans la pièce, très belle et magnifiquement habillée.

b. Au début d'un film: Pour situer la scène, on montre un paysage de printemps en Provence.

c. À la gare: un personnage fait savoir à un autre que leur ennemi se trouve dans la foule de passagers qui viennent de débarquer du train.

2. Présentation des mouvements de la caméra. En groupes, cherchez des exemples de deux mouvements de caméra dans les films que vous avez étudiés. Demandez aux autres étudiants de les identifier.

Le montage

Le montage comprend le choix, l'assemblage, l'ordre, et le rythme des plans dans un film. Le montage a lieu après le tournage du film.

Le montage par continuité aide à représenter l'action de façon claire et continue, en rendant les ellipses et les transitions fluides. **Le montage par discontinuité** bouleverse les relations spatiales et/ou temporelles et peut désorienter ou faire réfléchir l'auditoire.

Le rythme du montage peut provoquer des émotions chez le spectateur.

- le montage rapide peut renforcer le sentiment de joie, de violence, etc.
- le montage lent peut renforcer le sentiment d'ennui, de tristesse, de suspense, etc.

Techniques et trucages

les raccords: Dans le montage par continuité, **le raccord** assure la transition fluide entre deux plans. Les raccords permettent des ellipses de temps et d'espace, sans bouleverser le spectateur.

le raccord visuel: Produit une ressemblance entre deux plans successifs (deux formes qui se ressemblent, deux objets différents mais de la même couleur). Les raccords visuels fonctionnent parfois de façon comique: cadrage d'un homme avare (Plan 1) suivi du cadrage d'un cochon cadré de la même façon (Plan 2) par exemple.

le raccord regard: Montre une personne qui regarde hors champ (Plan 1), suivi par ce que la personne voit (Plan 2).

le raccord du mouvement: Une personne commence à se diriger vers une porte (Plan 2) et se trouve près de la porte, la main sur la poignée (Plan 2).

le raccord dans l'axe: Un changement de taille de plan sur un même sujet, filmé du même axe.

d'autres raccords possibles: Un objet raccord, un personnage raccord, un costume raccord, un sonore raccord, etc.

le champ contrechamp: Pendant un dialogue, une série de plans est montée de façon à faire alterner les personnages qui parlent.

la règle des 180°: La caméra reste du même côté de l'axe de jeu pour que la représentation des relations de deux personnages qui parlent reste cohérente. L'observation de la règle des 180° contribue à la continuité du montage.

le montage alterné (ou **montage parallèle**): Fait alterner deux actions ou deux scènes qui se déroulent dans des lieux différents, dans une même séquence.

un carton ou un intertitre: Un texte intercalé entre deux plans qui donne une information sur le temps ou le lieu, ou qui donne un extrait du dialogue.

la coupe: Désigne un changement de plan.

le jump cut: Anglicisme souvent employé pour remplacer le terme **raccourci**; est un raccord elliptique qui semble interrompre un plan.

Certaines techniques de montage sont des **trucages** (**effets spéciaux**):

le fondu au noir (l'ouverture ou **la fermeture en fondu au noir):** L'image se fond au noir (Plan 1); Une nouvelle image émerge (Plan 2).

un cache: Un matériau opaque placé devant l'objectif, qui sert à dissimuler une partie de l'image, ou à l'encadrer.

le fondu enchaîné: Une image (Plan 1) est graduellement remplacée par une deuxième (Plan 2) que l'on voit en surimpression pendant quelques instants.

le volet: Une ligne traverse l'écran, remplaçant au fur et à mesure la première image par la seconde.

l'iris: Un cache (*mask*) circulaire qui s'ouvre (ouverture en iris) ou se ferme (fermeture en iris) progressivement pendant qu'une image est substituée à une autre.

un insert extra-diégétique: Un plan inséré dans une séquence, qui ne fait pas partie du «monde» de l'histoire.

la surimpression ou la superposition: Représentation de deux ou plusieurs images à l'écran en même temps.

Exercices

1. Identifications. Lisez les définitions et essayez d'en trouver deux exemples dans les films que vous étudiez/avez étudiés.

2. Le langage du cinéma. Comment le montage cache-t-il des ellipses? Vous êtes cinéaste. Choisissez les techniques de montage que vous employez dans les situations suivantes:

a. Pour indiquer une durée de deux heures:

Plan A:

Plan B:

b. Pour représenter un retour en arrière:

Plan A:

Plan B:

c. Pour représenter en deux minutes quatre années de lycée dans un film qui raconte la vie de quelqu'un:

Plan A:

Plan B:

3. Discussion

a. Lesquelles de ces techniques contribuent à un montage par discontinuité? Lesquelles renforcent la continuité du montage?

b. Lesquelles de ces techniques sont peu employées dans le cinéma d'aujourd'hui? Pourquoi?

c. Lesquelles de ces techniques est-ce que vous avez remarquées dans les films que vous avez vus dans ce cours? Choisissez un ou deux exemples et faites-en le commentaire en classe.

La manipulation du temps et de l'espace: Les effets spéciaux et les trucages

les effets spéciaux (les trucages): Transforment l'image ou le son. Les effets spéciaux sont souvent employés dans les films de science fiction pour créer une illusion fantastique, mais certains effets, comme par exemple le **fondu enchaîné,** sont employés dans tout genre de film pour marquer le passage d'une scène à une autre, d'une période à une autre.

un arrêt sur image (une image gelée, une image fixe): Une pause qui immobilise l'image sur l'écran.

le ralenti: Rend l'action moins rapide, tandis que **l'accéléré** la rend plus rapide.

Exercices

1. Vous êtes cinéaste. Indiquez si vous employez un ralenti ou un accéléré dans les plans suivants:

- Une scène de bataille au cours de laquelle le héros est tué.

- Une scène comique dans laquelle un policier poursuit un homme qui a volé une orange.

- Une scène d'amour où l'héroïne retrouve son amant qu'elle n'avait pas vu depuis longtemps

2. Les effets spéciaux et les films que vous connaissez. Quels effets spéciaux avez-vous observés dans les films que vous avez étudiés? Comment fonctionnent ces effets dans l'interprétation du film? Choisissez un ou deux exemples et faites-en le commentaire en classe.

INDICES

Index des titres

Index des réalisateurs

GLOSSAIRE FILMIQUE

accessoire (m)   theater or film prop

angle de prise de vue (m)   camera angle

arrêt sur image (m)   freeze frame

balayage (m)   pan or pan shot (syn: panoramique)

balayage vertical (m)   tilt shot, pan-up or pan-down (syn: panoramique vertical)

distance focale (f)   focal distance; perceived distance between the camera and the subject.

cache (f)   mask (on camera lens)

carton (m)   frame showing intertitles (e.g. for silent films)

cadre (m)   frame

champ (m)   field (portion of space filmed)

champ-contrechamp (m)   shot-countershot (used often in filming dialogues between two characters)

contreplongée (f)   low-angle shot

costume (f)   costume (in cinema and theater)

coupe (f)   cut

décor (m)   set, set elements

découpage (m)   cutting (in editing process)

diégétique   diagetic

doublage (m)   dubbing

échelle du plan (f)   camera distance; scale of the shot

éclairage (m)   lighting (see also lumière)

effet (special) (m)   (special) effect (syn: le trucage)

effets spéciaux (m)   special effects

en surimpression   superimposed

extra-diégétique   nondiagetic

fondu (m)   fade

fondu au noir   fade out

fondu enchaîné (m)   dissolve

flash-back (m)   flashback (also: retour en arrière)

flash-forward (m)   flash forward

générique (m)   opening or closing credits

grande profondeur de champ   depth of focus

gros plan (m)   close-up

intertitre (m)   intertitle, dialogue written out rather than spoken, as used in silent films

iris (m)   iris shot

jeu (m)   acting

lumière (f)   light/lighting (see also éclairage)

lumière low key   low-key lighting

lumière zénithale   overhead, natural lighting

metteur en scène (m)   director in film or theater

mise au point (f)   focus

mise en scène (f)   mise-en-scene; elements in the film frame

montage (m)   placing shots in desired order after filming; also called montage in English

montage alterné (m)   crosscutting (alternating shots from sequences to show them simultaneously)

montage parallèle (m)   parallel

ouverture en fondu (f)   fade in

ouverture/fermature en iris (f)   iris in, iris out.

panoramique (m)   pan or pan shot

panoramique vertical (m)   tilt shot, pan-up or pan-down

plan (m)   shot or frame

plan américain (m)   same term often used in English; also close medium shot, medium shot, knee shot

plan d'ensemble (m)   wide shot or establishing shot

plan moyen (m)   full shot or medium long shot

plan panoramique (m)   shot consisting of a pan/tilt

plan rapproché (m)   medium close shot

plan-séquence (m)   sequence shot

prise (f)   take

profondeur de champ (f)   depth of field

raccord (m)   match

un raccord action   match on action

un raccord regard   eye line match

raccourci (m)   jump cut

ralenti (m)   slow motion

retour en arrière (m)   flashback (also flash-back)

scène (f)   scene (in film or theater); where the action takes place; a unity of action set in just one place (cf. séquence)

séquence (f)   sequence; a unity of action that may correspond to just one scene, several successive scenes, or two or more actions taking place at the same time in different places (see montage alterné)

sujet (m)   the subject; what is seen/filmed by the camera

surimpression (f)   superimposition or double exposure

tournage (m)   filming

travelling (m)   tracking shot or dolly

très gros plan (m)   extreme close-up

trucage (m)   special effect (also effet spécial)

voix off (f)   voice off or voiceover

volet (m)   wipe

zoom (m)   zoom; movement of the camera lens that changes the focal distance

zoom avant (m)   zoom in

zoom arrière (m)   zoom out

MISE EN SCÈNE [mizãsɛn] n. f. Tout ce qui concerne les éléments se trouvant devant la caméra pour être filmés: le décor et les accessoires, la lumière, les costumes et les maquillages, le jeu des acteurs.